谨以此书献给

为中国高速公路发展事业作出贡献的决策者、建设者、管理者

“十三五”国家重点图书出版规划项目

中国高速公路建设实录

Maps of Expressway Development in China

中国高速公路发展全舆图

中华人民共和国交通运输部

人民交通出版社股份有限公司
China Communications Press Co.,Ltd.

图书在版编目（CIP）数据

中国高速公路发展全舆图 / 中华人民共和国交通运输部编著. -- 北京 ：人民交通出版社股份有限公司，2018.1
ISBN 978-7-114-14191-1

Ⅰ. ①中… Ⅱ. ①中… Ⅲ. ①高速公路－公路图－中国 Ⅳ. ①F512.99

中国版本图书馆CIP数据核字(2017)第330021号

审 图 号：GS（2017）3635号
本图集上中国国界线系按照中国地图出版社1989年出版的1：400万《中华人民共和国地形图》绘制

“十三五”国家重点图书出版规划项目
中国高速公路建设实录

书　　名：**中国高速公路发展全舆图**
著 作 者：中华人民共和国交通运输部
责任编辑：李　刚　董京礼　李秀平
出版发行：人民交通出版社股份有限公司
地　　址：(100011)北京市朝阳区安定门外外馆斜街3号
网　　址：http://www.ccpress.com.cn
销售电话：(010) 59757973、59757989
总 经 销：人民交通出版社股份有限公司发行部
经　　销：各地新华书店
印　　刷：北京盛通印刷股份有限公司
开　　本：787×1092 1/16
印　　张：11.5
版　　次：2018年3月 第1版
印　　次：2018年3月 第1次印刷
书　　号：ISBN 978-7-114-14191-1
定　　价：160.00元
（有印刷、装订质量问题的图书，由本公司负责调换）

《中国高速公路建设实录》
编审委员会

《中国高速公路建设实录》编纂工作委员会

主　任：黄镇东（兼）

副主任：李彦武　刘　鹏

委　员：赵　乐　李鹏飞　王　婷　聂记良

《中国高速公路发展全舆图》
编写单位

主 编 单 位：中国公路建设行业协会
人民交通出版社股份有限公司

资 料 提 供：各省（自治区、直辖市）交通运输厅（委）

《中国高速公路建设实录》

序

Preface

交通运输是国民经济重要的基础性、先导性、战略性行业。这些年来,在党中央、国务院的坚强领导下,交通运输战线干部职工艰苦奋斗,我国交通运输事业取得举世瞩目的发展成就,实现了由“瓶颈制约”向“基本适应”的重大跃升,为我国由“交通大国”向“交通强国”迈进奠定了坚实基础。

高速公路是经济社会发展的必然产物,最早出现于20世纪30年代的德国。与西方发达国家相比,我国高速公路起步相对较晚。1988年我国大陆实现高速公路零的突破,自此以后,用了近30年时间,实现了高速公路覆盖97.6%的城镇人口、连通20万人以上城市,工程建设水平位居世界前列。截至2016年底,我国高速公路通车里程已突破13万公里,稳居世界首位。

回顾30多年来中国高速公路的发展历程,大体经历了五个发展阶段。

从改革开放伊始的1978年至1988年为中国高速公路的探索阶段。这一时期,社会各界对要不要修建高速公路的认识并不完全统一。1985年修订的《公路工程技术标准》将高速公路称为“汽车专用公路”,开始了建设尝试。1984年沈大、沪嘉高速公路相继开工建设,1988年沪嘉高速公路建成通车,实现了高速公路零的突破,彻底结束了我国大陆没有高速公路的历史。

1989年至1997年为中国高速公路的起步发展阶段。这一时期确定了我国公路建设将以高等级公路为重点的战略转变,相继建成了沈大、京津塘、成渝、济青、西三等一批具有重要意义的高速公路,突破了多项重大技术瓶颈。这期间,《中华人民共和国公路法》颁布实施,收费公路政策出台并不断完善,“国家投资、地方筹资、社会融资、利用外资”的投融资体制逐步形成。

1998年亚洲金融危机至2007年为高速公路加快发展阶段。1998年,党中央、国务院作出“实施积极财政政策,加快基础设施建设,扩大内需”的重大决策,高速公路建设步伐大大加快。10年间年均建成高速公路里程超过5000公里,到2007

年底高速公路里程达到5.39万公里，居世界第二，国家高速公路骨架初步成网。

2008年至2015年这一时期为跨越式发展阶段。2008年由美国次贷危机而引发的全球金融危机爆发。为应对金融危机带来的不利影响，交通运输行业贯彻落实国家“促内需、保增长”战略部署，进一步加快了高速公路建设步伐并取得历史性突破。短短8年时间新增高速公路6.96万公里，通车里程超越美国位居世界第一。2010年，交通运输部提出以普通公路为主的非收费公路体系和以高速公路为主的收费公路体系等“两个公路体系”总体发展思路，高速公路新的发展格局初步形成。

2015年以来步入全面深化改革和规范发展新阶段。2015年中央经济工作会议作出引领经济发展新常态推进供给侧结构性改革的重大决策。同年新的《中华人民共和国预算法》出台实施，公路行业事权和财税体制改革有序推进。经过一系列政策调整，我国高速公路迈入更加科学合理的可持续发展之路。

30多年来，中国交通人不辱使命，艰苦奋斗，取得了举世瞩目的高速公路发展成就。高速公路建设突飞猛进，通车里程在短短30多年的时间里跃居世界第一。工程建设水平大幅提高，一个个技术难关被攻克，一批批“超级工程”陆续问世，使中国高速公路成为一张亮丽的国家名片，让世界为之惊叹。30多年来，高速公路的飞速发展深刻地改变了我国基础设施发展面貌，带动了城乡经济社会快速发展。四通八达的高速路网把中国的东中西部地区紧密联系在一起，为推进区域协调发展、发挥各地潜力提供了广阔舞台。30多年来，高速公路在促进国家工业化、城镇化、现代化进程中以及加强国防等方面发挥了巨大作用，并在支撑国家“三大战略”，推动供给侧结构性改革、构建陆海双向对外开放走廊等方面，发挥着越来越重要的作用。

中国高速公路建设发展的成果，凝聚了一代又一代交通建设者的汗水与智慧，值得我们永远铭记。系统总结过去30多年来高速公路发展过程的经验教训，特别是发展模式、建设管理和技术政策等方面的经验教训，将为今后一段时期更好地建设高速公路提供借鉴并发挥指导作用。

令人欣慰的是，今天，记录这段历史的这部《中国高速公路建设实录》终于与大家见面了。从2014年3月正式启动编纂工作到如今这部丛书面世，三年有余。这三年多的时间里，编写组及各成员单位通力合作，克服了编纂工作涉及面广、头绪繁多、资料散失等重重困难，共同完成了这部书稿。可以说，这是一部凝聚了交通人智慧与心血，全方位展示我国高速公路建设发展成就、技术研发集成成果、理念制度变迁和建设文化传承的优秀丛书。

丛书由综合卷、地方卷、全舆图和电子读物U阅通四部分组成。综合卷全面反映了国家高速公路网各线路的总体建设情况。地方卷以省份为单位，记录各省辖区内国家高速公路和地方高速公路建设情况，突出省域高速公路建设的特点特色。全舆图以图表为主，主要包括引言、历次高速公路网规划图和全国高速公路网全图。电子读物U阅通包括文字出版物的电子资料，以及展现高速公路建设成就的视频文件、影像资料等。

这部书定名为《实录》，既有“修史”性质，亦有“写实”风格。通览全书，可以看出这是一部力求客观真实反映30多年来我国高速公路发展历程的作品。全书体例齐整、资料翔实、记录全面。其较强的专业性、史料性和实用性，使它既具备了“史书”的真实，又兼具“工具书”的实用。

这些年来，有关我国高速公路上长大桥梁、隧道的著作、文章、图册比较多，但至今还没有一部全面研究中国高速公路发展历程的著作。这部《实录》在填补国内研究高速公路发展历史这一空白的同时，也为我们进一步思考和探索中国高速公路的发展方向、发展路径提供了镜鉴。

以人为鉴可以知得失，以史为鉴可以知兴替。今日中国，前所未有地接近实现中华民族伟大复兴这一梦想。勠力同心，构筑通向这一梦想的坦途大道，为中华民族的伟大复兴贡献出智慧和力量，是交通人的神圣职责所在。习近平总书记指出，“十三五”时期是交通运输基础设施发展、服务水平提高和转型发展的黄金时期。高速公路作为国家交通运输重要基础设施，必将在国家发展的宏伟图卷中书写出浓墨重彩的崭新篇章。

2017年9月12日

《中国高速公路建设实录》

前言
Foreword

2016 年底我国高速公路通车里程突破 13 万公里，是继 2012 年首次超越美国后连续四年位居世界第一位。我国高速公路建设起步于改革开放后 20 世纪的 80 年代，比发达国家晚了整整半个世纪。1988 年上海沪嘉高速公路和辽宁沈大高速公路（部分路段）建成通车，这一年成为中国高速公路的“元年”。我们用不到 30 年（1988—2012 年）的时间追上了发达国家高速公路发展水平。公路特别是高速公路是国民经济发展中不可或缺的基础设施，是国家综合实力的体现，更是中华民族伟大复兴的重要标志。回答中国高速公路为什么能实现跨越式发展，是怎样实现跨越式发展的，是编纂《中国高速公路建设实录》（以下简称《实录》）的初衷。结论就是：没有改革开放，就没有中国的高速公路；没有社会主义制度的优越性，就没有中国高速公路的跨越式发展；没有人民群众的殷切期盼，就没有高速公路发展的巨大动力。人民群众朴实的话语最能表达他们内心的想法，“要想富，先修路”，“小路小富，大路大富，高速公路快富”，这就是中国高速公路发展的底气和基础。因应人民群众的殷切期盼，在党中央、国务院的坚强领导下，全体交通人艰苦奋斗，我国高速公路的建设取得令世界瞩目的巨大成就，实现了跨越式发展，成为国民经济发展名副其实的“先行官”。

《实录》在谋篇布局上紧扣编写本书的初衷，用了五篇十二章及附录回答了国际、国内社会特别是交通运输行业人士十分关注的问题。《实录》整体可分为三个板块。

第一个板块就是第一章“中国高速公路的跨越式发展”。本章从介绍世界高速公路特别是一些发达国家，如美国、日本、德国、法国、西班牙等国高速公路发展历程入手，着重论述了改革开放以后中国高速公路发展的阶段性特征和助推中国高速公路发展的基本动力；从社会主义制度、交通发展战略研究与规划、公路建设的管理体制、公路法规建设、市场经济的机制与活力、重大建设项目前期工作、科技创新与应用、公路建设的组织模式与投融资体制等八个方面，阐述了中国高速公路跨越式发展辉煌历程。这些经验是中国高速公路决策者、建设者、管理者从实践中创造出来的，具有鲜明的中国特色，回答了中国高速公路为什么能够实现跨越式发展。

第二个板块是从第二章到第十一章，这十个章节构成了中国高速公路建设的全过程，集中回答了中国高速公路怎样实现了跨越式发展。第二章"中国高速公路发展规划"，规划在中国高速公路发展中起到了引领和指导作用。改革开放以来，经国家审定批准的规划有三个：一是 1992 年审定的"国道主干线系统规划"（"五纵七横"），总里程约 3.44 万公里，其中高速公路 2.58 万公里，2007 年规划目标实现。二是 2004 年审定的"国家高速公路网规划"（"7918"），总里程 8.5 万公里，到 2015 年已实现规划目标的 92.43%。三是 2013 年审定的"国家公路网规划"（"71118 + 6"）13.6 万公里，到 2016 年已实现规划目标的 72.94%。不难看出，中国高速公路发展规划是与时俱进的，是从中国国情实际出发，服从服务于国民经济发展的全局。深入研究交通发展战略，以建设中国综合运输体系为目标，逐步形成高速公路网络化，不断提高运输效率。第三章"高速公路建设管理法律法规"，体现依法治国的执政理念，在高速公路发展过程中必须坚持"依法建路，依法管路，依法养路，走可持续发展"的路子。第四章"高速公路建设管理制度"，这是消化吸取了世界银行贷款项目和发达国家高速公路建设的基本经验，形成了有中国特色的高速公路项目管理制度，分别是项目法人责任制、工程监理制、招标投标制、合同管理制以及根据中国国情建立起与现代工程管理相适应的公路建设管理制度体系。第五章"高速公路建设与管理"，中国是社会主义制度的国家，走有中国特色社会主义市场经济的发展道路。因此，改革开放以来，我们不断探索和总结高速公路建设与管理的经验，这不仅有政府的监管，还有项目法人管理、设计、施工、监理的管理，紧紧抓住高速公路工程质量、安全生产这些主题，贯穿于建设、管理、养护的全过程。第六章"公路建设技术标准"，公路建设特别是高速公路建设的技术标准是技术法规，必须坚持，必须统一，在高速公路建设过程中不断探索，不断完善。从国外经验的消化吸收，到建立我国高速公路自身的标准规范体系，这是我国软实力增强的过程，是高速公路建设在技术领域取得的丰硕成果。

第七章“高速公路建设科技创新与应用”，邓小平同志在改革开放初期就指出，科学技术是第一生产力，中国高速公路发展实践是最好的诠释。不仅是我国高速公路的通车里程处于世界第一位，还有世界最长的港珠澳跨海湾大桥、跨越长江的苏通大桥、跨越峡谷的矮寨大桥、跨越戈壁沙漠的京新高速公路(G7)2540公里、有秦岭终南山隧道、世界海拔最高的京藏高速青海段雪山1号隧道(海拔4400米)，连云港到霍尔果斯高速公路(G30)4019.1公里全线贯通，是“一带一路”公路大陆桥。这些路、桥、隧、特大立交桥，充分体现了科技进步的伟大成果，可以毫不夸张地说，中国已具备了世界领先的高速公路建设技术。第八章到第十一章是“成就篇”，以2013年国务院批准的“国家公路网规划”中高速公路的规划，7条从北京为起点的射线、11条南北纵线、18条东西横线、6条地区环线等，简称“71118+6”网为章节。改革开放以来，中国高速公路取得的巨大成就，是由一个一个工程建设项目累积起来的，每个建设项目都凝聚着交通人的聪明才智和心血汗水。高速公路覆盖了全国各省区市，时间跨度几十年，为此我们开发了《中国高速公路建设项目信息管理系统》应用软件，综合汇总了2016年来国家高速公路通车里程99159公里的1346个工程项目建设信息，可以说搭建了国家高速公路网的建设状况的新台账。由于受本书篇幅规模的限制，检索查阅具体工程信息，可以此书相关内容为线索，进一步查询各省(自治区、直辖市)编撰的《实录》，项目信息可以一目了然。“成就篇”的四章，表面看是42条高速公路建设成就介绍，实际加上了并行线、延长线，重要城市的绕城线是161条高速公路的建设项目信息汇集整理，占了本书编撰工作量的60%以上。

第三个板块是第十二章“高速公路文明创建与文化建设”，即“文化篇”。伴随着中国高速公路的物质文明建设的同时，精神文明建设也取得了丰硕的成果，精神文明的创建和文化建设又支撑和推动了高速公路建设。习近平总书记倡导的“两路”精神，激励了广大高速公路建设者，涌现出“解放思想，敢为人先”的沈大精神；“勇争第一，创新示范”的京津塘精神；“自力更生，艰苦奋斗”的太旧精神；“遵章守法，廉洁自律”的开阳精神；“勇于创新，追求卓越”的润扬精神；“自主创新，勇担风险”秦岭终南山隧道精神……，一代一代高速公路建设者传承发扬光大，港珠澳大桥岛隧工程，如果没有以林鸣同志为代表的科技精英团队的勇挑重担，攻坚克难，突破极限，追求极致的时代精神，怎么能够打造出世界的超级工程。所以，我们在回答中国高速公路为什么能够实现跨越式发展时，就必须包括中国高速公路的文化建设，这是中国高速公路实现跨越式发展的精神力量。《实录》除由以上三大板块组成外，为了便于读者和专业研究者方便，还将“中国高速公路发展纪年图表”和“高速公路发展大事记”作为附录，一并呈现给大家。中国公路建设行业协会承担了《实录》部分内容的编纂与编审组织工作，中国路桥工程有限责任公司、中交第三公路工程局有限公司对《实录》的编纂工作予以大力支持，人民交通出版社精心组织编辑力量出版该书。谨向他们为《实录》编纂、出版付出的努力表示感谢！《实录》还编录了对中国路桥工程有限责任公司等的介绍，我们从中国路桥工程有限责任公司的介绍中还可以看到中国公路建设“走出去”，开展国际合作交流的工程项目，是对本书内容的有益补充和延伸。在出版发行《实录》的同时，为适应不同层面读者的需求，还制作了《中国高速公路建设实录 U 阅通》和《中国高速公路发展全舆图》。

《中国高速公路建设实录》实际上是一套丛书，交通运输部和中国公路建设行业协会在编纂《实录》的同时，各省区市的交通运输主管部门同时编纂本省区市的《××高速公路建设实录》。编纂范围不仅有通过本省区市的国家高速公路，还有各省区市根据自身发展需求建设的地方高速公路。西藏自治区从西藏实际出发编纂《西藏高等级公路建设实录》。所以《实录》的全书是“1+31”的概念，初步统计全书 2500 余万字，可以说是鸿篇巨著。《实录》的编纂如同中国高速公路建设一样，气势恢宏，是盛世修史的一次尝试。作为编者，我们为生活在这样一个伟大时代而庆幸，为自己是一个高速公路的建设者管理者而自豪，为能参与编纂《中国高速公路建设实录》而荣耀。

《中国高速公路建设实录》编纂工作委员会

2017 年 7 月

《中国高速公路发展全舆图》

编辑说明

《中国高速公路发展全舆图》（以下简称《全舆图》）是《中国高速公路建设实录》（以下简称《实录》）丛书中的一本。1988年上海沪嘉高速公路和辽宁沈大高速公路（部分路段）建成通车，这一年成为中国高速公路的“元年”。截至2016年底，中国（内地）高速公路通车里程突破13万公里，高速公路通车里程在2012年首次超越美国后已连续四年位居世界第一位，中国高速公路的建设实现了跨越式发展。《全舆图》是以地图形式从全局到局部全面展示我国从1991年“五纵七横”国道主干线系统建设规划开始到2030年国家高速公路的规划情况与发展历程。《全舆图》主要分为三部分：第一部分是国道主干线系统规划（“五纵七横”）、西部开发省际8条通道规划图、国家高速公路网规划（7918网）、国家公路网规划（2013年—2030年）（71118网）等国家高速公路规划图的介绍；第二部分是各省、自治区、直辖市高速公路发展规划图；第三部分主要针对“71118”网中的42条国家高速公路，进行了线路简介、沿线相关信息以及线路地图等专线表示。《全舆图》作为《实录》丛书的组成部分，从地图角度对《实录》相关内容进行了直观展示，有利于加深对于《实录》内容的了解。

希望《全舆图》的出版，能够让读者更加直观地了解我国高速公路的整体发展状况，起到宣传我国高速公路建设成就的作用，推动交通事业的繁荣与发展。

编　者

2018 年 1 月

图　例

居民地

北京	首　都
昆明市	省、自治区、直辖市、特别行政区行政中心、外国首都
丽江市	地级市行政中心、外国主要城市
大理市	地区、自治州、盟行政中心
永胜县	市辖区、县级市、县、自治县、旗、自治旗、特区、林区行政中心、外国一般城市
鲁掌	区公所、镇、乡、苏木、民族乡、民族苏木、街道行政中心、外国一般城市
新村	村行政中心、外国乡镇级
	到达主要城市

道　路

国家高速公路

6条地区环线	联络线 主线
7条放射线	联络线 主线
11条纵线	联络线 主线
18条横线	联络线 主线

各省级图高速公路

已建国家高速公路	待建国家高速公路
已建省级高速公路	待建省级高速公路
邻省已建高速公路	邻省待建高速公路

国家高速公路网编号及线路名

G15 G1501 沈 海 高 速

景点及地物

八达岭长城	世界遗产名录
北戴河	国家级风景名胜区
磬槌峰	国家级自然保护区
塞罕坝	森林公园
浮山	国家地质公园
罗文峪长城	一般景点
6995 汗腾格里峰	山峰名称及高程
天津新港	港口及名称

境　界

国　界

未定国界

地区界

军事分界线

省级界

未定省级界

特别行政区界

长　城

水　系

符号水库	河流、湖泊
	时令河、时令湖
	干河、泉、井
	运　河

目　录(一)

序　　图

各省区市高速公路图

“71118+6” 主线路图

7条放射线高速公路

世界政区图

比例尺 1∶9600万 0 960 1920 2880 千米

首都和首府 磁极 洲界 未定国界
主要城市 科考站 国界 地区界

军事分界线 运河 陆缘冰
海岸线 珊瑚礁 长城

比例尺 1∶9600万 0 960 1920 2880 千米

中国政区图

比例尺 1:1720万 0 172 344 516 千米

全国行政区划统计表	北京市	天津市	河北省	山西省	内蒙古自治区	辽宁省	吉林省	黑龙江省	上海市	江苏省	浙江省	安徽省	福建省	江西省	山东省	河南省
简称	京	津	冀	晋	内蒙古	辽	吉	黑	沪、申	苏	浙	皖	闽	赣	鲁	豫
车牌简称	京	津	冀	晋	蒙	辽	吉	黑	沪	苏	浙	皖	闽	赣	鲁	豫

中国政区图

4个直辖市
23个省
5个自治区
2个特别行政区

比例尺 1:1720万 0 172 344 516 千米

中国公路图

比例尺 1:1750万 0 175 350 525 千米

首都
省级行政中心
地级行政中心
地区、盟行政公署、自治州行政中心
县级行政中心

中国公路图

已建国家高速公路
已建省级高速公路
国道
待建国家高速公路
待建省级高速公路

比例尺 1:1750万 0 175 350 525 千米

国道主干线系统图（“五纵七横”）

比例尺 1∶1750万 0 175 350 525 千米

首 都
省级行政中心
地级行政中心
地区、盟行政公署、自治州行政中心
县级行政中心

国道主干线系统图（“五纵七横”）

五纵：联络线、主线
七横：联络线、主线

五 纵：
- GZ10同江至三亚（GZ10－1珲春至长春）
- GZ20北京至福州（GZ20－2泰安至淮阴）
- GZ30北京至珠海
- GZ40二连浩特至河口
- GZ50重庆至湛江

七 横：
- GZ15绥芬河至满洲里
- GZ25丹东至拉萨（GZ25－1唐山－天津）
- GZ35青岛至银川
- GZ45连云港至霍尔果斯
- GZ55上海至成都（GZ55－1万县至成都）
- GZ65上海至瑞丽（GZ65－1宁波至南京）
- GZ75衡阳至昆明（GZ75－1南宁至友谊关）

两纵两横三条重要路段
- 两纵
- 两横
- 三条重要路段

五纵：联络线、主线

七横：联络线、主线

GZ25 国道主干线编号

国道主干线系统图
（“五纵七横”）

比例尺 1∶1750万 0 175 350 525 千米

西部开发省际8条通道图

首 都　　省级行政中心　　地级行政中心　　地区、盟行政公署、自治州行政中心　　县级行政中心

比例尺 1:1750万　0　175　350　525 千米

西部开发省际8条通道图

比例尺 1:1750万 0 175 350 525 千米

国家高速公路网图(7918网)

比例尺 1∶1750万 0 175 350 525 千米

★首　都
省级行政中心
地级行政中心
县级行政中心
—— 地区、盟行政公署、自治州行政中心
G25 国家高速公路网编号

国家高速公路网“7918”

7条放射线

序号	全称	简称	编号
1	北京——哈尔滨高速公路	京哈高速	G1
2	北京——上海高速公路	京沪高速	G2
3	北京——台北高速公路	京台高速	G3
4	北京——港澳高速公路	京港澳高速	G4
并行线	广州——澳门高速公路	广澳高速	G4W
5	北京——昆明高速公路	京昆高速	G5
6	北京——拉萨高速公路	京藏高速	G6
7	北京——乌鲁木齐高速公路	京新高速	G7

“5条地区环线”及联络线

序号	全称	简称	编号
1	辽中地区环线高速公路	辽中环线高速	G91
2	杭州湾地区环线高速公路	杭州湾环线高速	G92
联络线	宁波–舟山高速公路	甬舟高速	G9211
3	成渝地区环线高速公路	成渝环线高速	G93
4	珠江三角洲地区环线高速公路	珠三角环线高速	G94
联络线	东莞–佛山高速公路	东佛高速	G9411
5	海南地区环线高速公路	海南环线高速	G98

国家高速公路网图(7918网)

5条地区环线 联络线 主线
7条放射线 联络线 主线
9条纵线 联络线 主线
18条横线 联络线 主线

比例尺 1∶1750万 0 175 350 525 千米

9条纵线及联络线

序号	全称	简称	编号
1	鹤岗——大连高速公路	鹤大高速	G11
联络线	鹤岗——哈尔滨高速公路	鹤哈高速	G1111
联络线	集安——双辽高速公路	集双高速	G1112
联络线	丹东——阜新高速公路	丹阜高速	G1113
2	沈阳——海口高速公路	沈海高速	G15
并行线	常熟——台州高速公路	常台高速	G15W
联络线	日照——兰考高速公路	日兰高速	G1511
联络线	宁波——金华高速公路	甬金高速	G1512
联络线	温州——丽水高速公路	温丽高速	G1513
联络线	宁德——上饶高速公路	宁上高速	G1514
3	长春——深圳高速公路	长深高速	G25
联络线	新民——鲁北高速公路	新鲁高速	G2511
联络线	阜新——锦州高速公路	阜锦高速	G2512
联络线	淮安——徐州高速公路	淮徐高速	G2513
4	济南——广州高速公路	济广高速	G35
5	大庆——广州高速公路	大广高速	G45
联络线	龙南——河源高速公路	龙河高速	G4511
6	二连浩特——广州高速公路	二广高速	G55
联络线	集宁——阿荣旗高速公路	集阿高速	G5511
联络线	晋城——新乡高速公路	晋新高速	G5512
联络线	长沙——张家界高速公路	长张高速	G5513
7	包头——茂名高速公路	包茂高速	G65
8	兰州——海口高速公路	兰海高速	G75
联络线	钦州——东兴高速公路	钦东高速	G7511
9	重庆——昆明高速公路	渝昆高速	G85
联络线	昆明——磨憨高速公路	昆磨高速	G8511

18条横线及联络线

序号	全称	简称	编号
1	绥芬河——满洲里高速公路	绥满高速	G10
联络线	哈尔滨——同江高速公路	哈同高速	G1011
2	珲春——乌兰浩特高速公路	珲乌高速	G12
联络线	吉林——黑河高速公路	吉黑高速	G1211
联络线	沈阳——吉林高速公路	沈吉高速	G1212
3	丹东——锡林浩特高速公路	丹锡高速	G16
4	荣成——乌海高速公路	荣乌高速	G18
联络线	黄骅——石家庄高速公路	黄石高速	G1811
5	青岛——银川高速公路	青银高速	G20
联络线	青岛——新河高速公路	青新高速	G2011
联络线	定边——武威高速公路	定武高速	G2012
6	青岛——兰州高速公路	青兰高速	G22
7	连云港——霍尔果斯高速公路	连霍高速	G30
联络线	柳园——格尔木高速公路	柳格高速	G3011
联络线	吐鲁番—和田及伊尔克什坦高速公路	吐和高速	G3012、G3013
联络线	奎屯——阿勒泰高速公路	奎阿高速	G3014
联络线	奎屯——塔城高速公路	奎塔高速	G3015
联络线	清水河——伊宁高速公路	清伊高速	G3016
8	南京——洛阳高速公路	宁洛高速	G36
9	上海——西安高速公路	沪陕高速	G40
联络线	扬州——溧阳高速公路	扬溧高速	G4011
10	上海——成都高速公路	沪蓉高速	G42
联络线	南京——芜湖高速公路	宁芜高速	G4211
联络线	合肥——安庆高速公路	合安高速	G4212
11	上海——重庆高速公路	沪渝高速	G50
联络线	芜湖——合肥高速公路	芜合高速	G5011
12	杭州——瑞丽高速公路	杭瑞高速	G56
联络线	大理——丽江高速公路	大丽高速	G5611
13	上海——昆明高速公路	沪昆高速	G60
14	福州——银川高速公路	福银高速	G70
联络线	十堰——天水高速公路	十天高速	G7011
15	泉州——南宁高速公路	泉南高速	G72
联络线	南宁——友谊关高速公路	南友高速	G7211
16	厦门——成都高速公路	厦蓉高速	G76
17	汕头——昆明高速公路	汕昆高速	G78
18	广州——昆明关高速公路	广昆高速	G80
联络线	开远——河口高速公路	开河高速	G8011

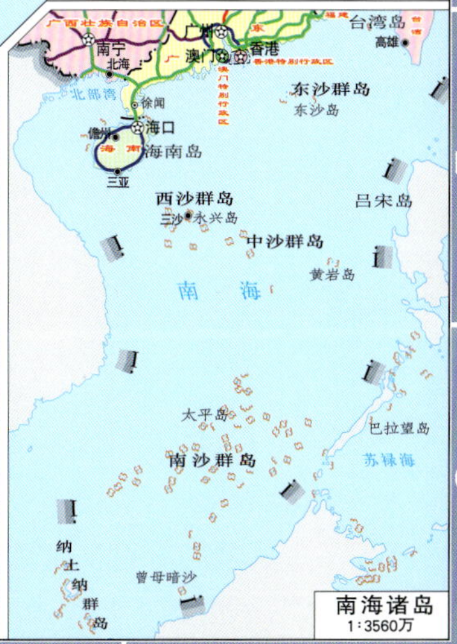

南海诸岛
1:3560万

国家高速公路网图(71118网)

比例尺 1∶1750万 0 175 350 525 千米

★首　都
⊛省级行政中心
● 地级行政中心
⊙ 县级行政中心
—— 地区、盟行政公署、自治州行政中心
G25 国家高速公路网编号

11条纵线及联络线

序号	全称	简称	编号
1	**鹤岗——大连高速公路**	**鹤大高速**	G11
联络线	鹤岗——哈尔滨高速公路	鹤哈高速	G1111
联络线	集安——双辽高速公路	集双高速	G1112
联络线	丹东——阜新高速公路	丹阜高速	G1113
2	**沈阳——海口高速公路**	**沈海高速**	G15
并行线	常熟——台州高速公路	常台高速	G15W
并行线	常熟——嘉善高速公路	常嘉高速	G15W2
并行线	宁波——东莞高速公路	甬莞高速	G15W3
联络线	日照——兰考高速公路	日兰高速	G1511
联络线	宁波——金华高速公路	甬金高速	G1512
联络线	温州——丽水高速公路	温丽高速	G1513
联络线	宁德——上饶高速公路	甬上高速	G1514
联络线	盐城——靖江高速公路	盐靖高速	G1515
联络线	盐城——洛阳高速公路	盐洛高速	G1516
联络线	莆田——炎陵高速公路	莆炎高速	G1517
3	**长春——深圳高速公路**	**长深高速**	G25
联络线	新民——鲁北高速公路	新鲁高速	G2511
联络线	阜新——锦州高速公路	阜锦高速	G2512
联络线	淮安——徐州高速公路	淮徐高速	G2513
联络线	鲁北——霍林郭勒高速公路	鲁霍高速	G2515
联络线	东营——吕梁高速公路	东吕高速	G2516
联络线	沙县——厦门高速公路	沙厦高速	G2517
联络线	深圳——岑溪高速公路	深岑高速	G2518
4	**济南——广州高速公路**	**济广高速**	G35
联络线	菏泽——宝鸡高速公路	菏宝高速	G3511

国家高速公路网“71118”

7条放射线

序号	全称	简称	编号
1	**北京——哈尔滨高速公路**	**京哈高速**	G1
并行线	北京——秦皇岛高速公路	京秦高速	G1N
联络线	秦皇岛——滨州高速公路	秦滨高速	G0111
2	**北京——上海高速公路**	**京沪高速**	G2
联络线	天津——石家庄高速公路	津石高速	G0211
3	**北京——台北高速公路**	**京台高速**	G3
并行线	德州——上饶高速公路	德上高速	G3W
4	**北京——港澳高速公路**	**京港澳高速**	G4
并行线	武汉——深圳高速公路	武深高速	G4E
并行线	广州——澳门高速公路	广澳高速	G4W
并行线	许昌——广州高速公路	许广高速	G4W2
并行线	乐昌——广州高速公路	乐广高速	G4W3
5	**北京——昆明高速公路**	**京昆高速**	G5
联络线	德阳——都江堰高速公路	德都高速	G0511
联络线	成都——乐山高速公路	成乐高速	G0512
6	**北京——拉萨高速公路**	**京藏高速**	G6
联络线	张掖——汶川高速公路	张汶高速	G0611
联络线	西宁——和田高速公路	西和高速	G0612
联络线	西宁——丽江高速公路	西丽高速	G0613
联络线	德令哈——马尔康高速公路	德马高速	G0615
7	**北京——乌鲁木齐高速公路**	**京新高速**	G7
联络线	乌鲁木齐——若羌高速公路	乌若高速	G0711

“6条地区环线”及联络线

序号	全称	简称	编号
1	**首都地区环线高速公路**	**首都环线高速**	G95
联络线	涞水－涞源高速公路	涞涞高速	G9511
2	**辽中地区环线高速公路**	**辽中环线高速**	G91
联络线	本溪－集安高速公路	本集高速	G9111
3	**杭州湾地区环线高速公路**	**杭州湾环线高速**	G92
并行线	杭州－宁波高速公路	杭宁高速	G92N
联络线	宁波－舟山高速公路	甬舟高速	G9211
4	**成渝地区环线高速公路**	**成渝环线高速**	G93
5	**珠江三角洲地区环线高速公路**	**珠三角环线高速**	G94
联络线	东莞－佛山高速公路	东佛高速	G9411
6	**海南地区环线高速公路**	**海南环线高速**	G98
联络线	海口－三亚高速公路	海三高速	G9811
联络线	海口－琼海高速公路	海琼高速	G9812
联络线	万宁－洋浦高速公路	万洋高速	G9813

国家高速公路网图(71118网)

6条地区环线 联络线 主线
11条纵线 联络线 主线
7条放射线 联络线 主线
18条横线 联络线 主线

比例尺 1:1750万 0 175 350 525 千米

11条纵线及联络线

全称	简称	编号
庆——广州高速公路	大广高速	G45
南——河源高速公路	龙河高速	G4511
辽——嫩江高速公路	双嫩高速	G4512
曼旗——营口高速公路	奈营高速	G4513
峰——绥中高速公路	赤绥高速	G4515
连浩特——广州高速公路	二广高速	G55
宁——阿荣旗高速公路	集阿高速	G5511
城——新乡高速公路	晋新高速	G5512
沙——张家界高速公路	长张高速	G5513
家界——南充高速公路	张南高速	G5515
尼特右旗——张家口高速公路	苏张高速	G5516
和浩特——北海高速公路	呼北高速	G59
头——茂名高速公路	包茂高速	G65
林——蓝田高速公路	榆蓝高速	G65E
州——柳州高速公路	梧柳高速	G6517
川——百色高速公路	银百高速	G69
康——来凤高速公路	安来高速	G6911
州——海口高速公路	兰海高速	G75
州——东兴高速公路	钦东高速	G7511
川——昆明高速公路	银昆高速	G85
明——磨憨高速公路	昆磨高速	G8511
洪——打洛高速公路	景打高速	G8512
凉——绵阳高速公路	平绵高速	G8513
安——泸州高速公路	广泸高速	G8515

18条横线及联络线

序号	全称	简称	编号
1	绥芬河——满洲里高速公路	绥满高速	G10
联络线	哈尔滨——同江高速公路	哈同高速	G1011
联络线	建三江——黑瞎子岛高速公路	建黑高速	G1012
联络线	海拉尔——张家口高速公路	海张高速	G1013
联络线	铁力——科右中旗高速公路	铁科高速	G1015
2	珲春——乌兰浩特高速公路	珲乌高速	G12
并行线	延吉——长春高速公路	延长高速	G12S
联络线	吉林——黑河高速公路	吉黑高速	G1211
联络线	沈阳——吉林高速公路	沈吉高速	G1212
联络线	北安——漠河高速公路	北漠高速	G1213
联络线	松江——长白山高速公路	松长高速	G1215
联络线	乌兰浩特——阿力得尔高速公路	乌阿高速	G1216
3	丹东——锡林浩特高速公路	丹锡高速	G16
联络线	克什克腾——承德高速公路	克承高速	G1611
4	荣成——乌海高速公路	荣乌高速	G18
联络线	黄骅——石家庄高速公路	黄石高速	G1811
联络线	沧州——榆林高速公路	沧榆高速	G1812
联络线	威海——青岛高速公路	威青高速	G1813
联络线	潍坊——日照高速公路	潍日高速	G1815
联络线	乌海——玛沁高速公路	乌玛高速	G1816
联络线	乌海——银川高速公路	乌银高速	G1817
5	青岛——银川高速公路	青银高速	G20
联络线	青岛——新河高速公路	青新高速	G2011
联络线	定边——武威高速公路	定武高速	G2012
6	青岛——兰州高速公路	青兰高速	G22
联络线	长治——延安高速公路	长延高速	G2211
7	连云港——霍尔果斯高速公路	连霍高速	G30
并行线	临潼——兴平高速公路	临兴高速	G30N
联络线	柳园——格尔木高速公路	柳格高速	G3011
联络线	吐鲁番——和田及伊尔克什坦高速公路	吐和高速	G3012、G3013
联络线	奎屯——阿勒泰高速公路	奎阿高速	G3014
联络线	奎屯——塔城高速公路	奎塔高速	G3015
联络线	清水河——伊宁高速公路	清伊高速	G3016
联络线	武威——金昌高速公路	武金高速	G3017
联络线	精河——阿拉山口高速公路	精阿高速	G3018
联络线	博乐——阿拉山口高速公路	博阿高速	G3019
8	南京——洛阳高速公路	宁洛高速	G36
9	上海——西安高速公路	沪陕高速	G40
联络线	扬州——溧阳高速公路	扬溧高速	G4011
联络线	溧阳——宁德高速公路	溧宁高速	G4012
10	上海——成都高速公路	沪蓉高速	G42
并行线	上海——武汉高速公路	沪武高速	G42S
联络线	南京——芜湖高速公路	宁芜高速	G4211
联络线	合肥——安庆高速公路	合安高速	G4212
联络线	麻城——安康高速公路	麻安高速	G4213
联络线	成都——遵义高速公路	成遵高速	G4215
联络线	成都——丽江高速公路	成丽高速	G4216
联络线	成都——昌都高速公路	成昌高速	G4217
联络线	雅安——叶城高速公路	雅叶高速	G4218
联络线	曲水——乃东高速公路	曲乃高速	G4219
11	上海——重庆高速公路	沪渝高速	G50
并行线	石柱——重庆高速公路	石渝高速	G50S
联络线	芜湖——合肥高速公路	芜合高速	G5011
联络线	恩施——广元高速公路	恩广高速	G5012
联络线	重庆——成都高速公路	渝蓉高速	G5013
12	杭州——瑞丽高速公路	杭瑞高速	G56
联络线	大理——丽江高速公路	大丽高速	G5611
联络线	大理——临沧高速公路	大临高速	G5612
联络线	保山——泸水高速公路	保泸高速	G5613
联络线	天保——猴桥高速公路	天猴高速	G5615
13	上海——昆明高速公路	沪昆高速	G60
并行线	杭州——长沙高速公路	杭长高速	G60N
联络线	南昌——韶关高速公路	南韶高速	G6011
14	福州——银川高速公路	福银高速	G70
联络线	十堰——天水高速公路	十天高速	G7011
15	泉州——南宁高速公路	泉南高速	G72
联络线	南宁——友谊关高速公路	南友高速	G7211
联络线	柳州——北海高速公路	柳北高速	G7212
16	厦门——成都高速公路	厦蓉高速	G76
联络线	都匀——香格里拉高速公路	都香高速	G7611
联络线	纳雍——兴义高速公路	纳兴高速	G7612
17	汕头——昆明高速公路	汕昆高速	G78
18	广州——昆明关高速公路	广昆高速	G80
联络线	开远——河口高速公路	开河高速	G8011
联络线	弥勒——楚雄高速公路	弥楚高速	G8012
联络线	岘山——文山高速公路	岘文高速	G8013

北京市高速公路图

比例尺 1:80 万　0　8.0　16.0　24.0千米

首　都
省级行政中心
地级行政中心
县级行政中心
G25 国家高速公路网编号
到达主要城市

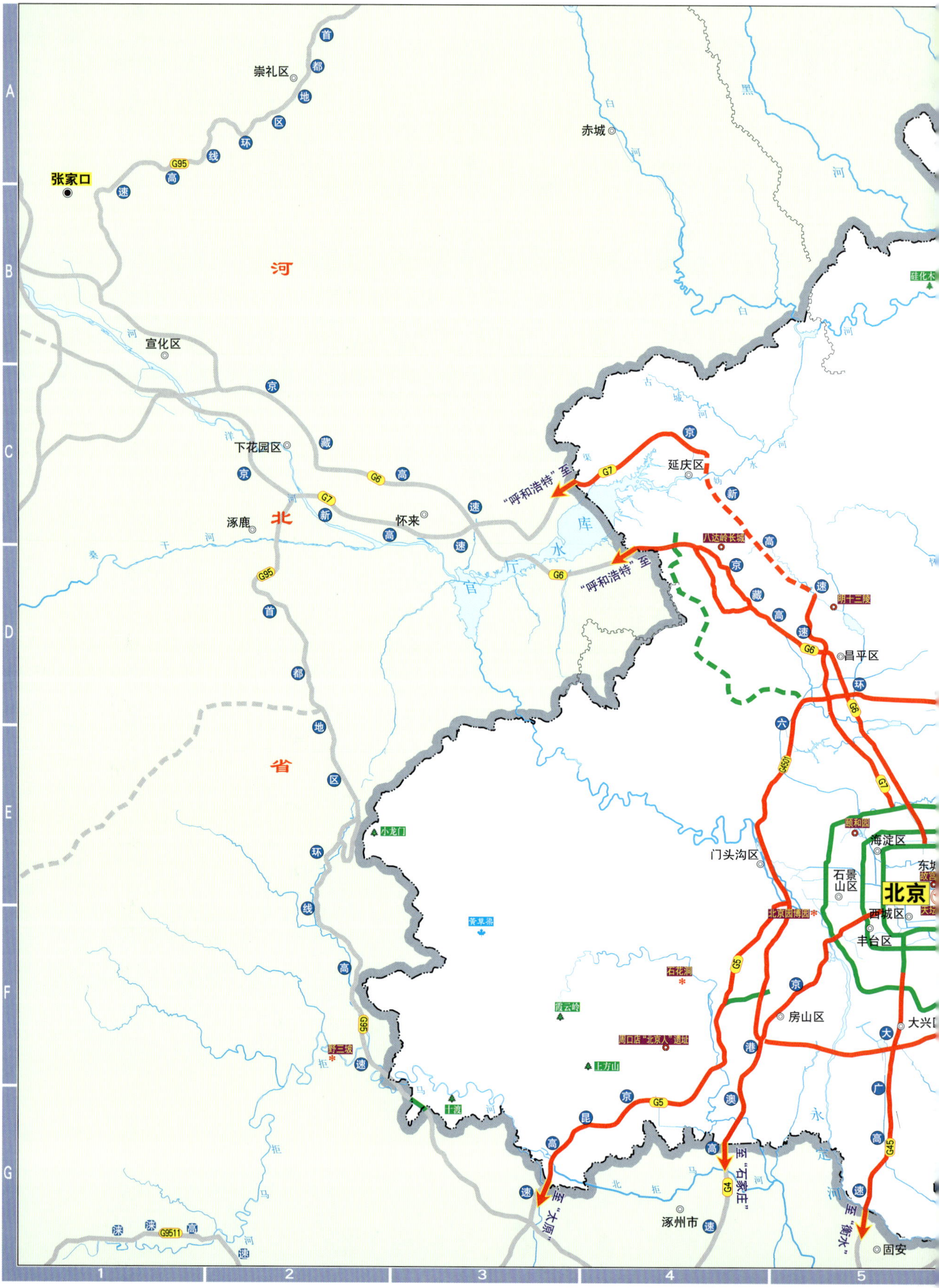

北京市高速公路图

已建国家高速公路 | 已建省级高速公路 | 邻省已建高速公路
待建国家高速公路 | 待建省级高速公路 | 邻省待建高速公路

比例尺 1:80 万　0　8.0　16.0　24.0 千米

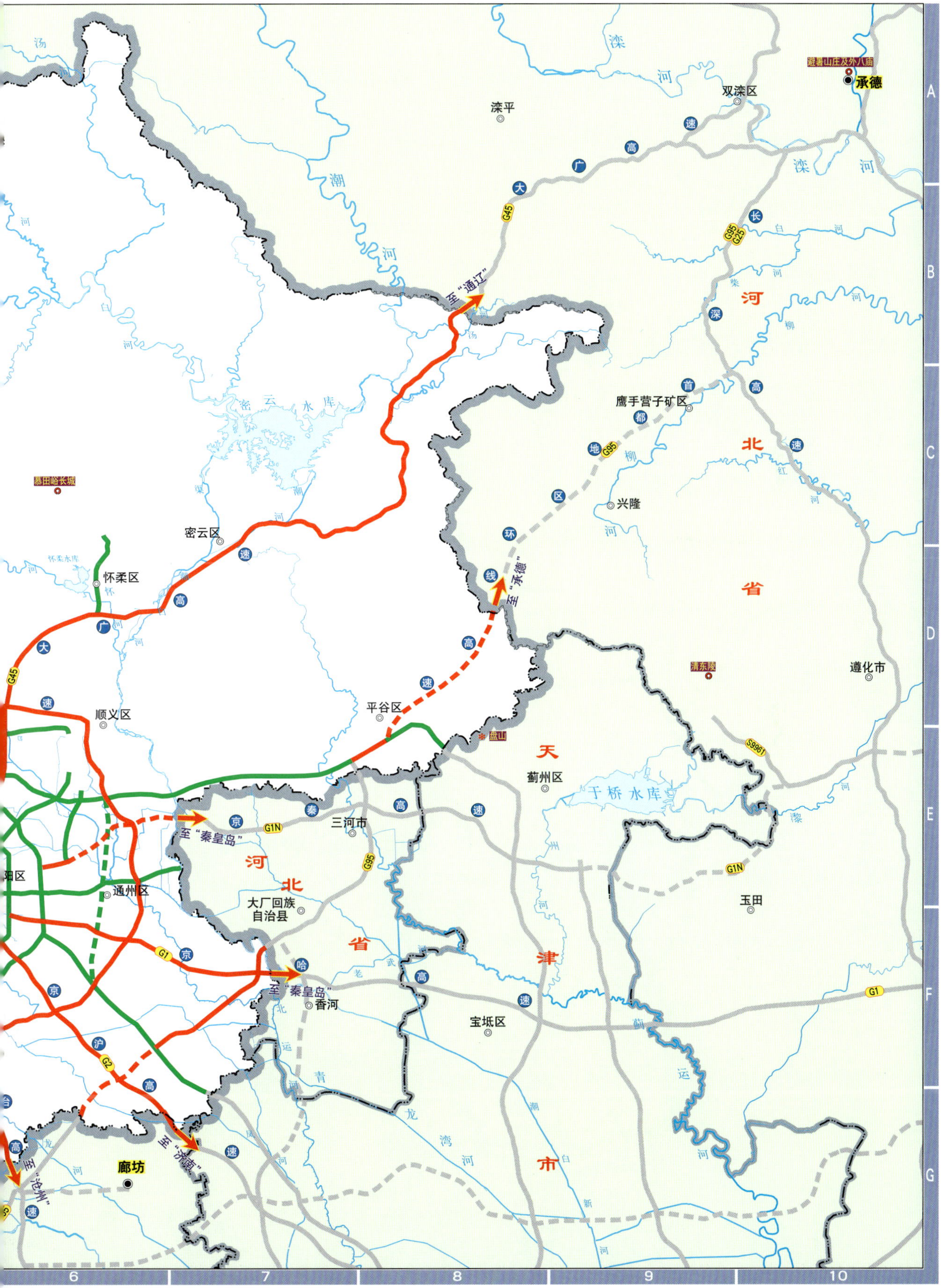

天津市高速公路图

首　都
县级行政中心
省级行政中心
G25 国家高速公路网编号
地级行政中心
到达主要城市

比例尺 1:56 万　0　5.6　11.2　16.8 千米

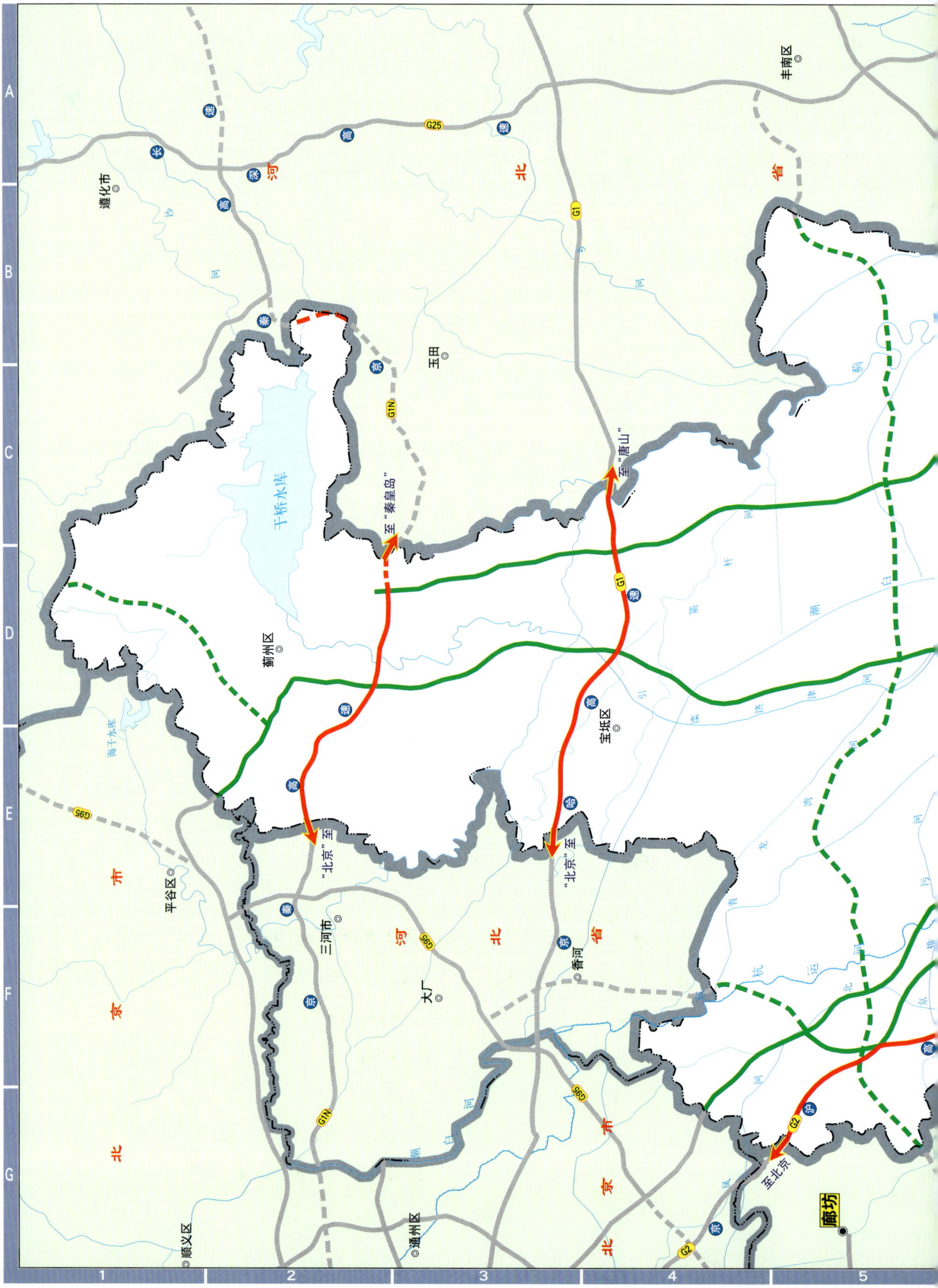

天津市高速公路图

已建国家高速公路　已建省级高速公路　邻省已建高速公路

待建国家高速公路　待建省级高速公路　邻省待建高速公路

比例尺 1:56 万　0　5.6　11.2　16.8 千米

河北省高速公路图

比例尺 1：244 万　0　24.4　48.8　73.2 千米

- 首　都
- 省级行政中心
- 地级行政中心
- 县级行政中心
- G25 国家高速公路网编号
- 到达主要城市

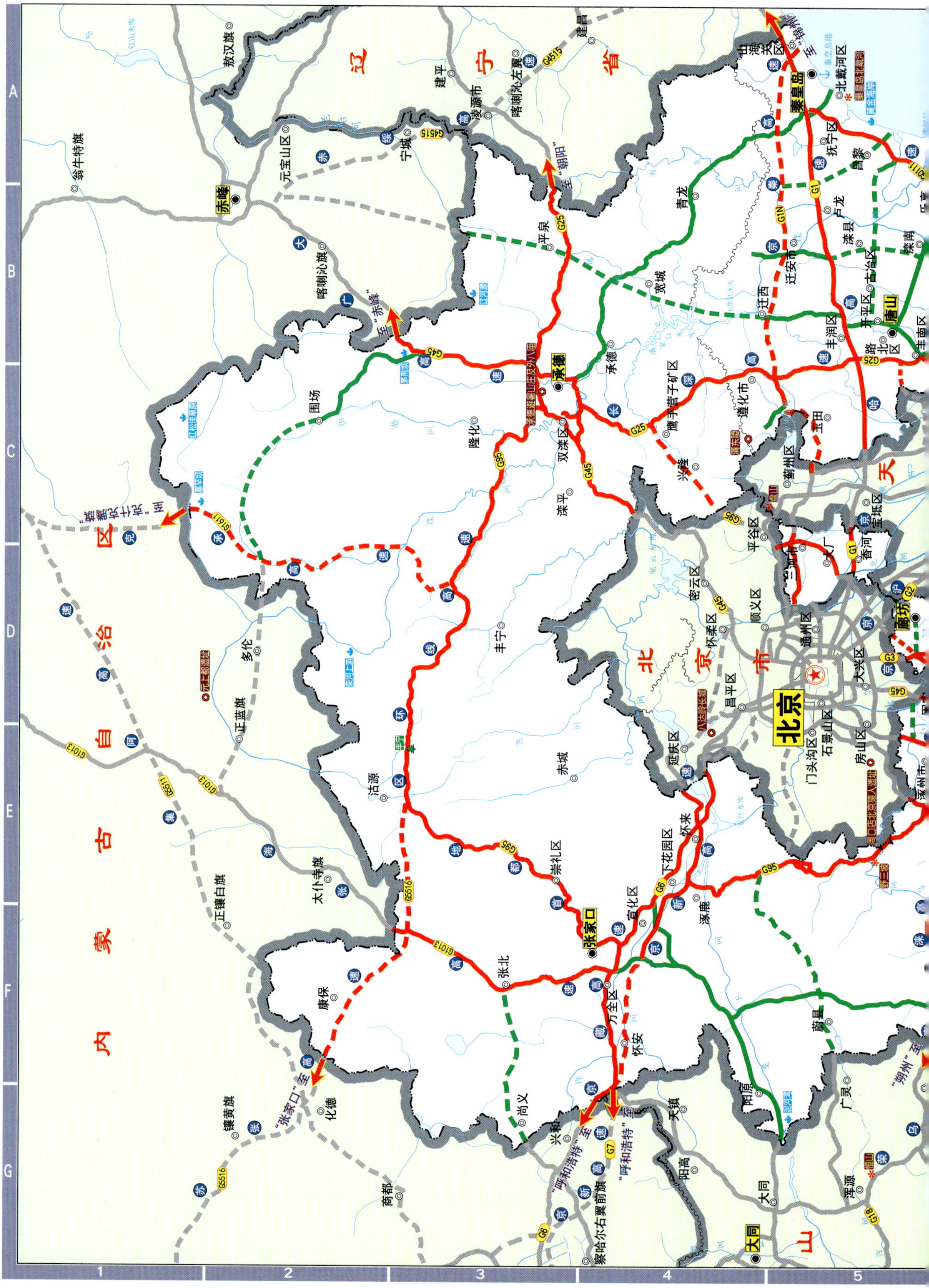

河北省高速公路图

已建国家高速公路　已建省级高速公路　邻省已建高速公路

待建国家高速公路　待建省级高速公路　邻省待建高速公路

比例尺 1：244 万　0　24.4　48.8　73.2 千米

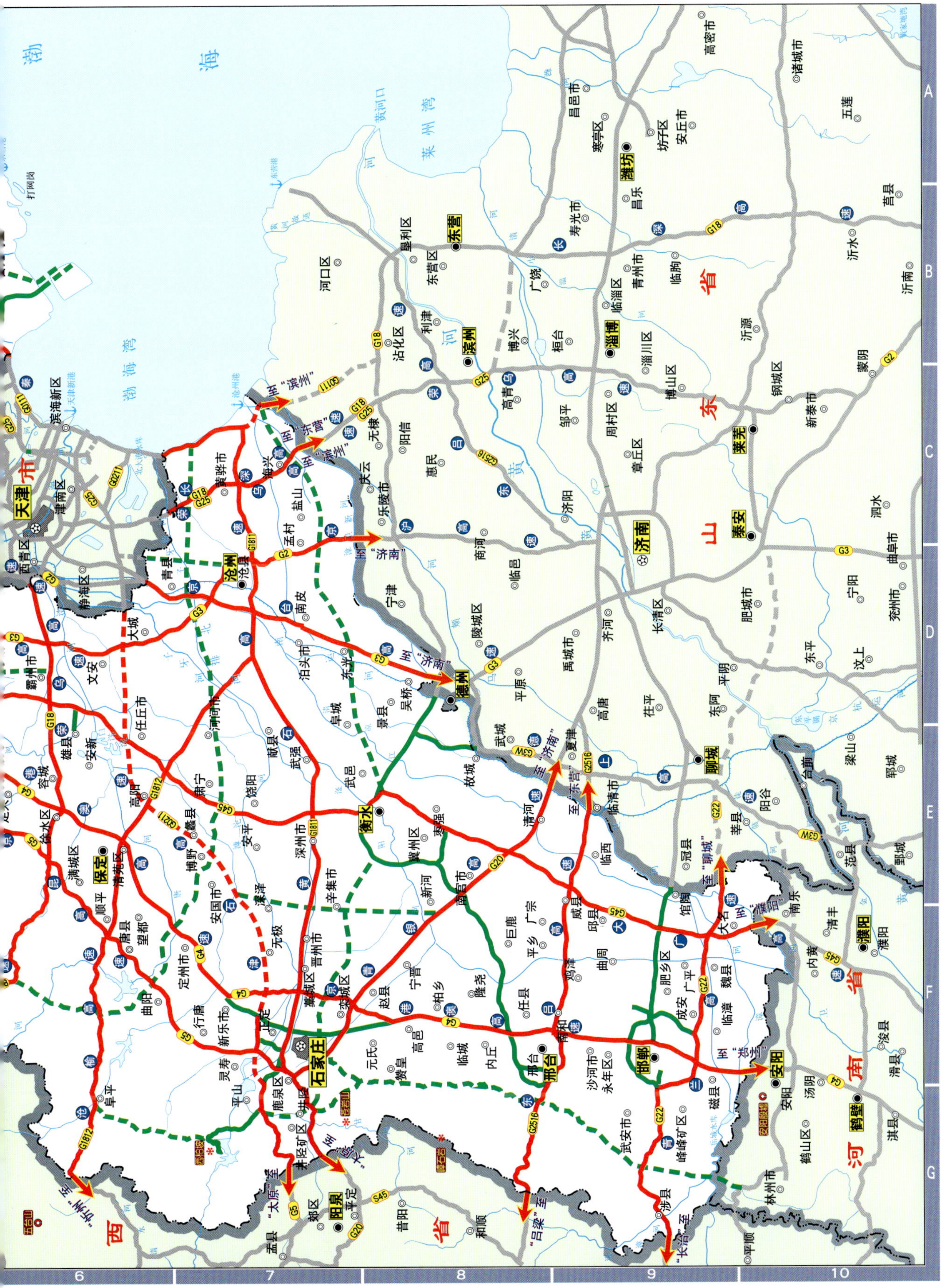

山西省高速公路图

首　都
省级行政中心
地级行政中心
县级行政中心
G25 国家高速公路网编号
到达主要城市

比例尺 1:202 万　0　20.2　40.4　60.6 千米

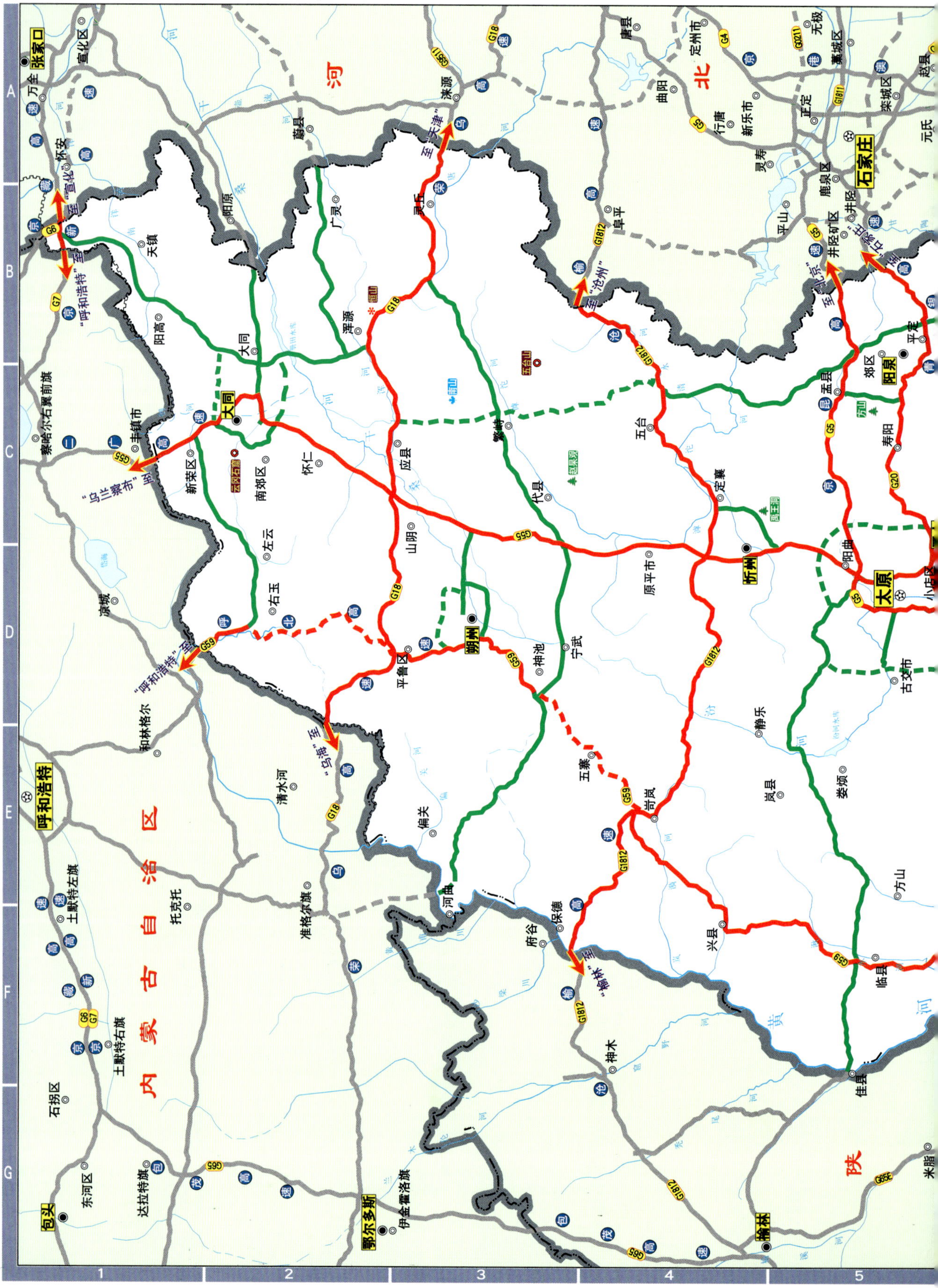

已建国家高速公路　已建省级高速公路　邻省已建高速公路

待建国家高速公路　待建省级高速公路　邻省待建高速公路

比例尺 1：202 万　0　20.2　40.4　60.6 千米

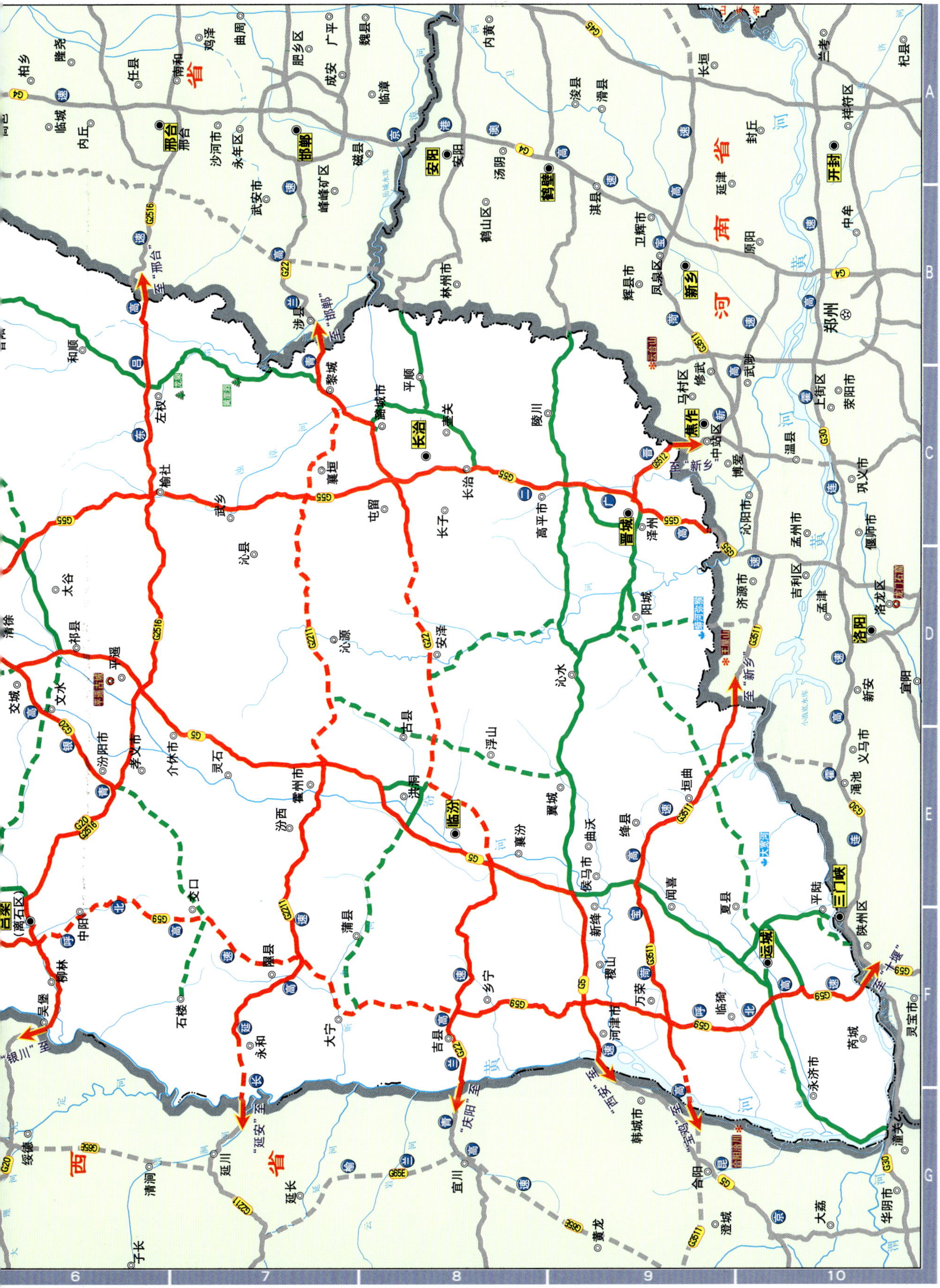

内蒙古自治区高速公路图

比例尺 1:744 万 0 74.4 148.8 223.2千米

首 都
县级行政中心
省级行政中心
G25 国家高速公路网编号
地级行政中心
到达主要城市

内蒙古自治区高速公路图

已建国家高速公路　已建省级高速公路　邻省已建高速公路
待建国家高速公路　待建省级高速公路　邻省待建高速公路

比例尺 1:744 万　0　74.4　148.8　223.2千米

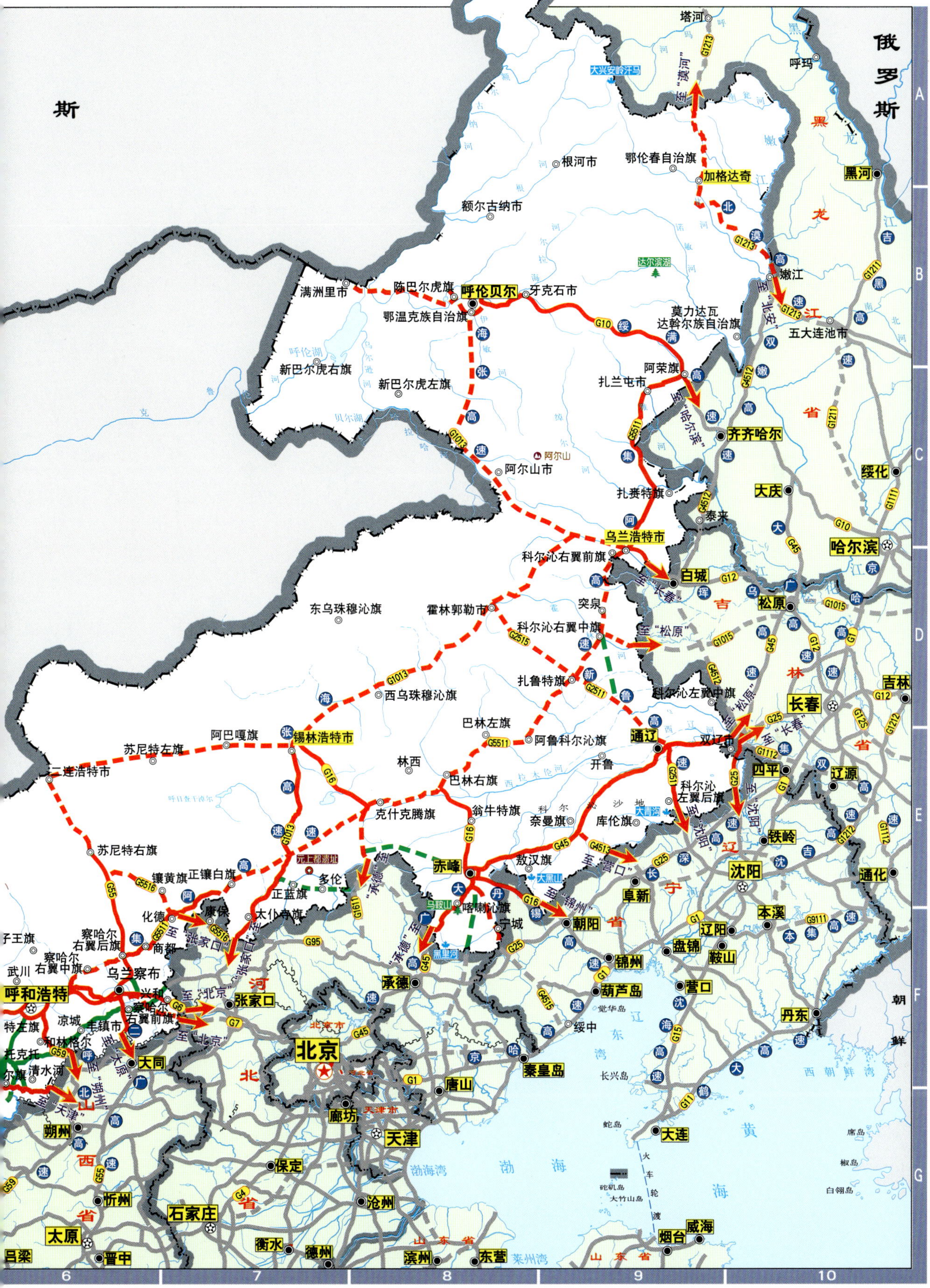

辽宁省高速公路图

首　都
县级行政中心
省级行政中心
G25 国家高速公路网编号
地级行政中心
到达主要城市

比例尺 1:226万 0 22.6 45.2 67.8千米

已建国家高速公路
已建省级高速公路
邻省已建高速公路
待建国家高速公路
待建省级高速公路
邻省待建高速公路
比例尺 1:226 万
0 22.6 45.2 67.8 千米
吉
林
省
朝
鲜
黄
海
西朝鲜湾
沈阳
铁岭
抚顺
本溪
辽阳
鞍山
丹东
四平
辽源
白山
通化
平壤
梨树
康平
法库
调兵山市
昌图
西丰
开原市
清河区
银州区
彰武
新民市
沈北新区
浑南区
苏家屯区
辽中区
灯塔市
台安
溪湖区
宏伟区
弓长岭区
千山区
南芬区
海城市
老边区
大石桥市
盖州市
岫岩
凤城市
宽甸
振安区
振兴区
东港市
庄河市
桓仁
新宾
清原
本溪
东辽
东丰
辉南
梅河口市
柳河
磐石市
桦甸市
靖宇
江源区
临江市
二道江区
通化
集安市
长海
大长山岛
小长山岛
广鹿岛
乌蟒岛
海洋岛
獐子岛
石城岛
大王家岛
大鹿岛
长山群岛
尔沁左翼后旗
G1
G11
G15
G16
G25
G91
G1113
G1112
G1212
G2511
G9111
至"长春"
至"吉林"
至"牡丹江"
至"集安"
沈阳故宫
高句丽王城王陵及贵族墓葬
清原红河谷
白石砬子
鸭绿江口

吉林省高速公路图

比例尺 1：280 万 0 28.0 56.0 84.0 千米

首 都
省级行政中心
地级行政中心
县级行政中心
G25 国家高速公路网编号
到达主要城市

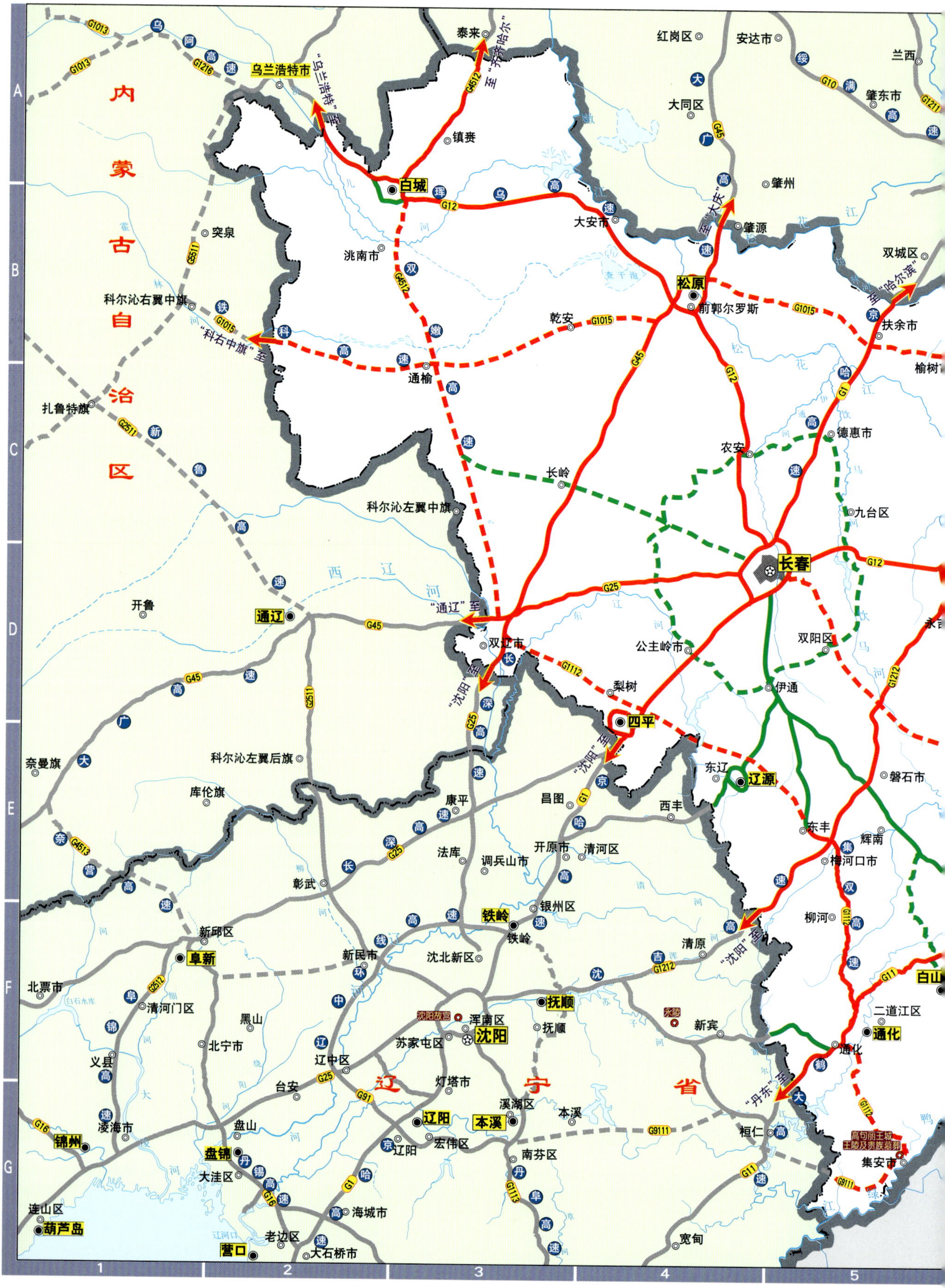

吉林省高速公路图

已建国家高速公路　已建省级高速公路　邻省已建高速公路

待建国家高速公路　待建省级高速公路　邻省待建高速公路

比例尺 1:280万　0　28.0　56.0　84.0千米

黑龙江省高速公路图

比例尺 1∶412万 0 41.2 82.4 123.6千米

首都
省级行政中心
地级行政中心
县级行政中心
G25 国家高速公路网编号
到达主要城市

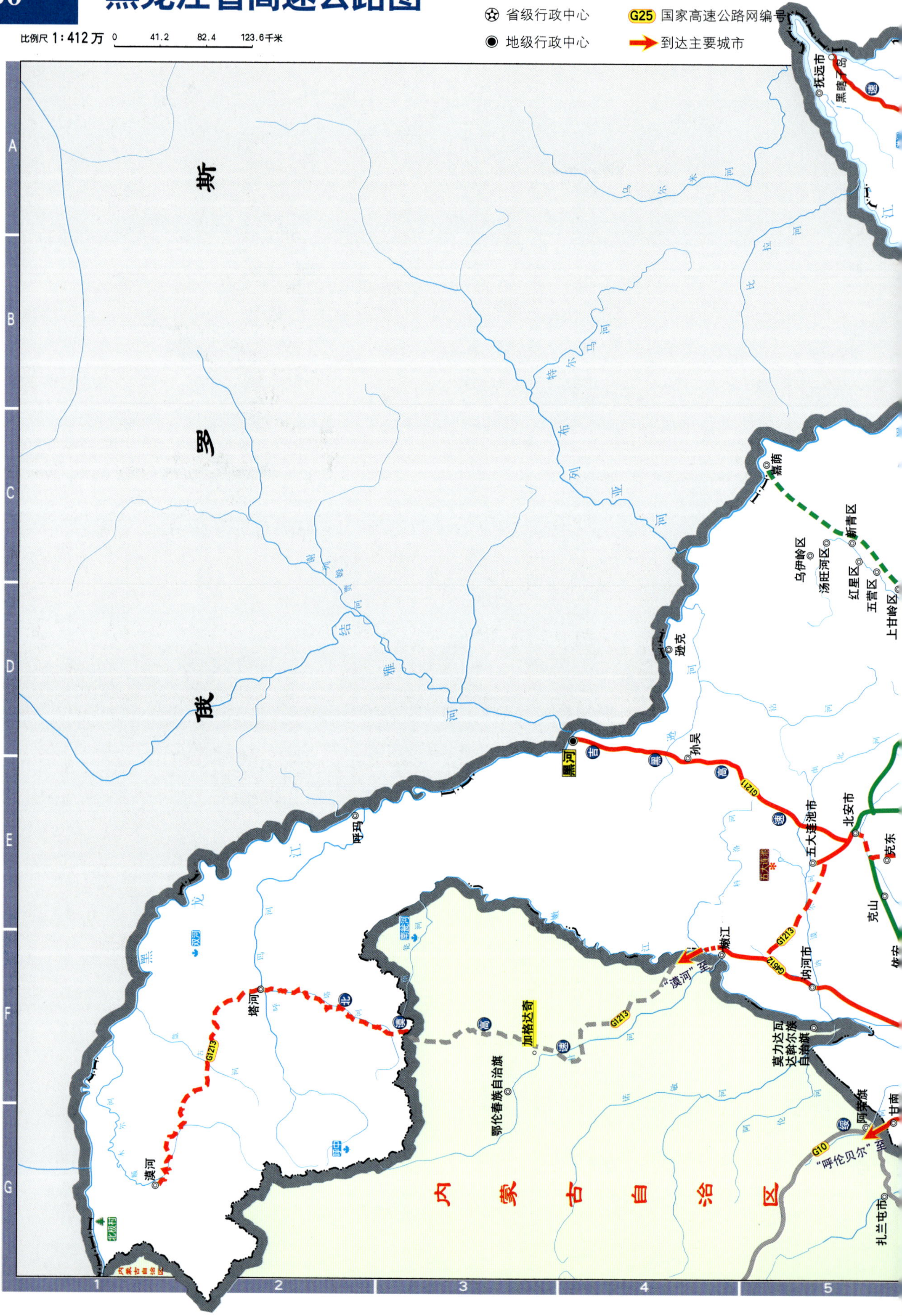

黑龙江省高速公路图

已建国家高速公路　已建省级高速公路　邻省已建高速公路

待建国家高速公路　待建省级高速公路　邻省待建高速公路

比例尺 1:412万　0　41.2　82.4　123.6千米

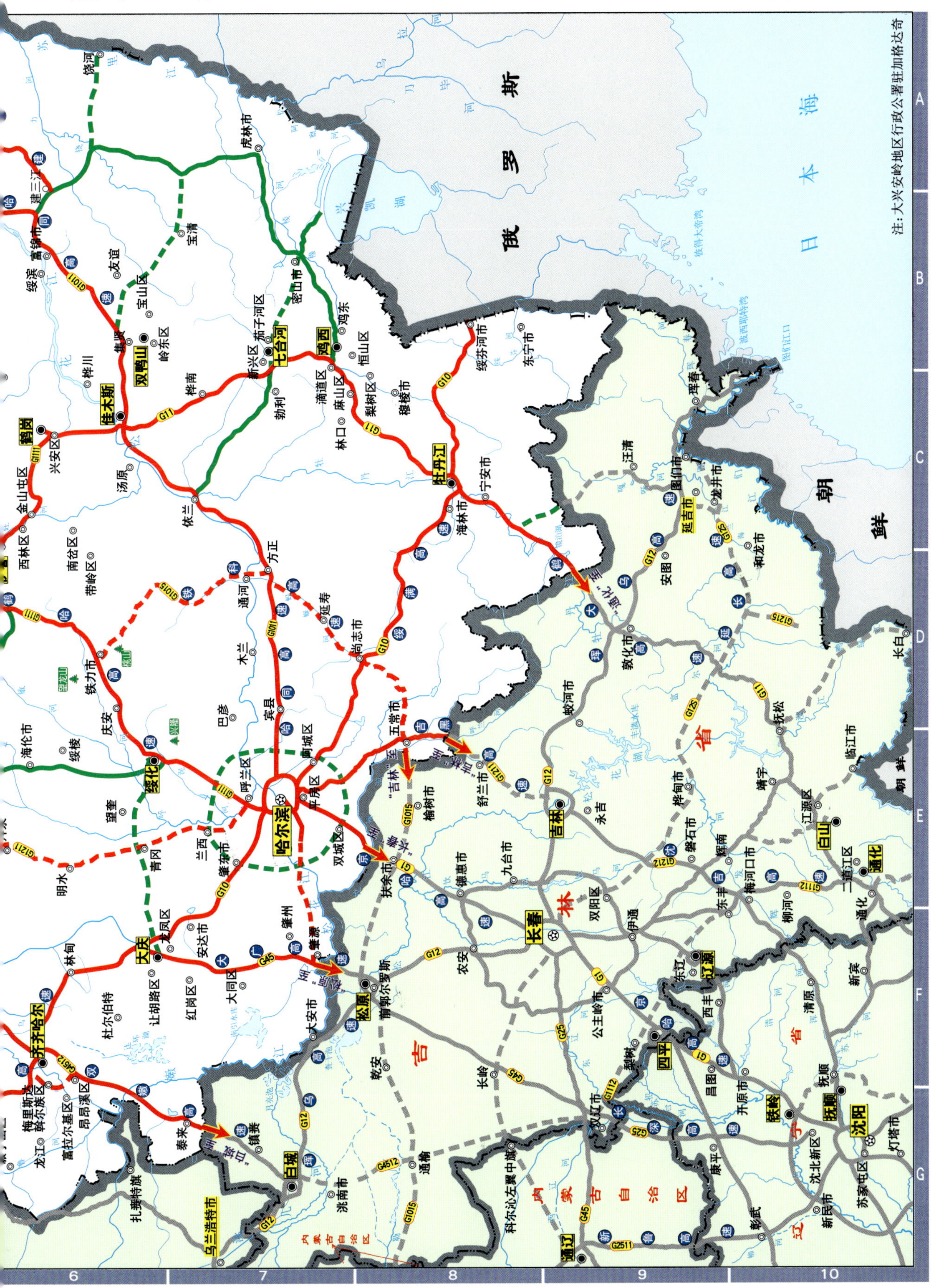

上海市高速公路图

比例尺 1:47 万 0 4.7 9.4 14.1千米

首都
县级行政中心
省级行政中心
G25 国家高速公路网编号
地级行政中心
到达主要城市

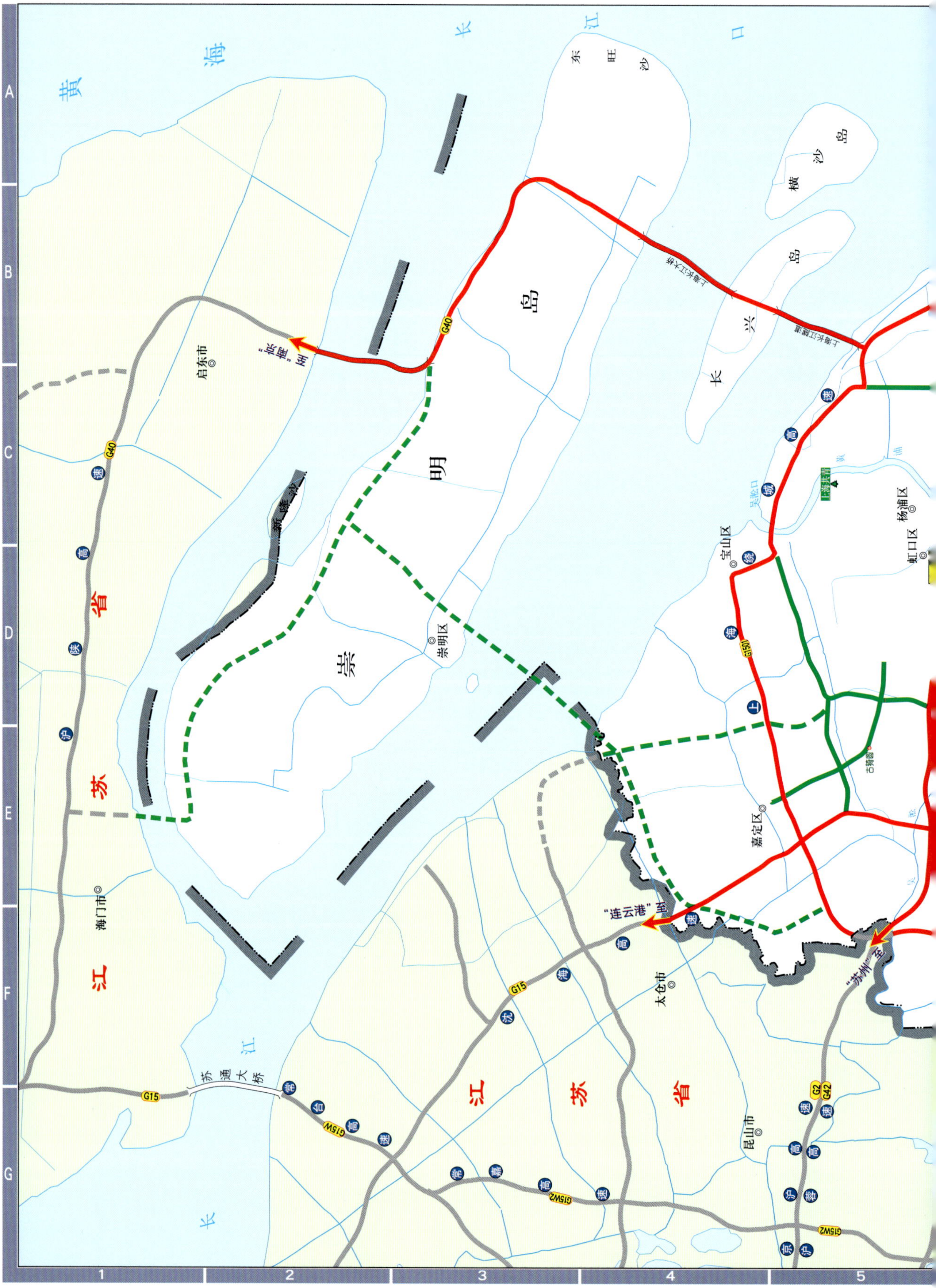

上海市高速公路图

已建国家高速公路 | 已建省级高速公路 | 邻省已建高速公路
待建国家高速公路 | 待建省级高速公路 | 邻省待建高速公路

比例尺 1:47 万　0　4.7　9.4　14.1千米

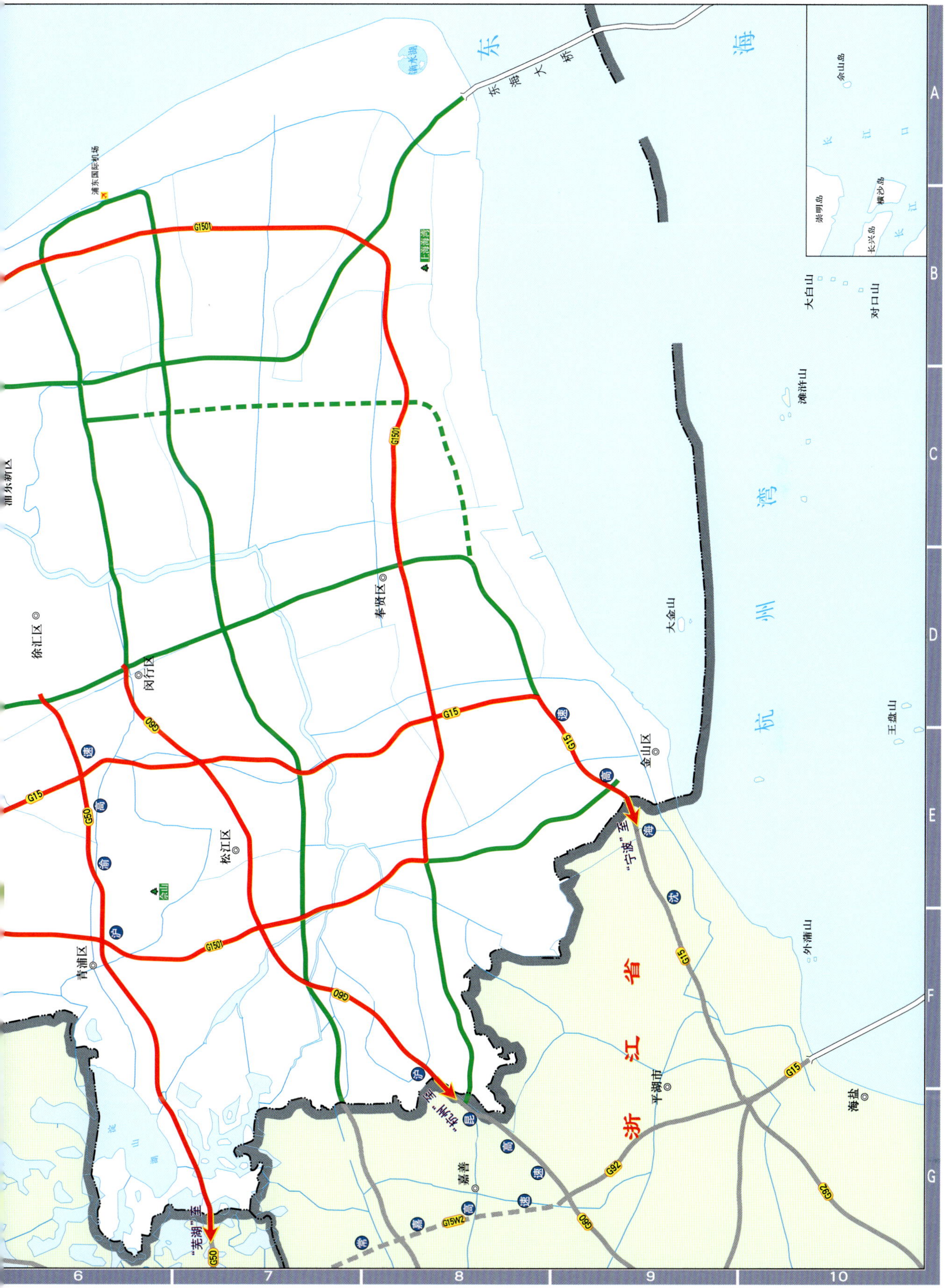

江苏省高速公路图

比例尺 1:217万 0 21.7 43.4 65.1千米

首　都
县级行政中心
省级行政中心
G25 国家高速公路网编号
地级行政中心
到达主要城市

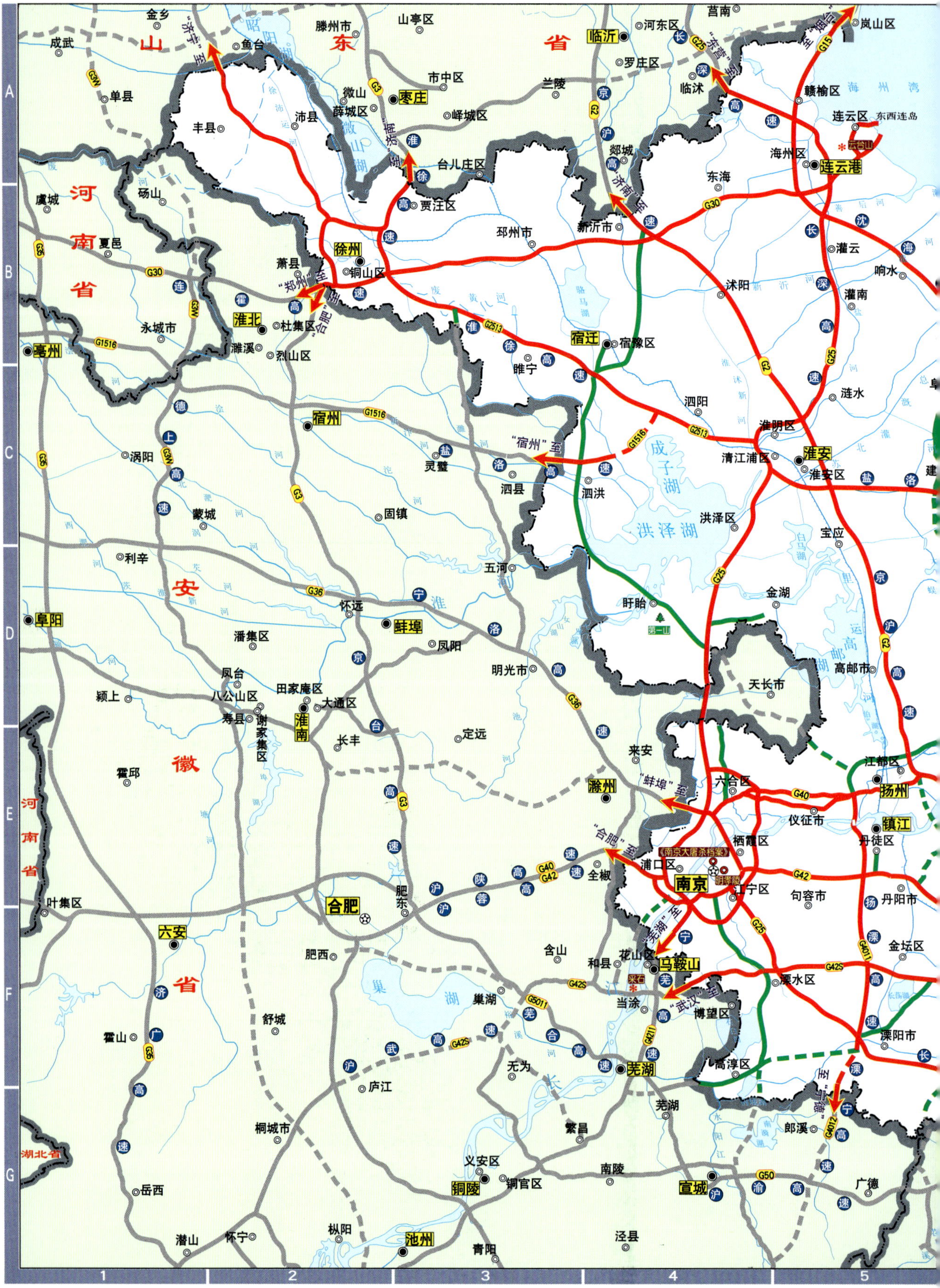

江苏省高速公路图

已建国家高速公路　已建省级高速公路　邻省已建高速公路

待建国家高速公路　待建省级高速公路　邻省待建高速公路

比例尺 1:217万　0　21.7　43.4　65.1千米

浙江省高速公路图

比例尺 1∶206 万 0 20.6 41.2 61.8 千米

首　都
省级行政中心
地级行政中心
县级行政中心
G25 国家高速公路网编号
到达主要城市

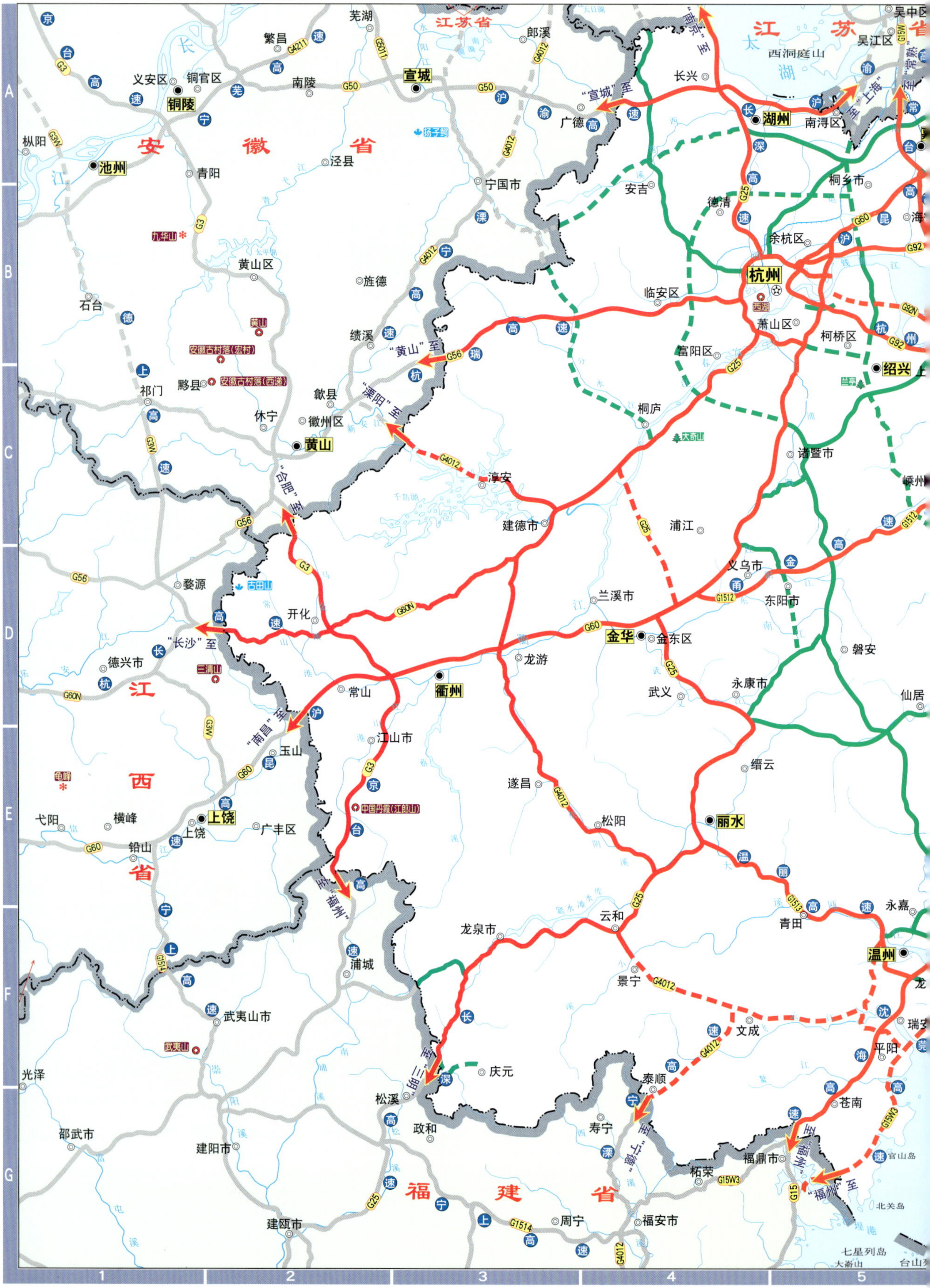

浙江省高速公路图

已建国家高速公路　已建省级高速公路　邻省已建高速公路
待建国家高速公路　待建省级高速公路　邻省待建高速公路

比例尺 1:206 万　0　20.6　41.2　61.8 千米

安徽省高速公路图

比例尺 1：200 万　0　20.0　40.0　60.0 千米

首　都
省级行政中心
地级行政中心
县级行政中心
G25 国家高速公路网编号
到达主要城市

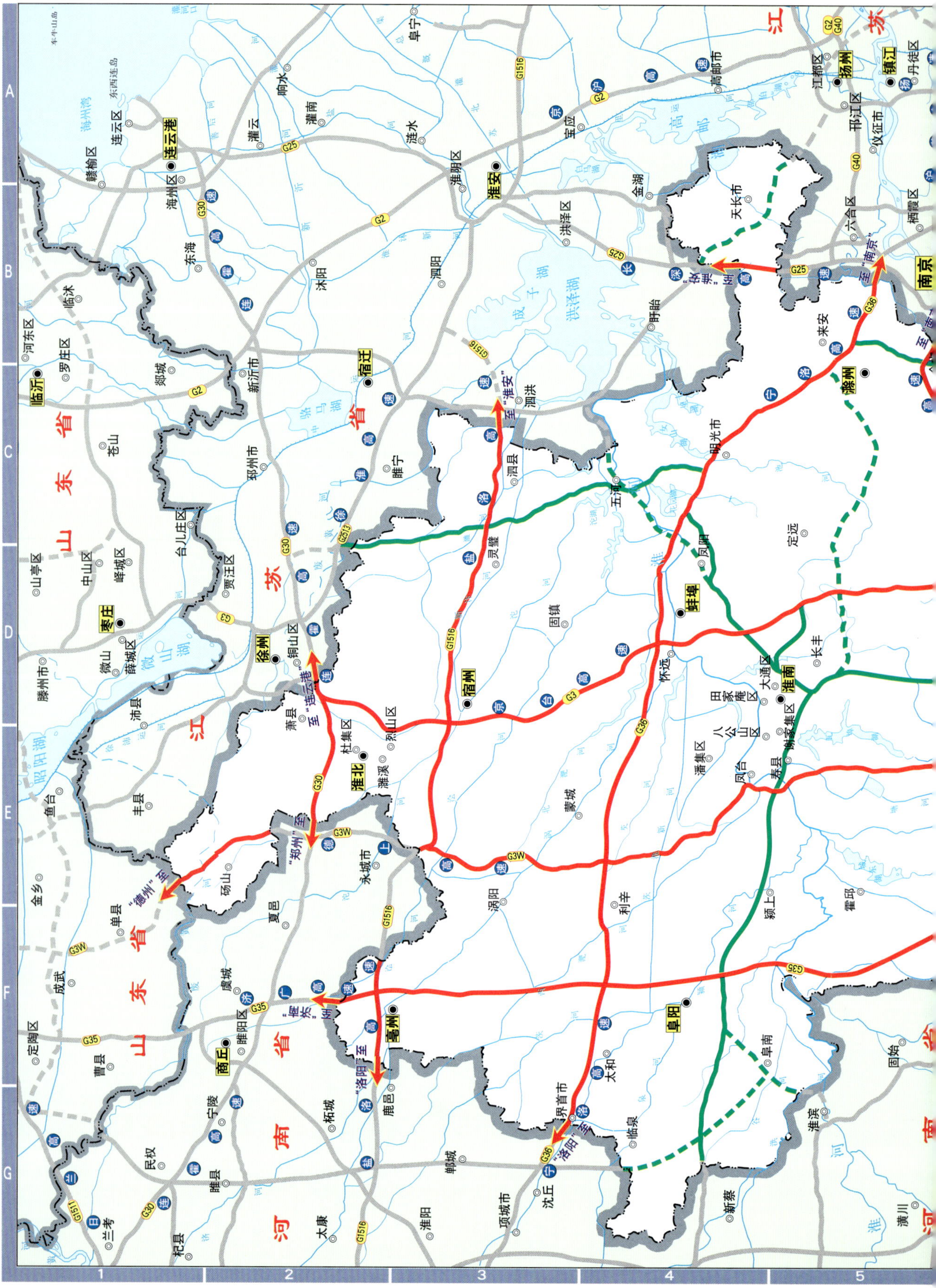

已建国家高速公路　已建省级高速公路　邻省已建高速公路

待建国家高速公路　待建省级高速公路　邻省待建高速公路

比例尺 1：200 万　0　20.0　40.0　60.0 千米

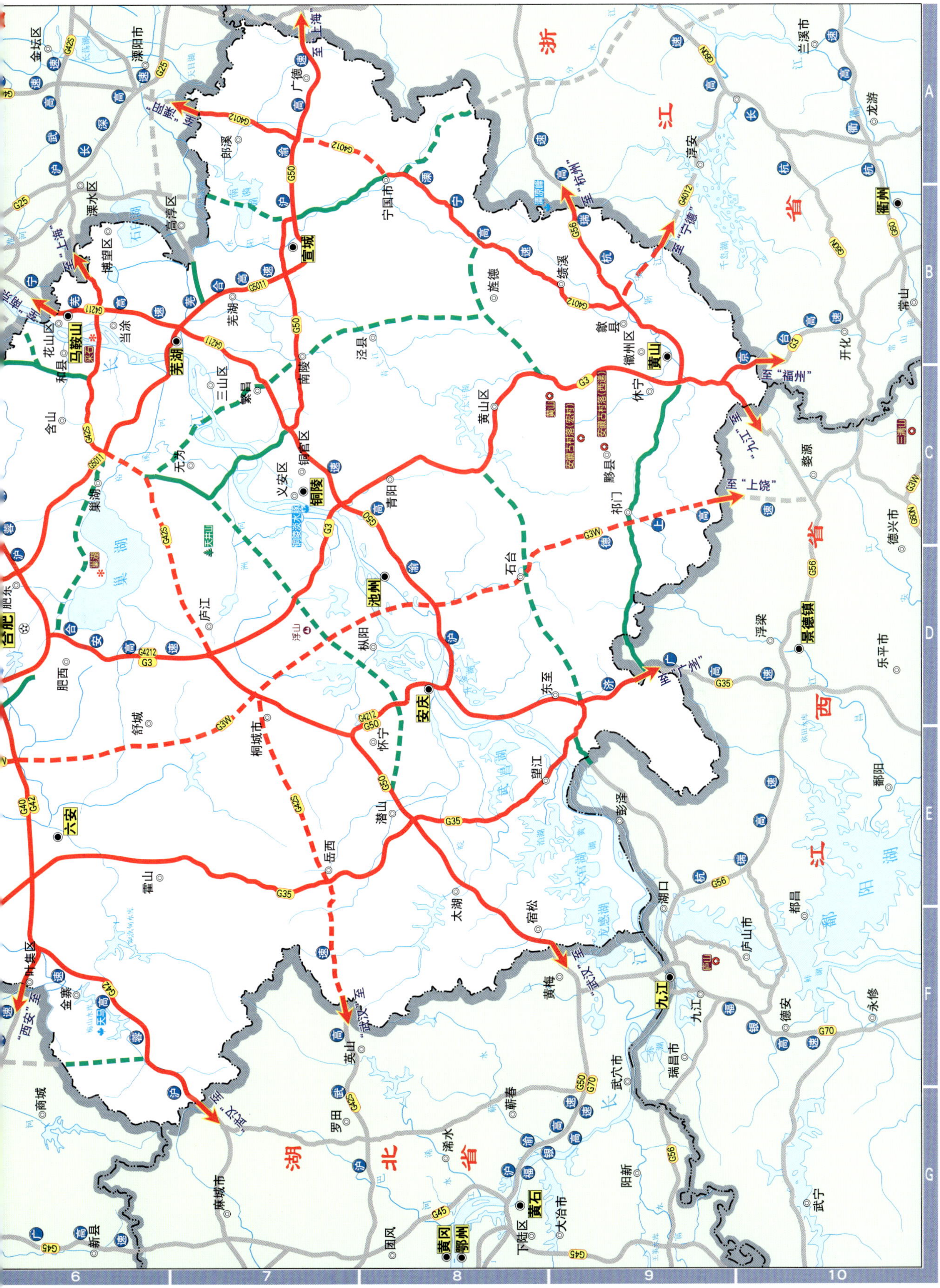

福建省高速公路图

比例尺 1:217万　0　21.7　43.4　65.1千米

首　都	县级行政中心
省级行政中心	G25 国家高速公路网编号
地级行政中心	到达主要城市

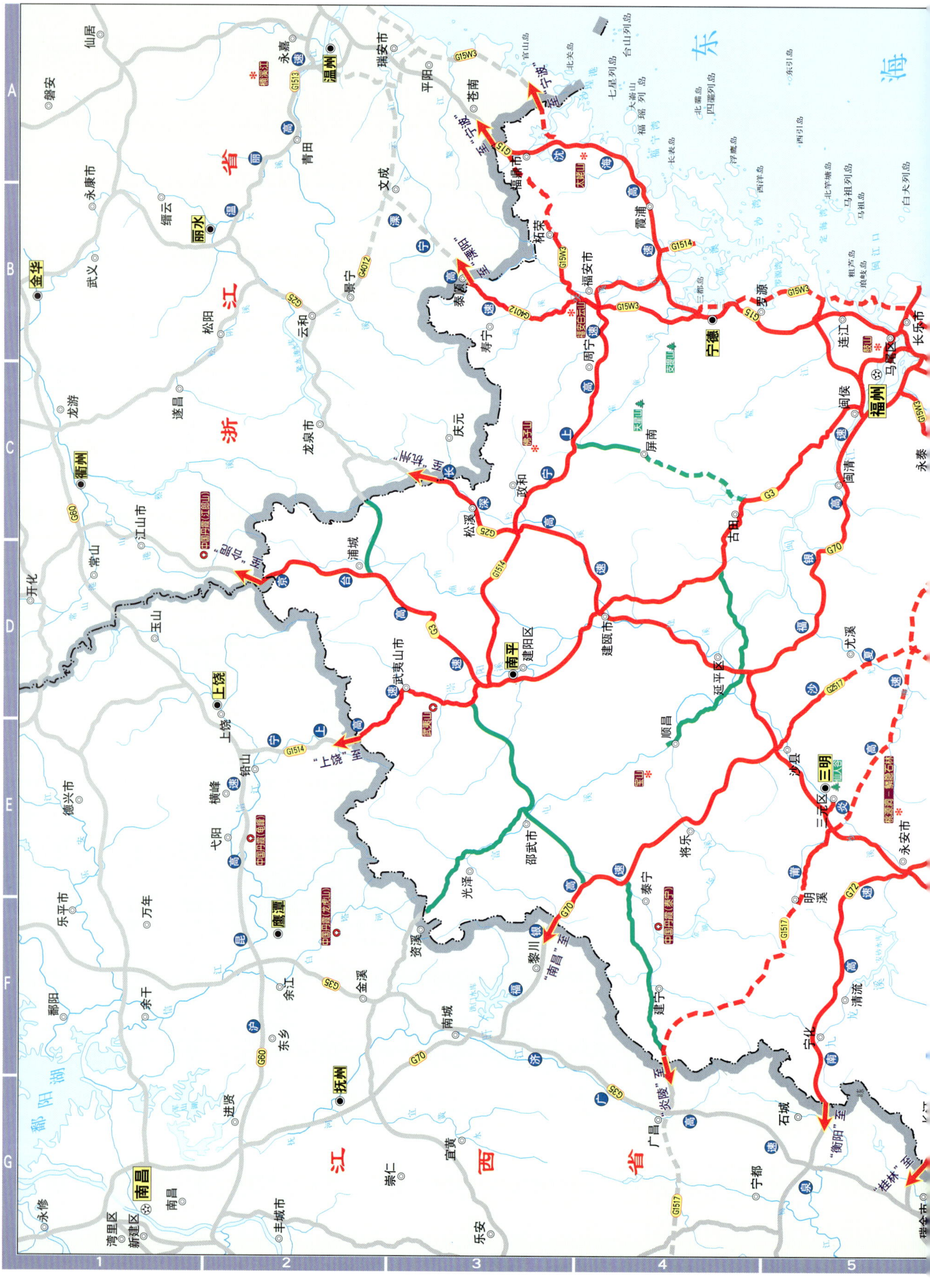

已建国家高速公路　已建省级高速公路　邻省已建高速公路
待建国家高速公路　待建省级高速公路　邻省待建高速公路

比例尺 1:217万　0　21.7　43.4　65.1千米

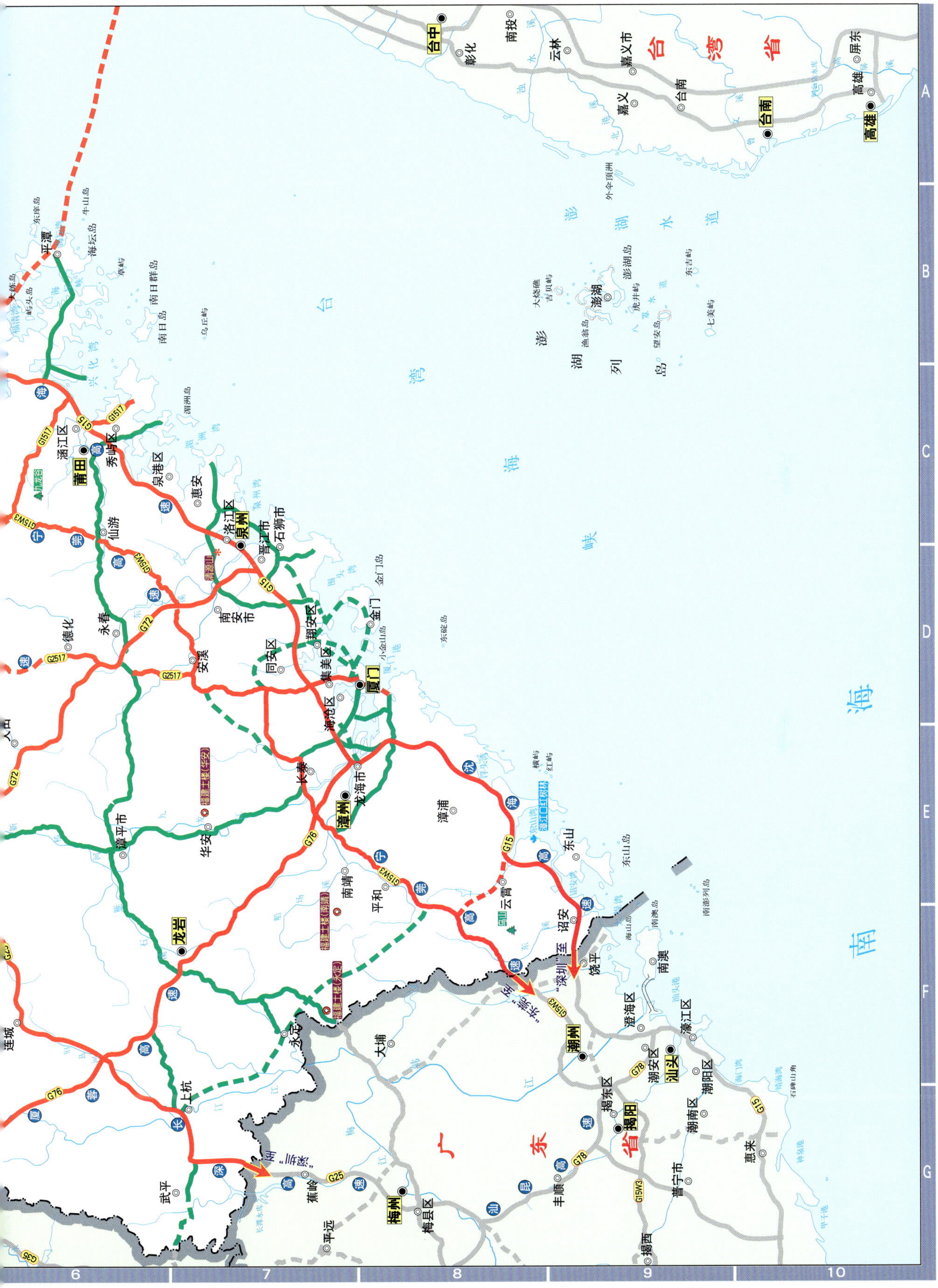

A B C D E F G
6 7 8 9 10

江西省高速公路图

比例尺 1∶215万　0　21.5　43.0　64.5千米

首　都
省级行政中心
地级行政中心
县级行政中心
G25 国家高速公路网编号
到达主要城市

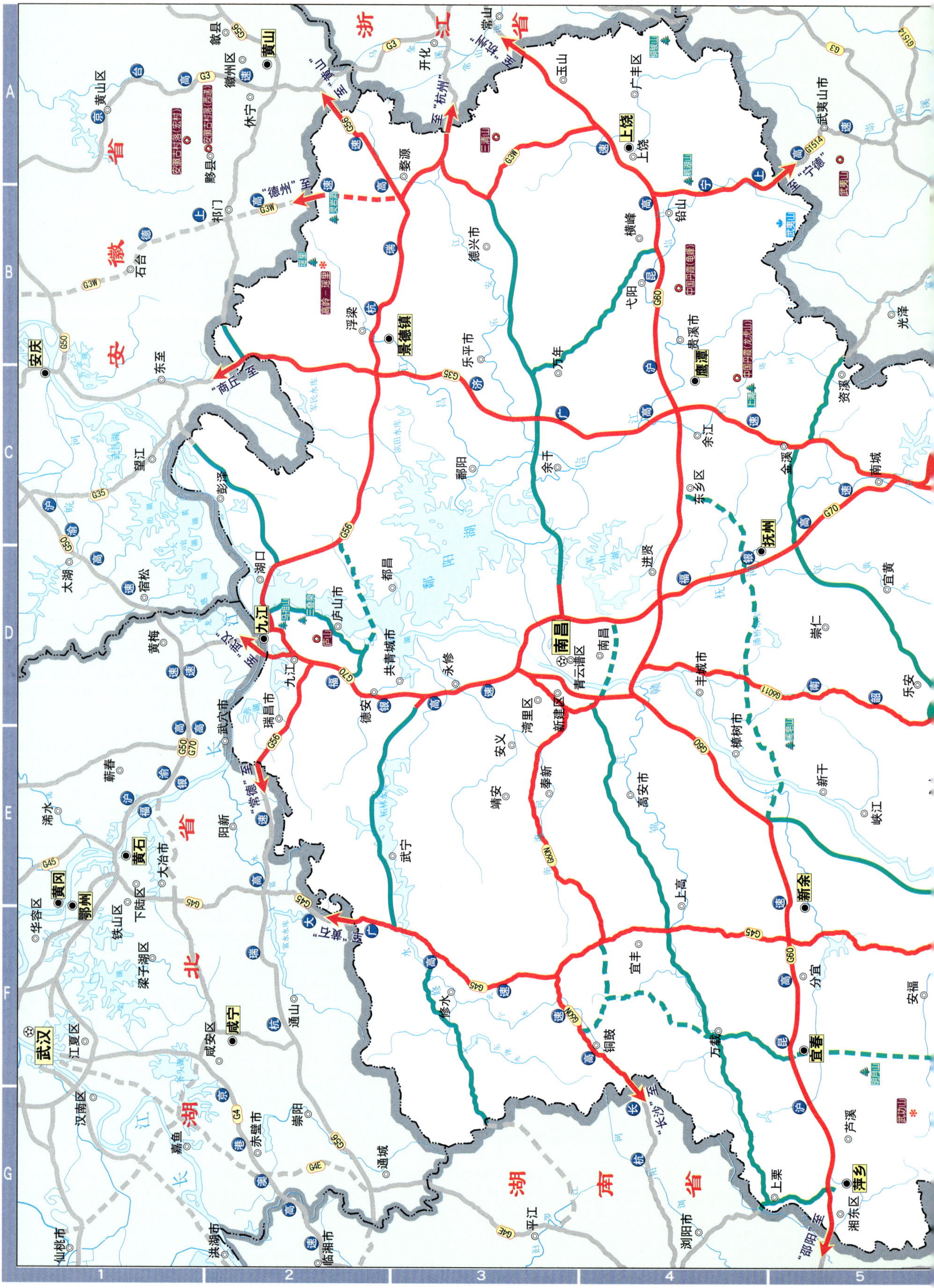

江西省高速公路图

已建国家高速公路　已建省级高速公路　邻省已建高速公路

待建国家高速公路　待建省级高速公路　邻省待建高速公路

比例尺 1∶215 万　0　21.5　43.0　64.5 千米

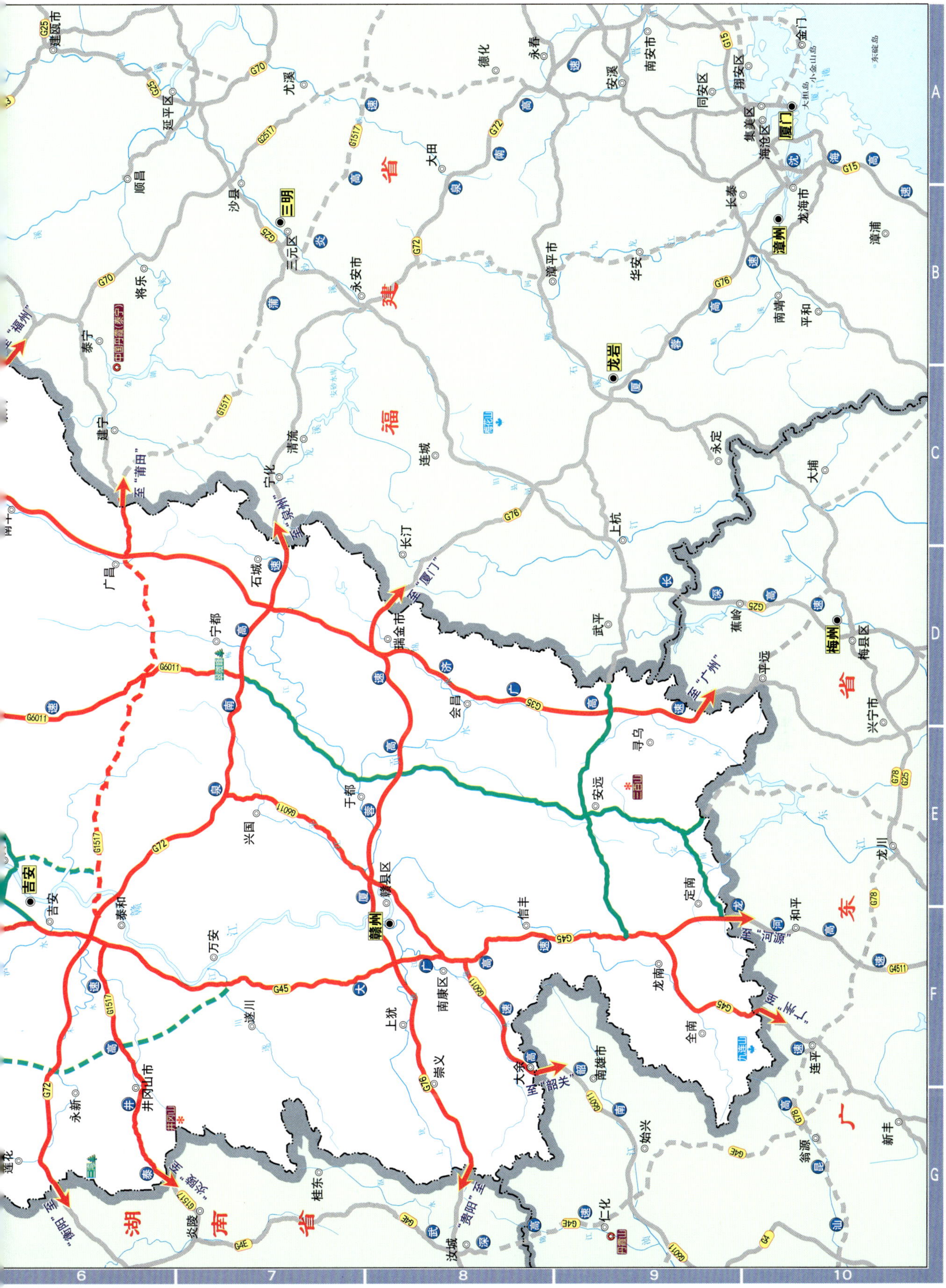

山东省高速公路图

比例尺 1：208 万　0　20.8　41.6　62.4 千米

- 首　都
- 省级行政中心
- 地级行政中心
- 县级行政中心
- G25 国家高速公路网编号
- 到达主要城市

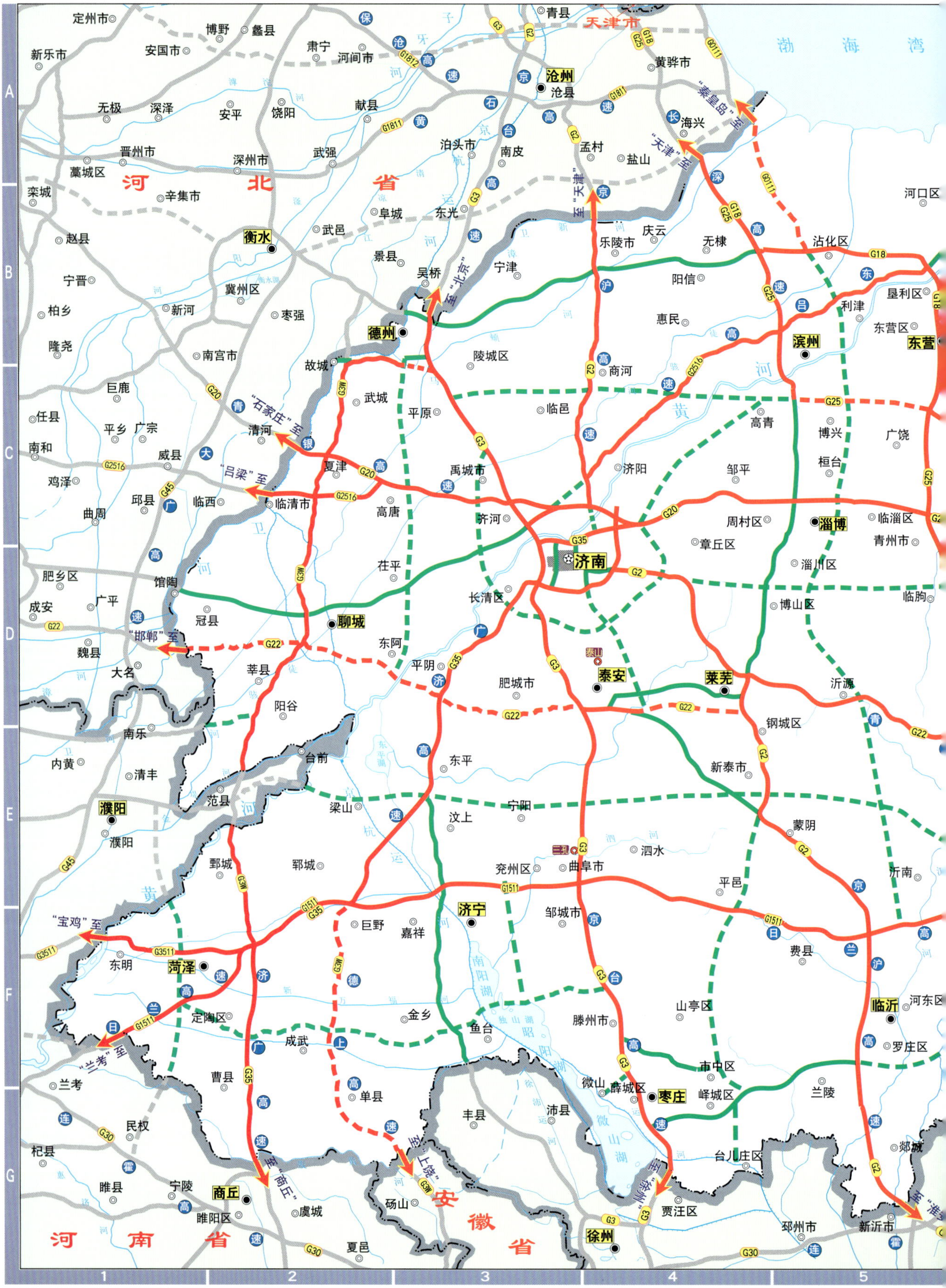

山东省高速公路图

已建国家高速公路　已建省级高速公路　邻省已建高速公路

待建国家高速公路　待建省级高速公路　邻省待建高速公路

比例尺 1∶208万　0　20.8　41.6　62.4千米

河南省高速公路图

比例尺 1：241 万　0　24.1　48.2　72.3 千米

首　都
县级行政中心
省级行政中心
G25 国家高速公路网编号
地级行政中心
到达主要城市

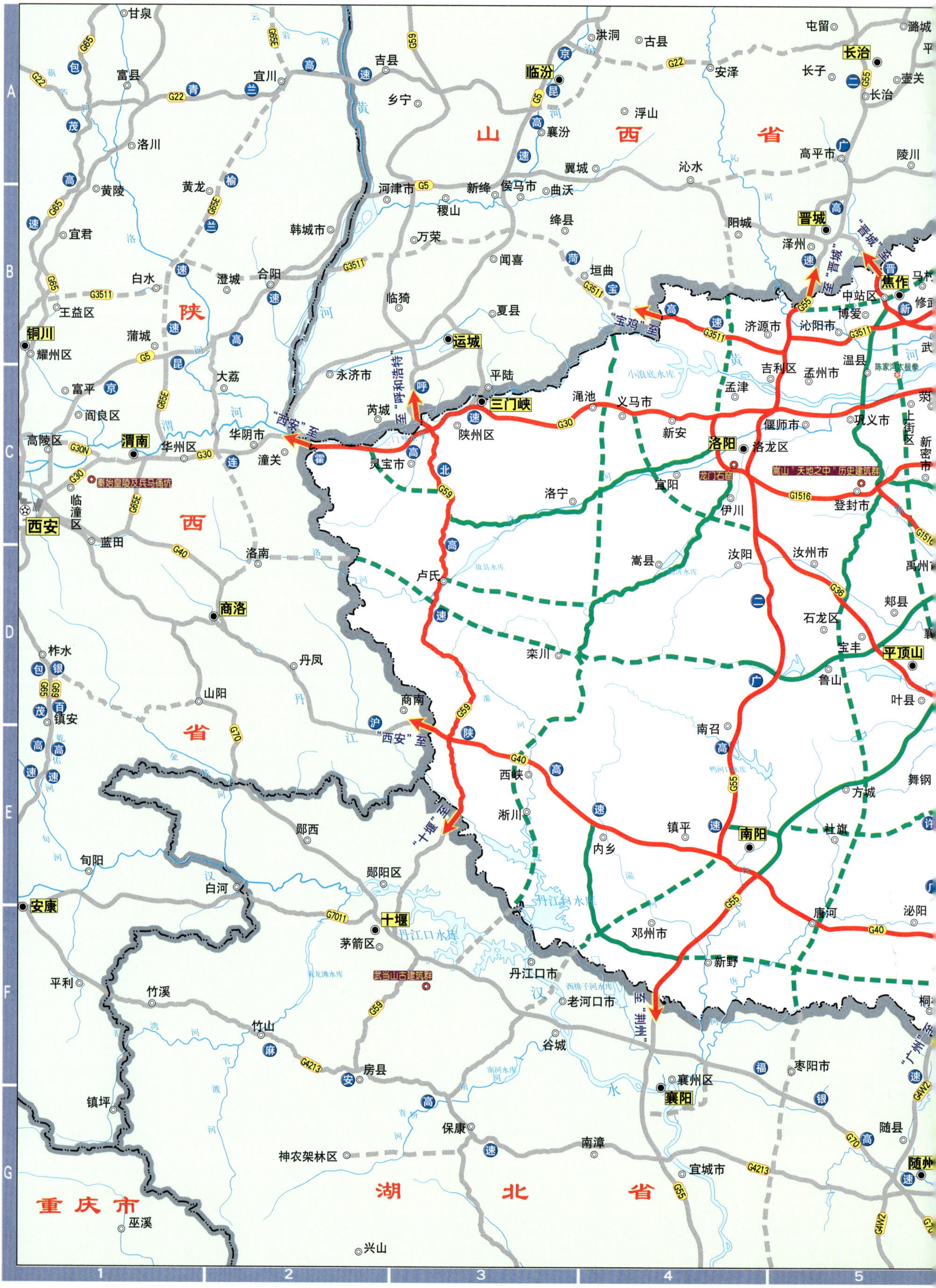

河南省高速公路图

已建国家高速公路　已建省级高速公路　邻省已建高速公路
待建国家高速公路　待建省级高速公路　邻省待建高速公路

比例尺 1：241 万　0　24.1　48.2　72.3 千米

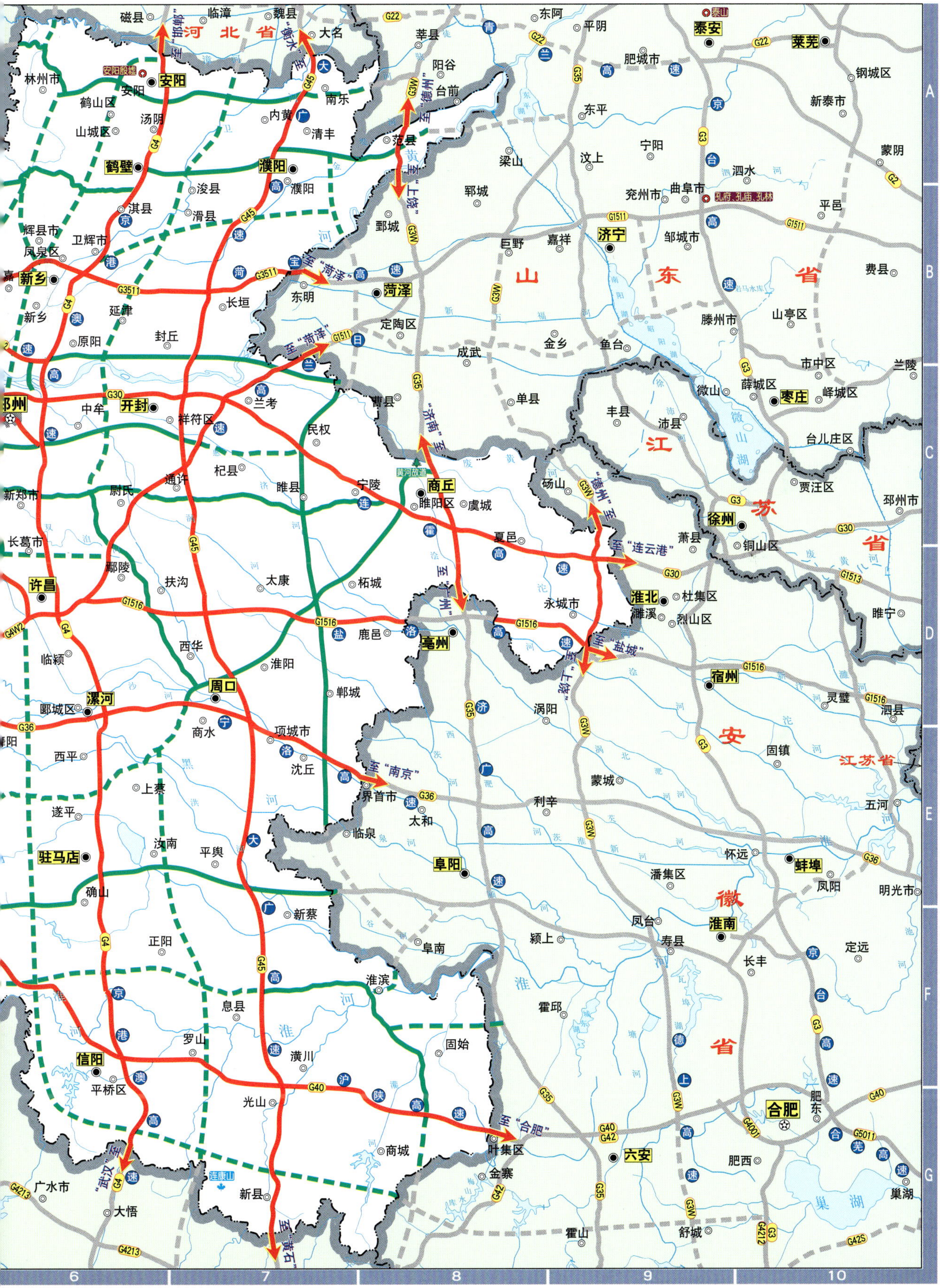

湖北省高速公路图

比例尺 1:220万 0 22.0 44.0 66.0千米

首 都
县级行政中心
省级行政中心
G25 国家高速公路网编号
地级行政中心
到达主要城市

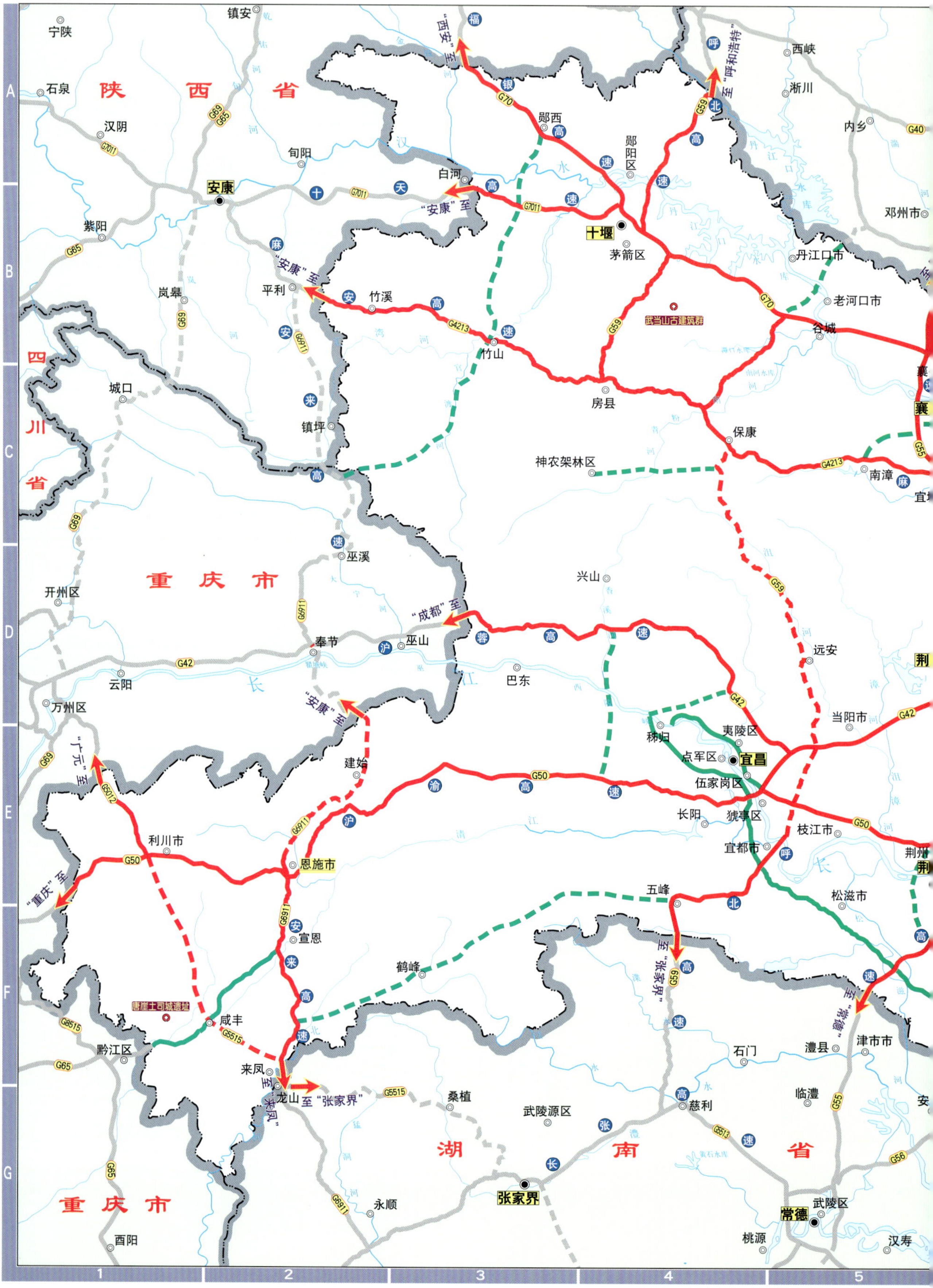

湖北省高速公路图

已建国家高速公路　已建省级高速公路　邻省已建高速公路

待建国家高速公路　待建省级高速公路　邻省待建高速公路

比例尺 1：220万　0　22.0　44.0　66.0千米

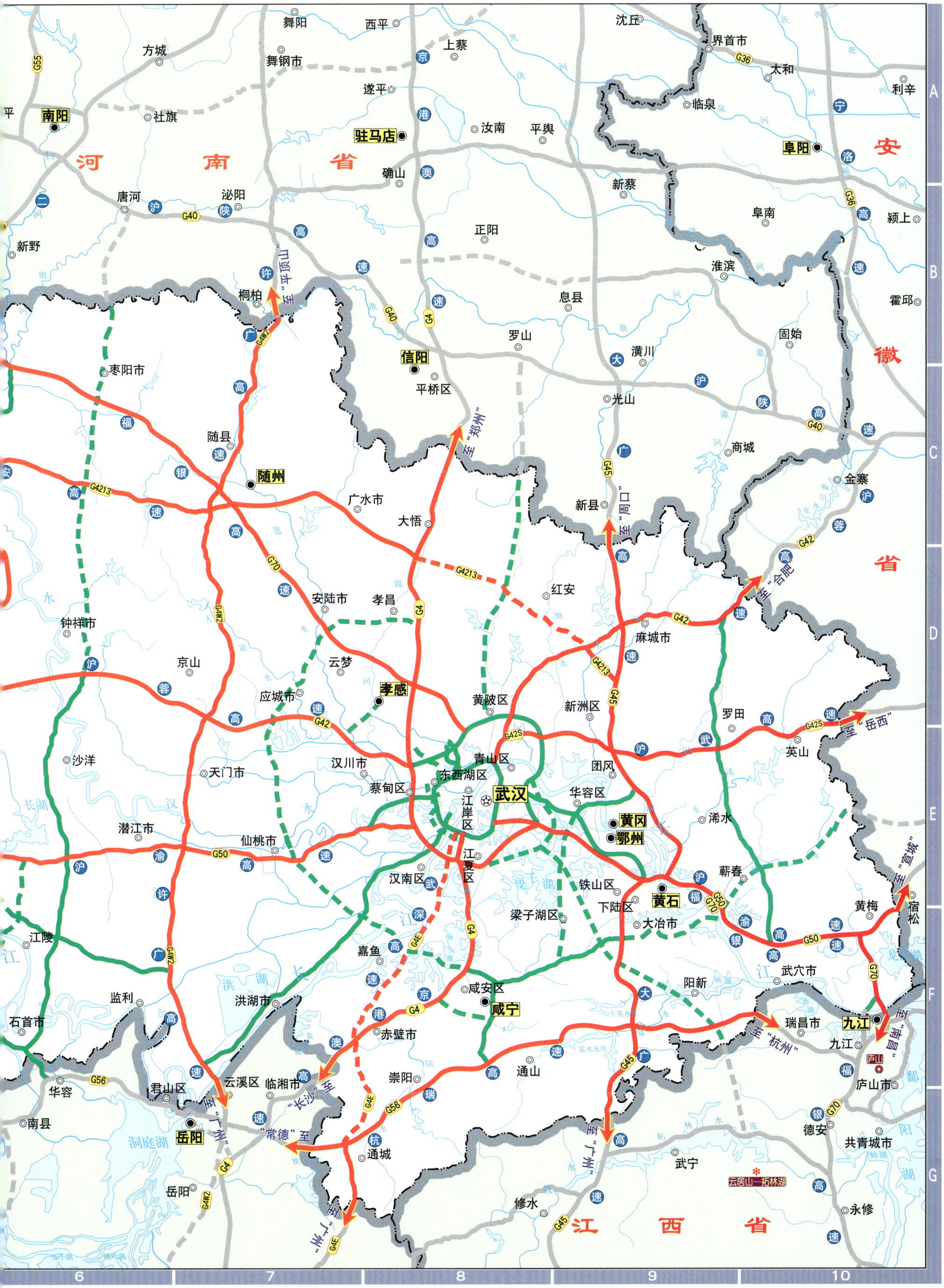

湖南省高速公路图

首　都
省级行政中心
地级行政中心
县级行政中心
G25 国家高速公路网编号
到达主要城市

比例尺 1：233 万　0　23.3　46.6　69.9 千米

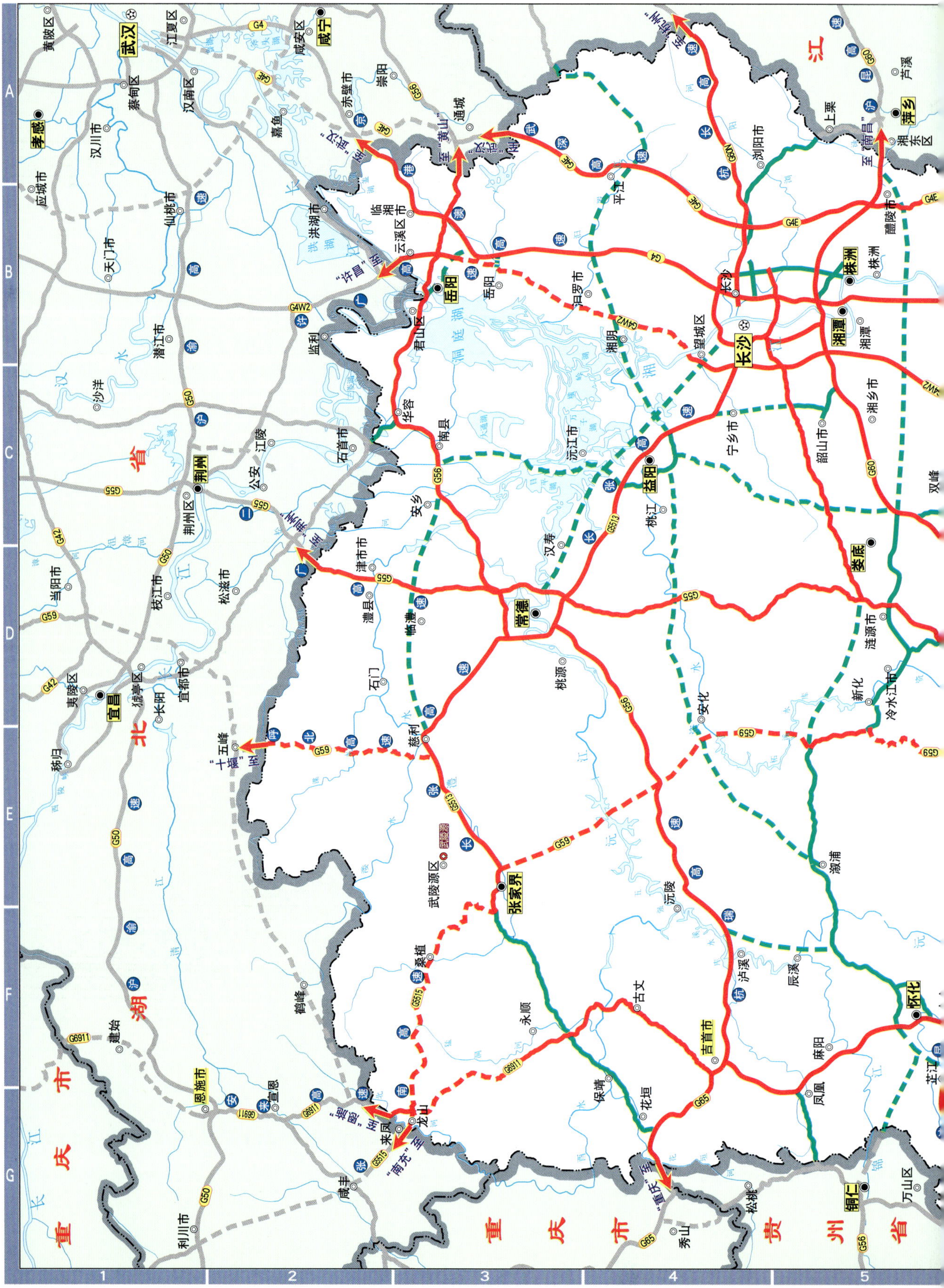

湖南省高速公路图

已建国家高速公路 已建省级高速公路 邻省已建高速公路
待建国家高速公路 待建省级高速公路 邻省待建高速公路

比例尺 1∶233 万 0 23.3 46.6 69.9 千米

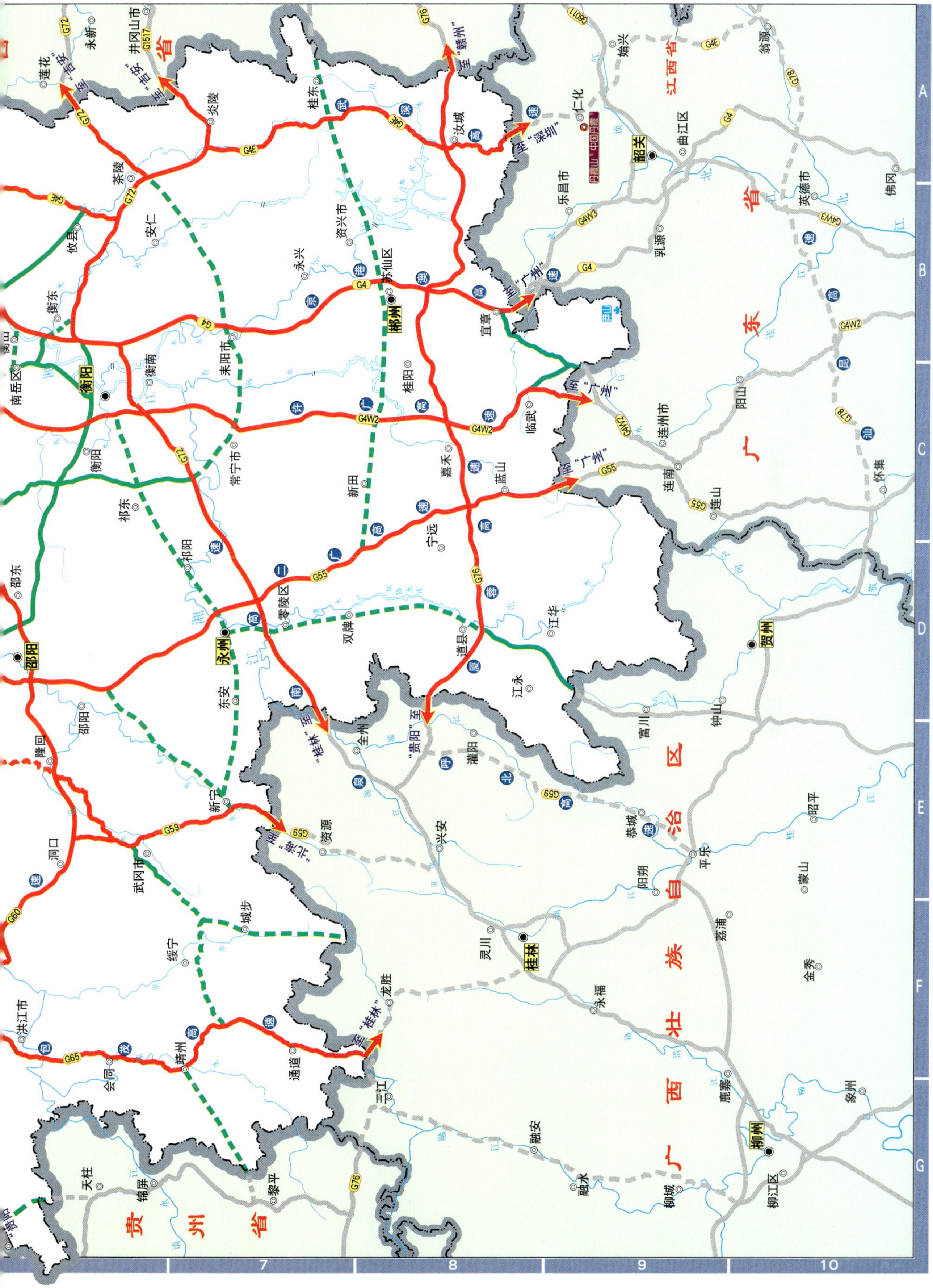

广东省高速公路图

比例尺 1：269 万　0　26.9　53.8　80.7 千米

首　都　　县级行政中心
省级行政中心　　G25 国家高速公路网编号
地级行政中心　　到达主要城市

广东省高速公路图

已建国家高速公路　已建省级高速公路　邻省已建高速公路

待建国家高速公路　待建省级高速公路　邻省待建高速公路

比例尺 1∶269 万　0　26.9　53.8　80.7 千米

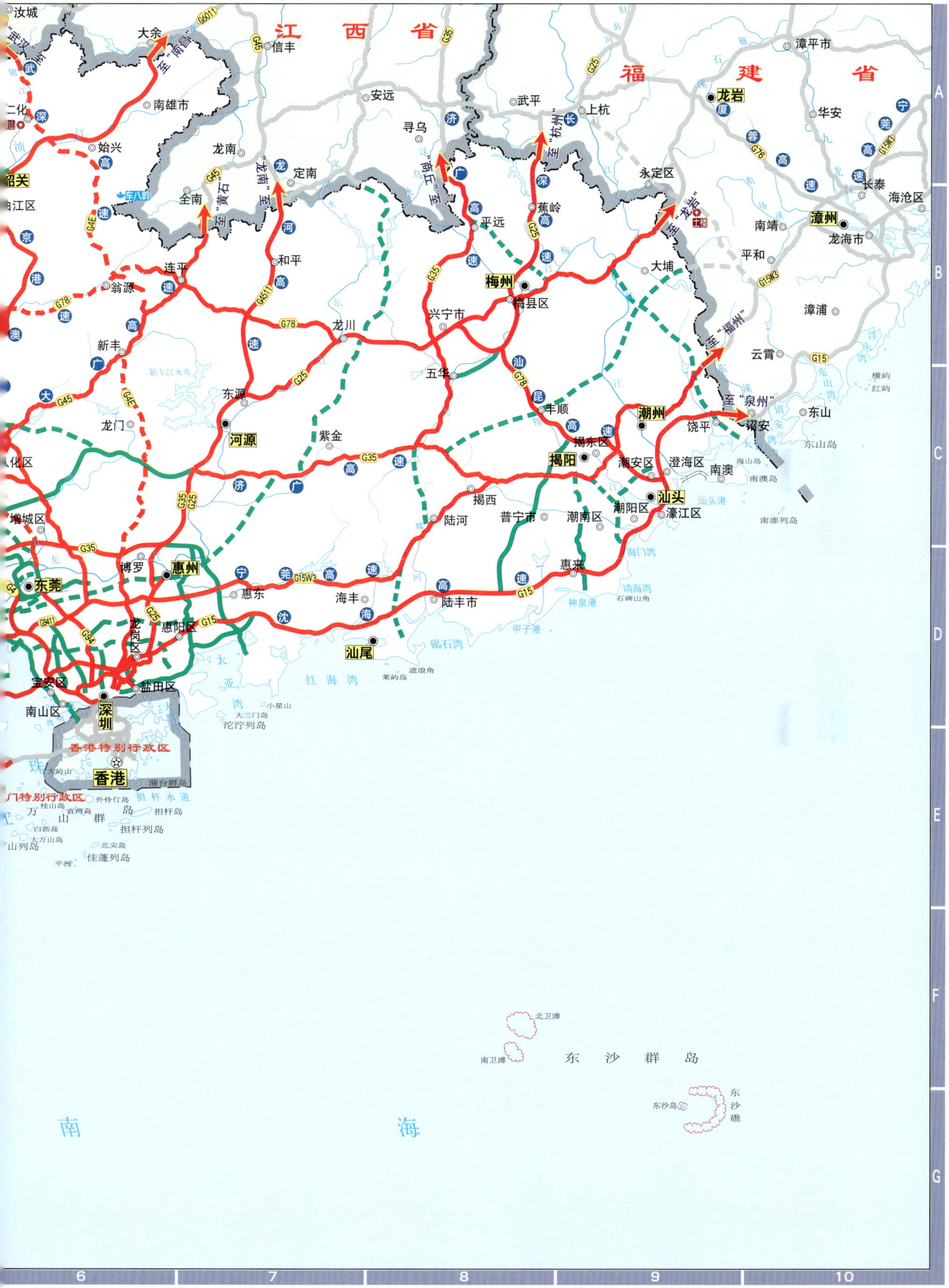

广西壮族自治区高速公路图

比例尺 1：255 万 0 25.5 51.0 76.5 千米

首 都
省级行政中心
地级行政中心
县级行政中心
G25 国家高速公路网编号
到达主要城市

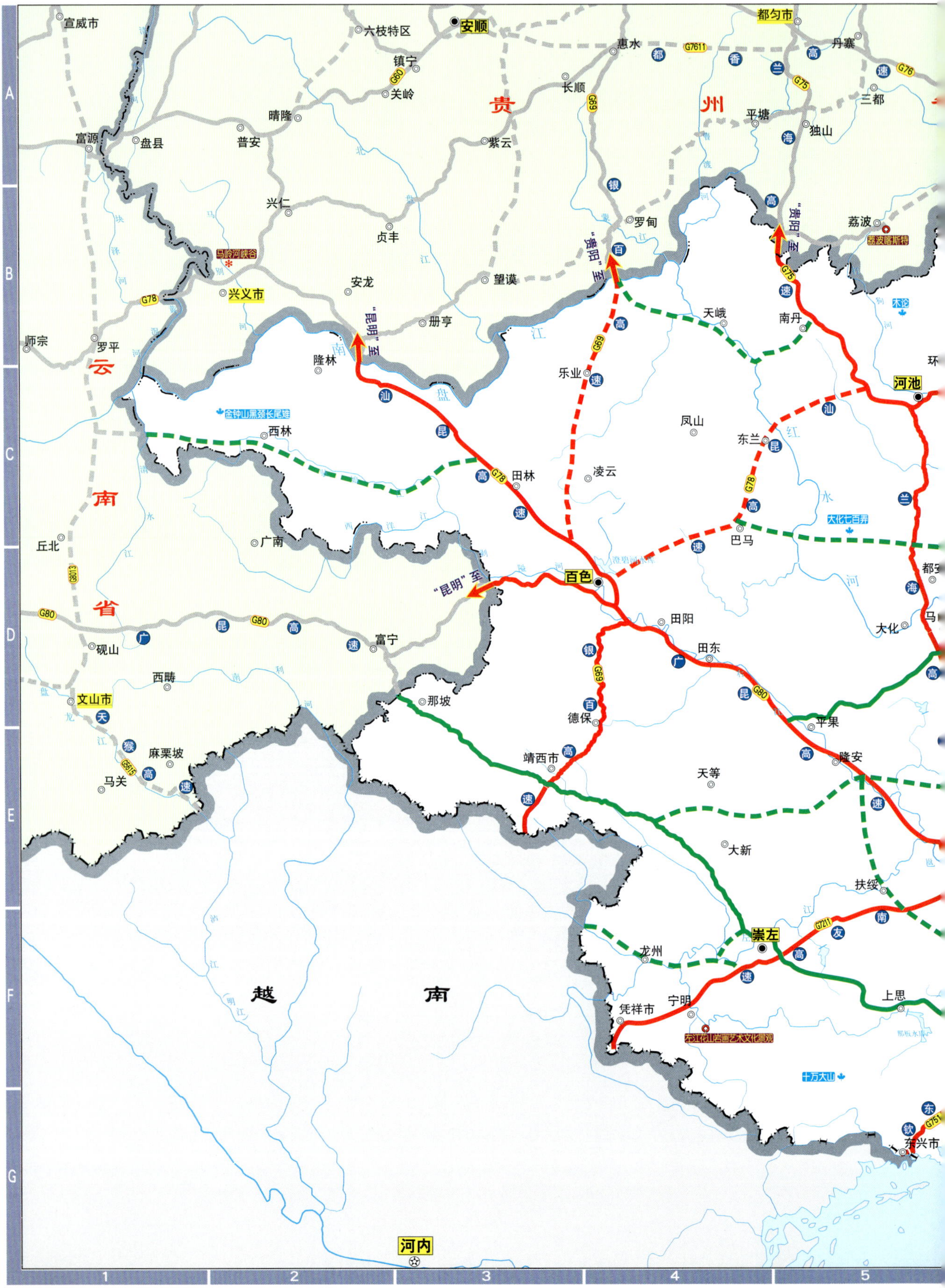

广西壮族自治区高速公路图

已建国家高速公路　已建省级高速公路　邻省已建高速公路
待建国家高速公路　待建省级高速公路　邻省待建高速公路

比例尺 1 : 255 万　0　25.5　51.0　76.5 千米

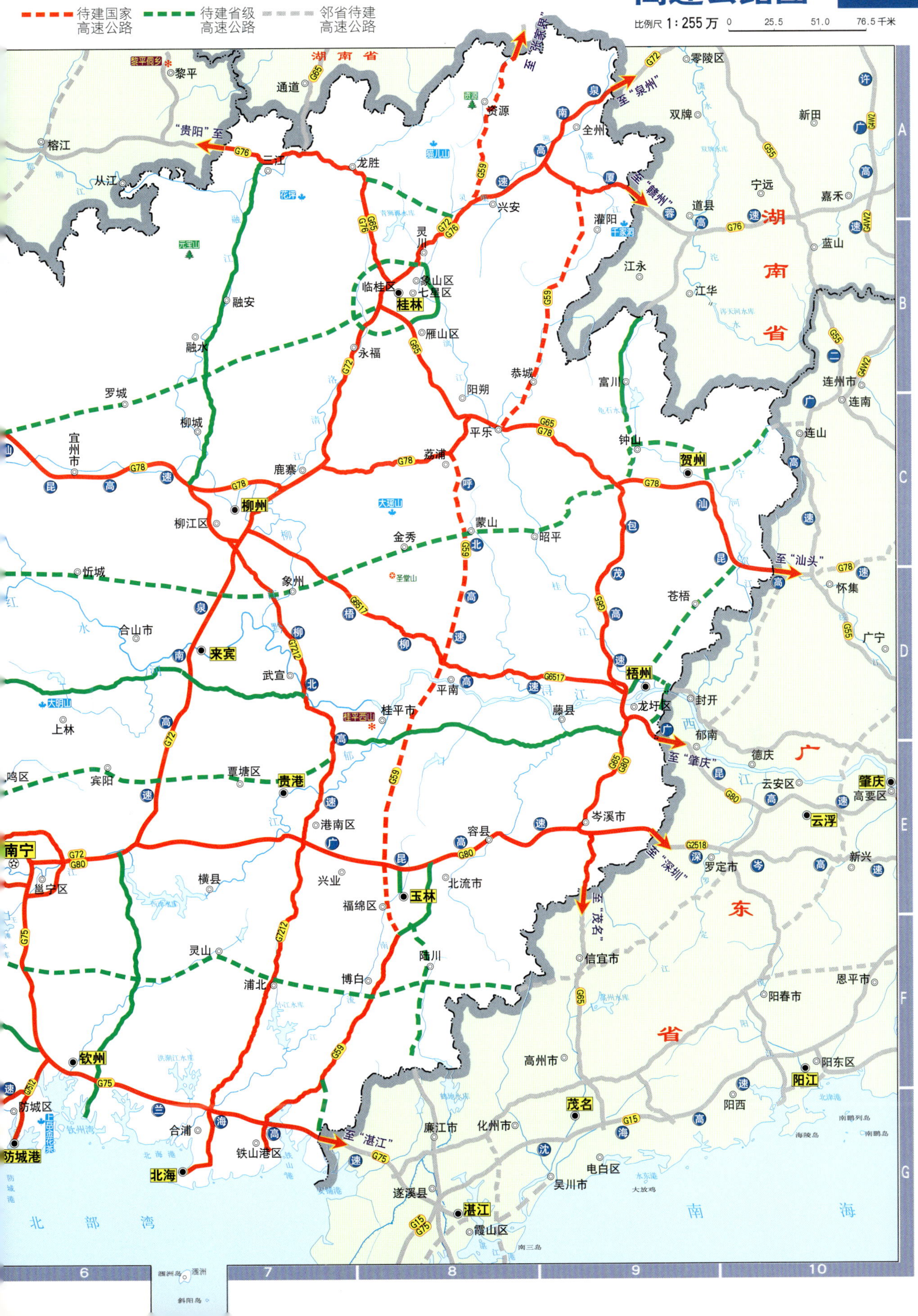

海南省高速公路图

首　都
省级行政中心
地级行政中心
县级行政中心
G25 国家高速公路网编号
到达主要城市

比例尺 1∶109万　0　10.9　21.8　32.7千米

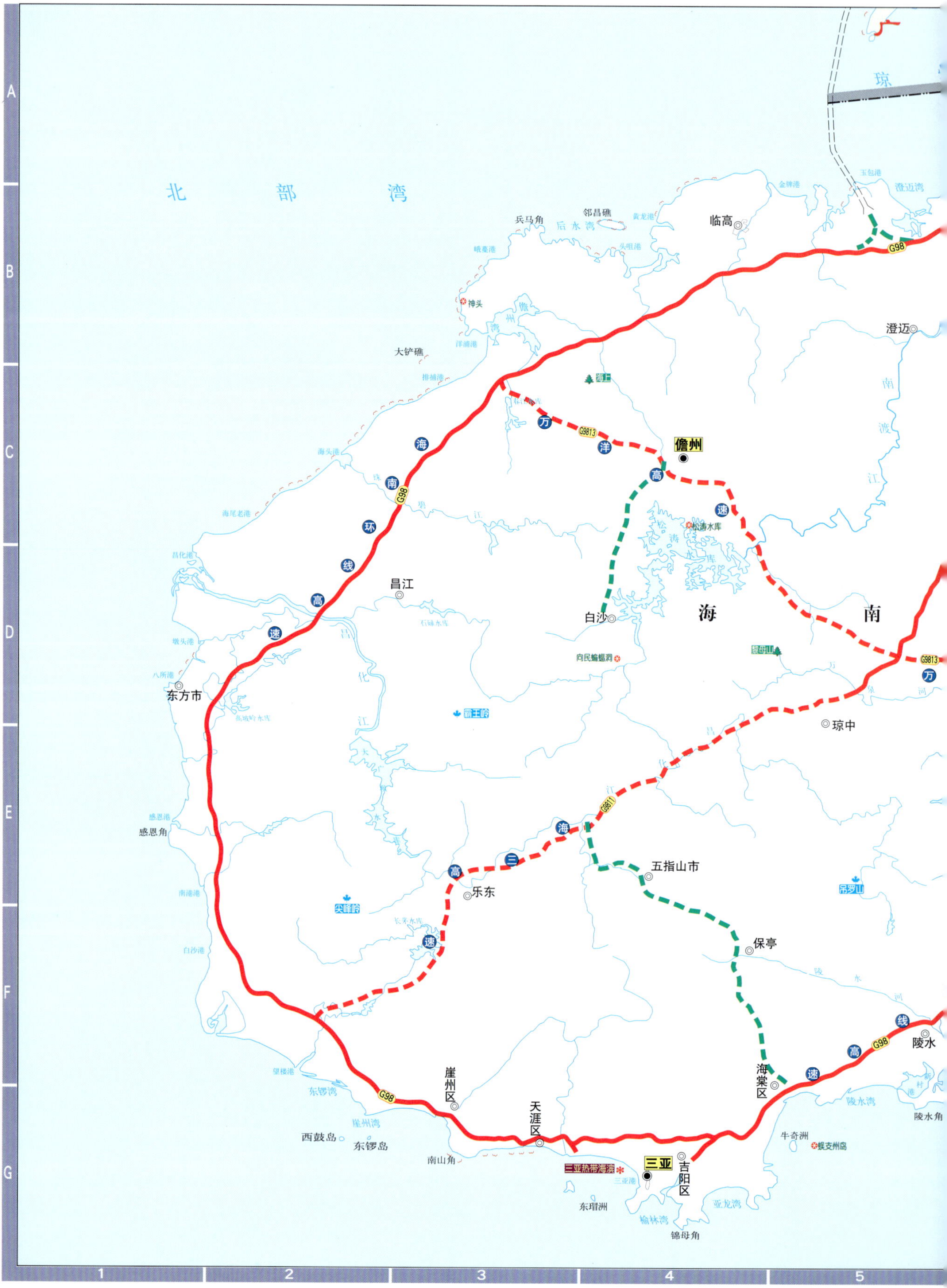

海南省高速公路图

已建国家高速公路 已建省级高速公路 邻省已建高速公路

待建国家高速公路 待建省级高速公路 邻省待建高速公路

比例尺 1∶109万 0 10.9 21.8 32.7千米

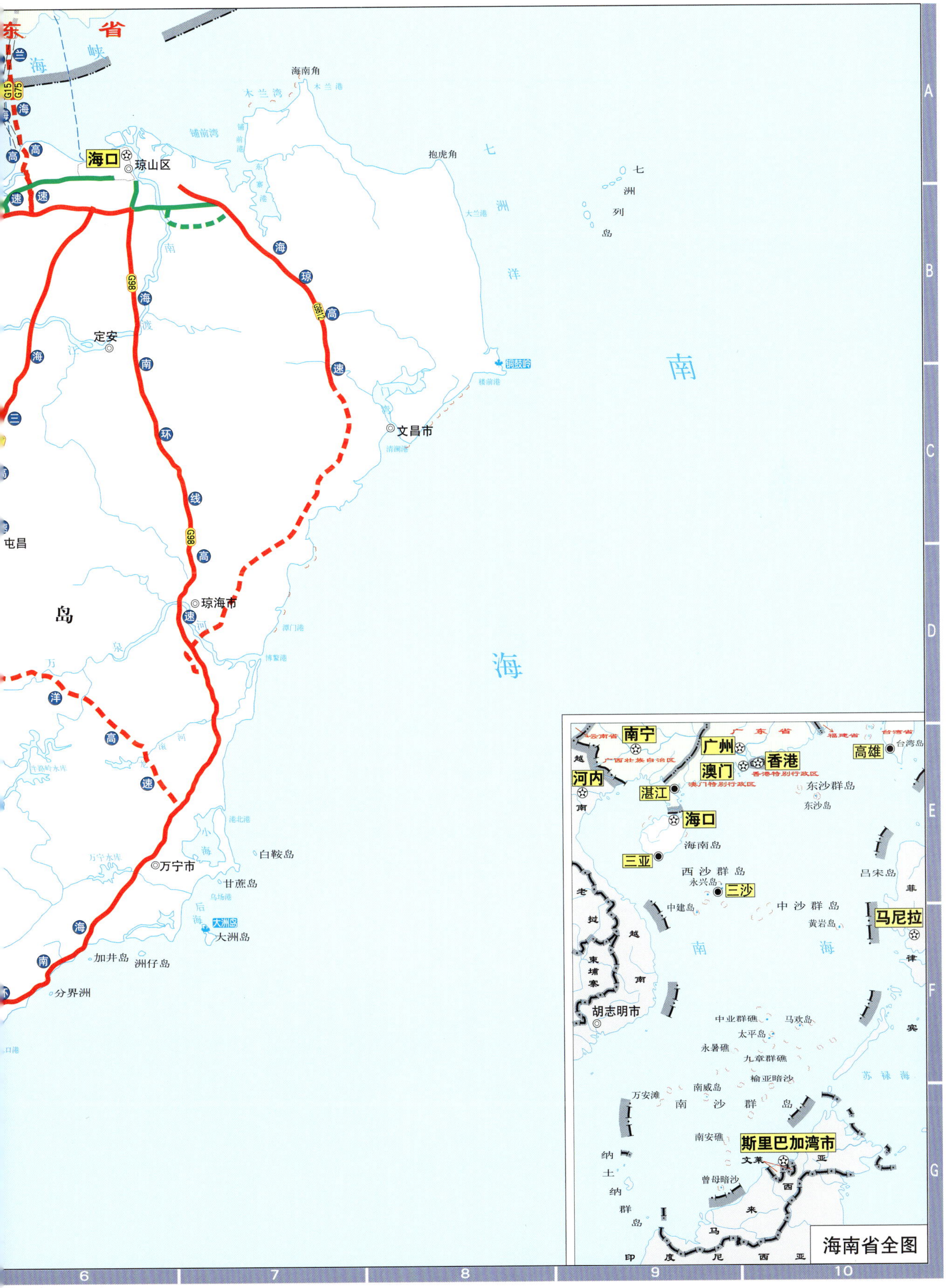

重庆市高速公路图

首　都
省级行政中心
地级行政中心
县级行政中心
G25 国家高速公路网编号
到达主要城市

比例尺 1:218 万　0　21.8　43.6　65.4 千米

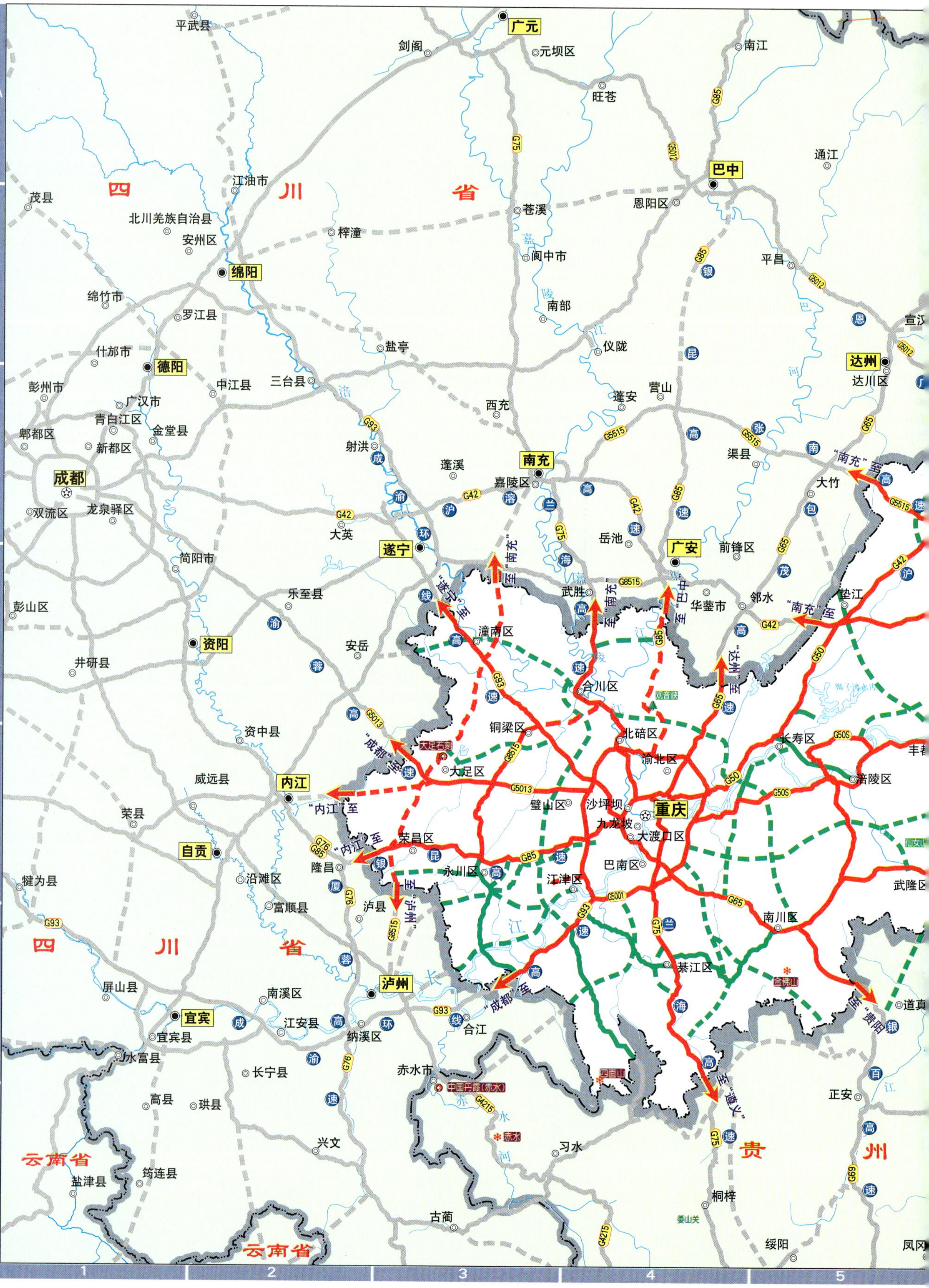

重庆市高速公路图

已建国家高速公路　已建省级高速公路　邻省已建高速公路
待建国家高速公路　待建省级高速公路　邻省待建高速公路

比例尺 1：218 万　0　21.8　43.6　65.4 千米

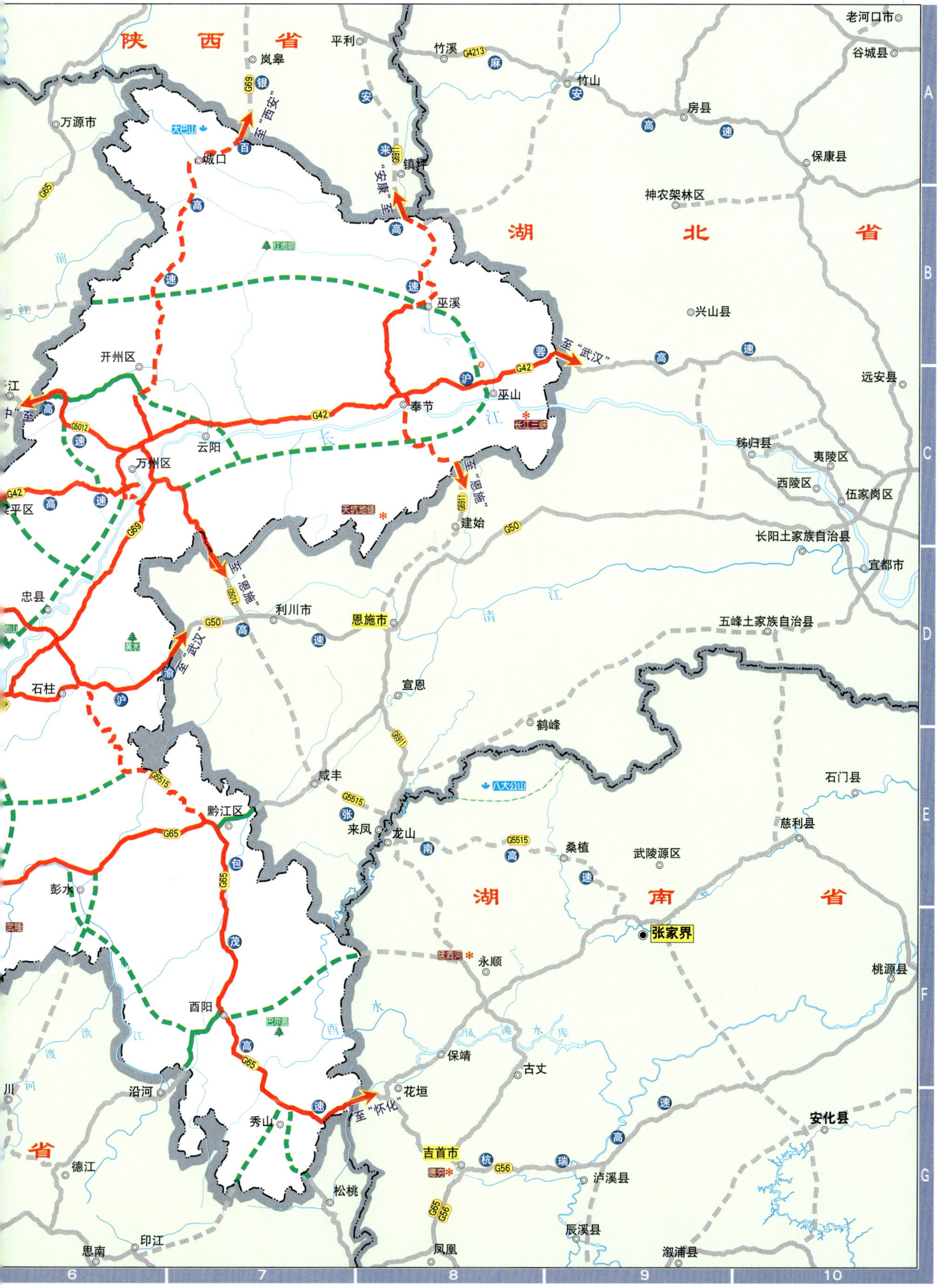

四川省高速公路图

比例尺 1:389 万　0　38.9　77.8　116.7千米

首　都
省级行政中心
地级行政中心
县级行政中心
G25 国家高速公路网编号
到达主要城市

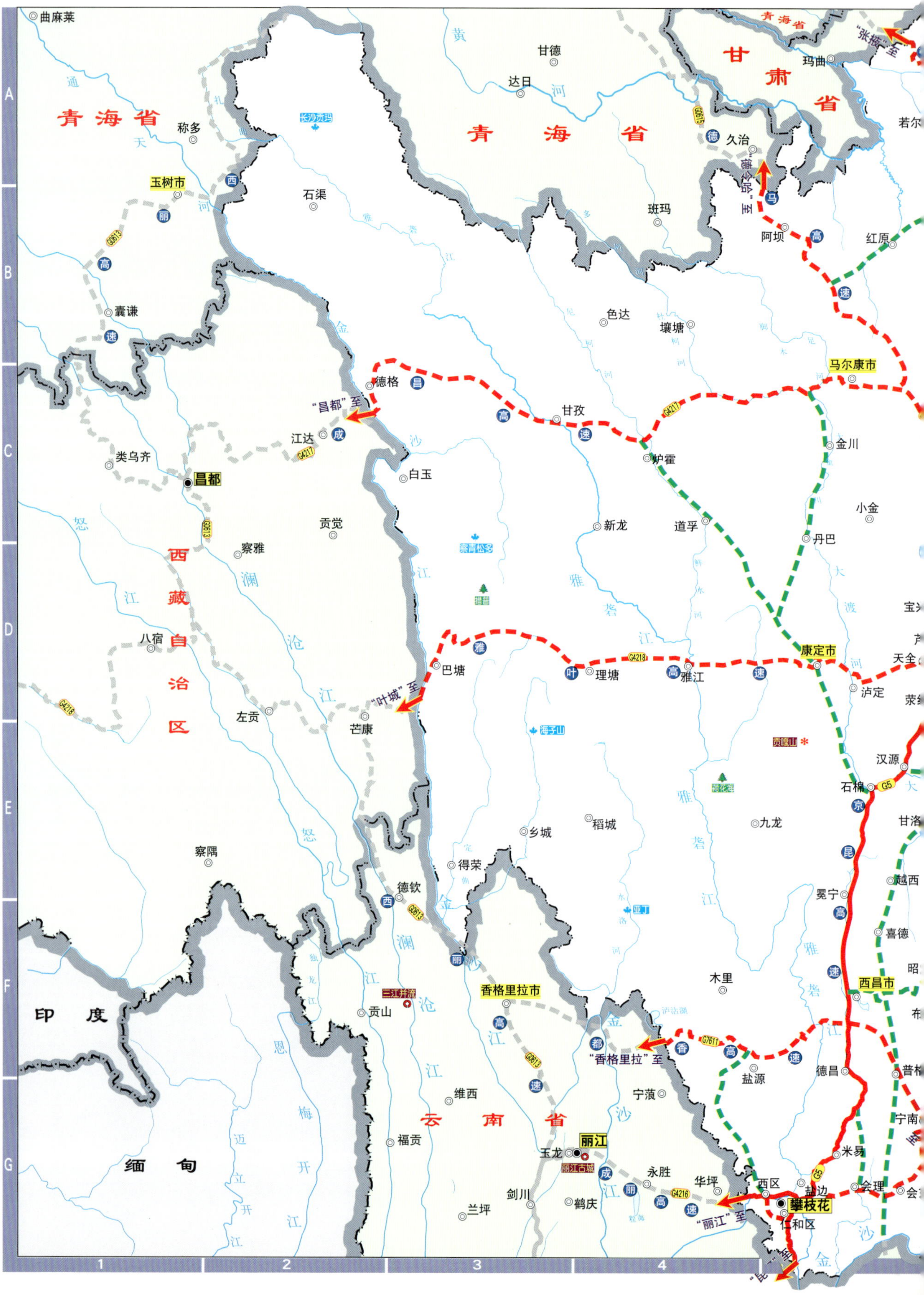

四川省高速公路图

已建国家高速公路 | 已建省级高速公路 | 邻省已建高速公路
待建国家高速公路 | 待建省级高速公路 | 邻省待建高速公路

比例尺 1：389万 0 38.9 77.8 116.7千米

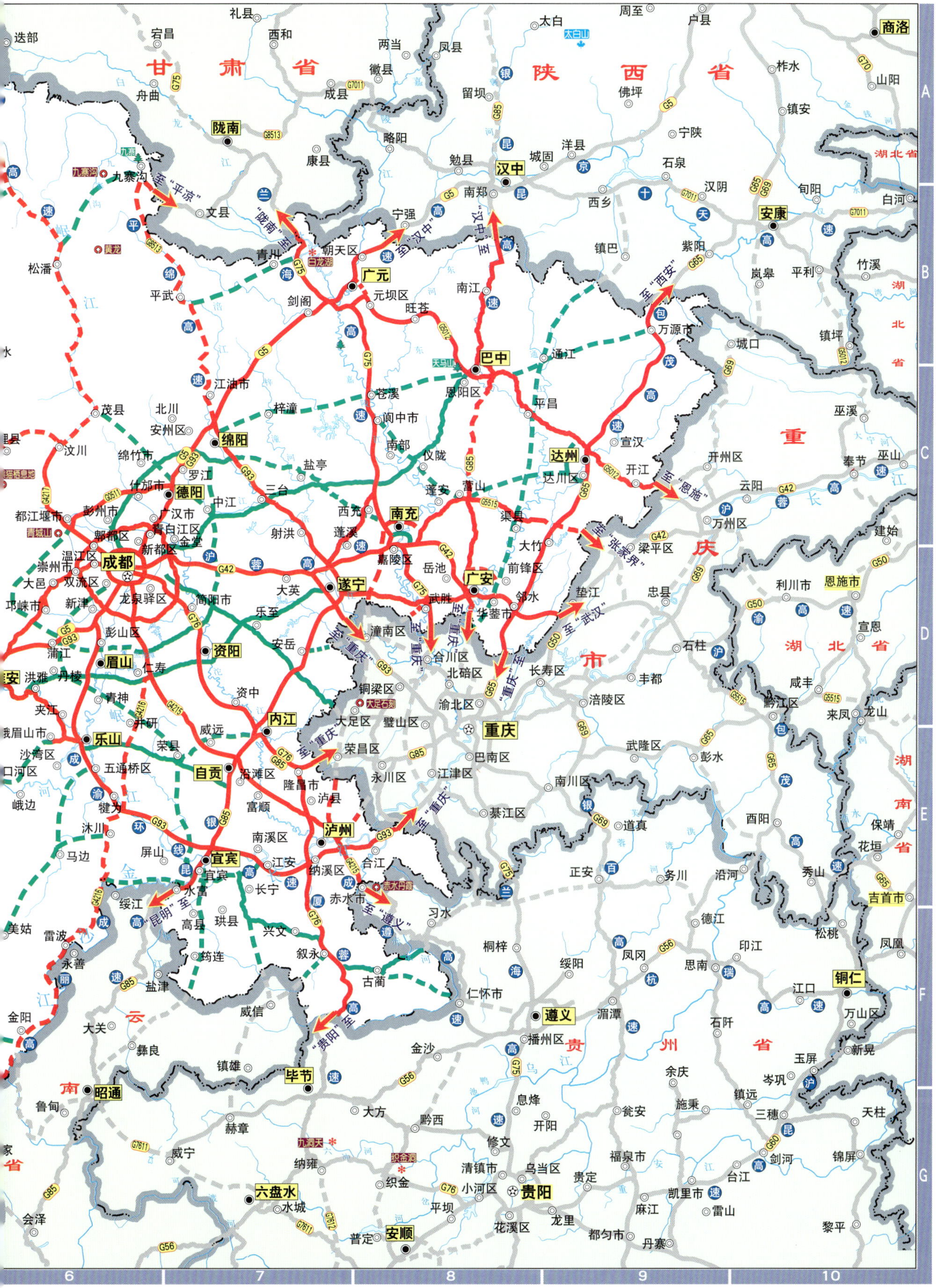

贵州省高速公路图

首　都
省级行政中心
地级行政中心
县级行政中心
G25 国家高速公路网编号
到达主要城市

比例尺 1∶226万 0 22.6 45.2 67.8千米

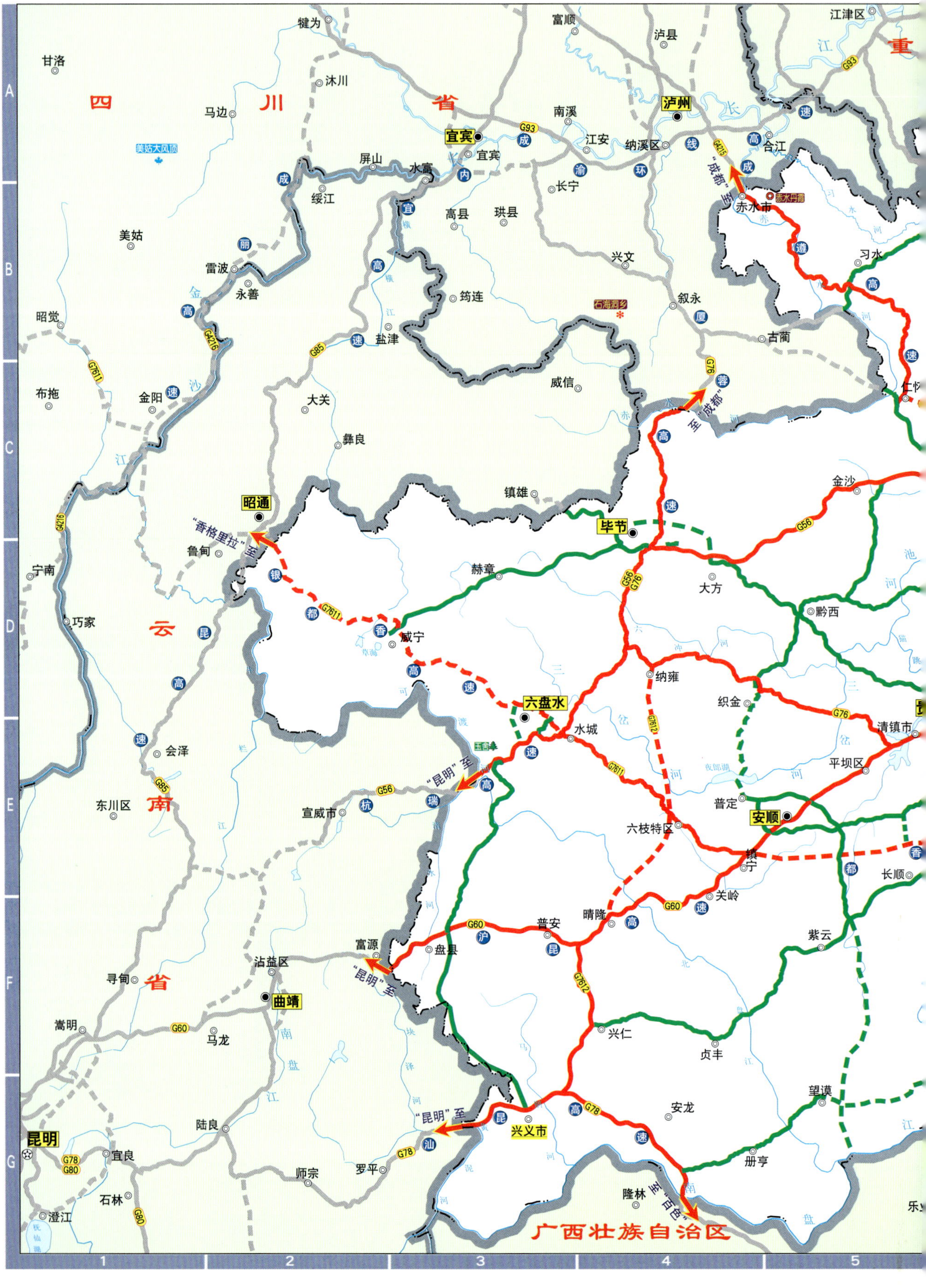

贵州省高速公路图

已建国家高速公路　已建省级高速公路　邻省已建高速公路
待建国家高速公路　待建省级高速公路　邻省待建高速公路

比例尺 1:226 万　0　22.6　45.2　67.8 千米

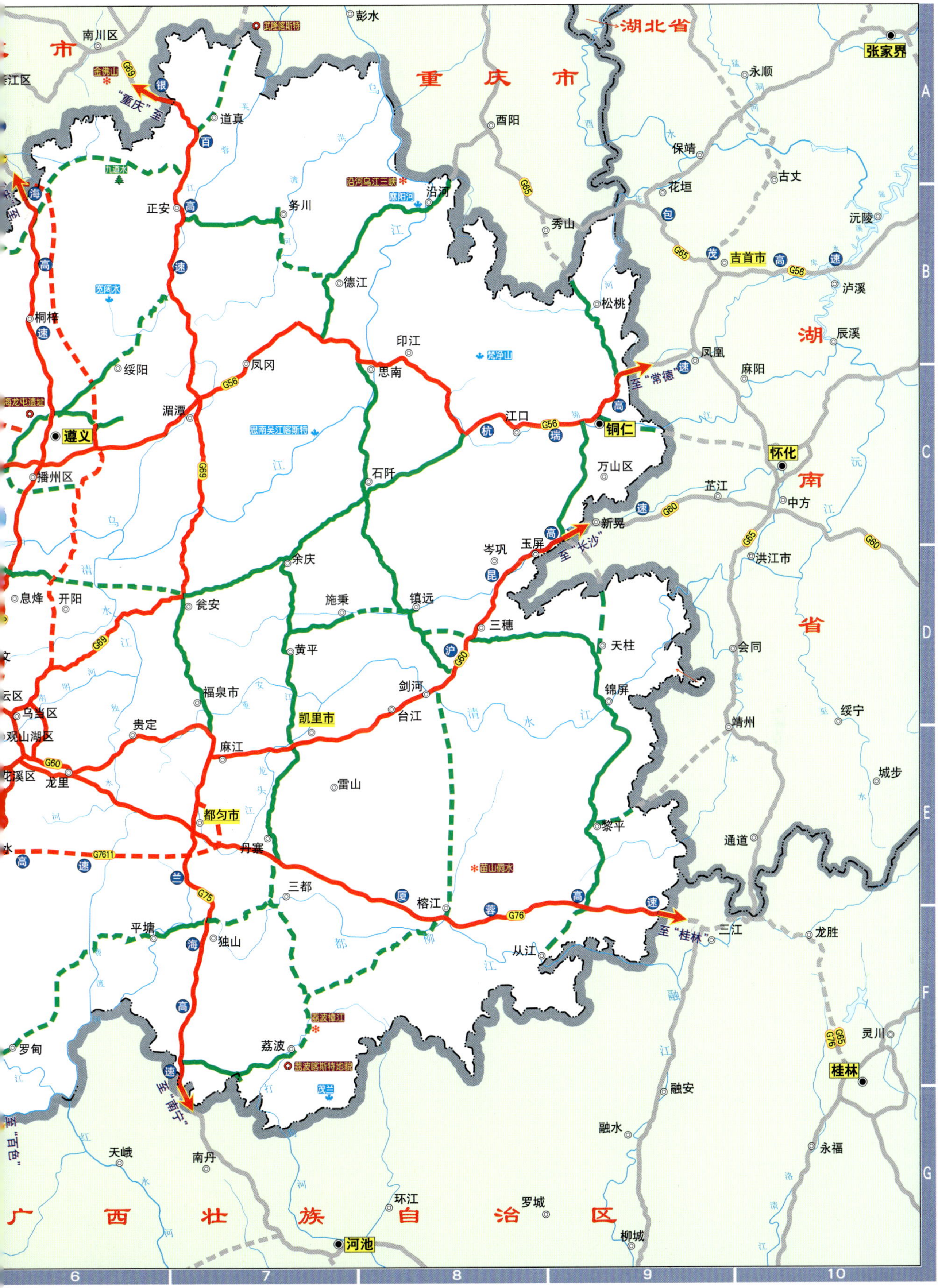

云南省高速公路图

比例尺 1：367 万 0 36.7 73.4 110.1千米

首 都
省级行政中心
地级行政中心
县级行政中心
G25 国家高速公路网编号
到达主要城市

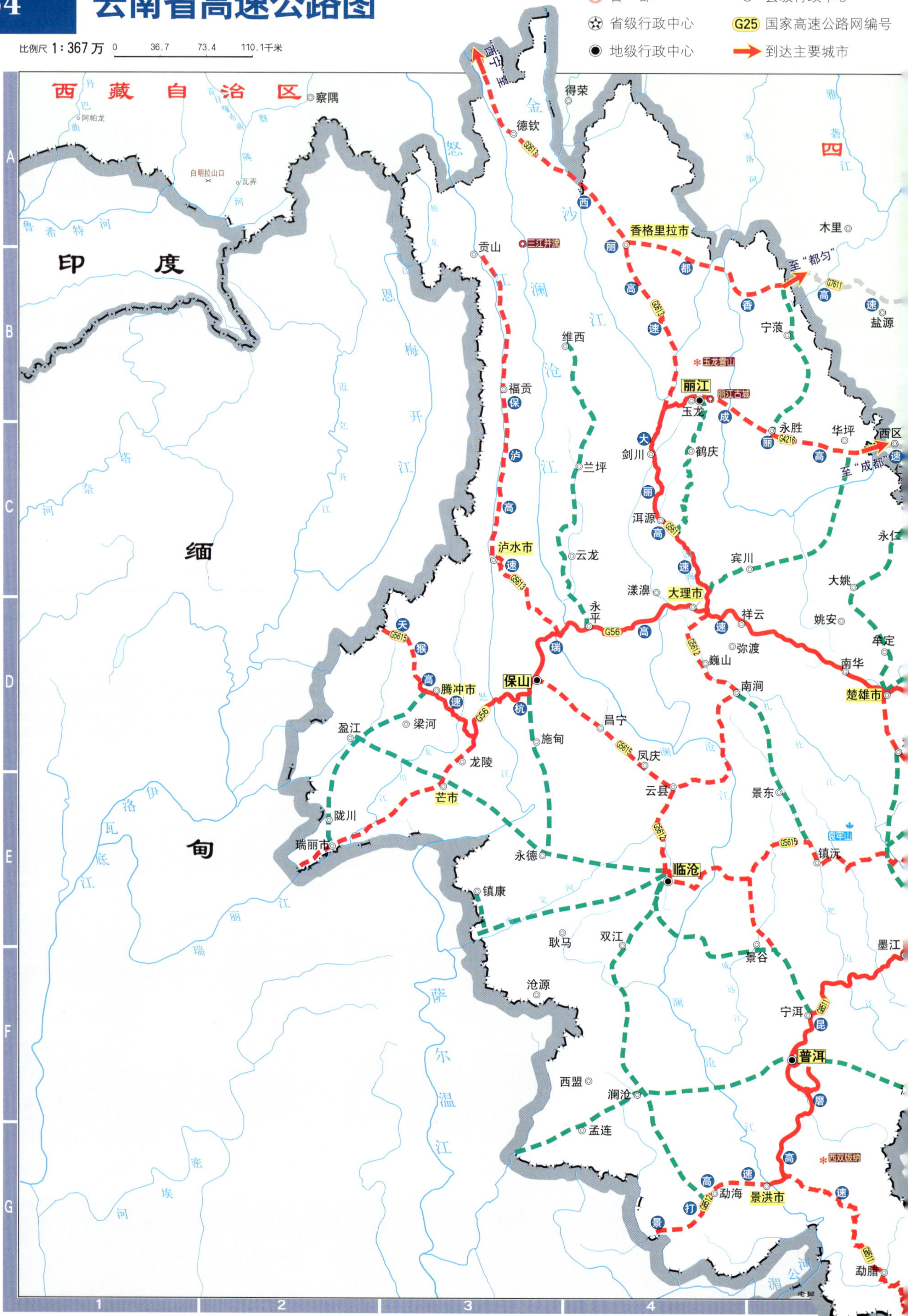

云南省高速公路图

已建国家高速公路	已建省级高速公路	邻省已建高速公路
待建国家高速公路	待建省级高速公路	邻省待建高速公路

比例尺 1：367 万　0　36.7　73.4　110.1千米

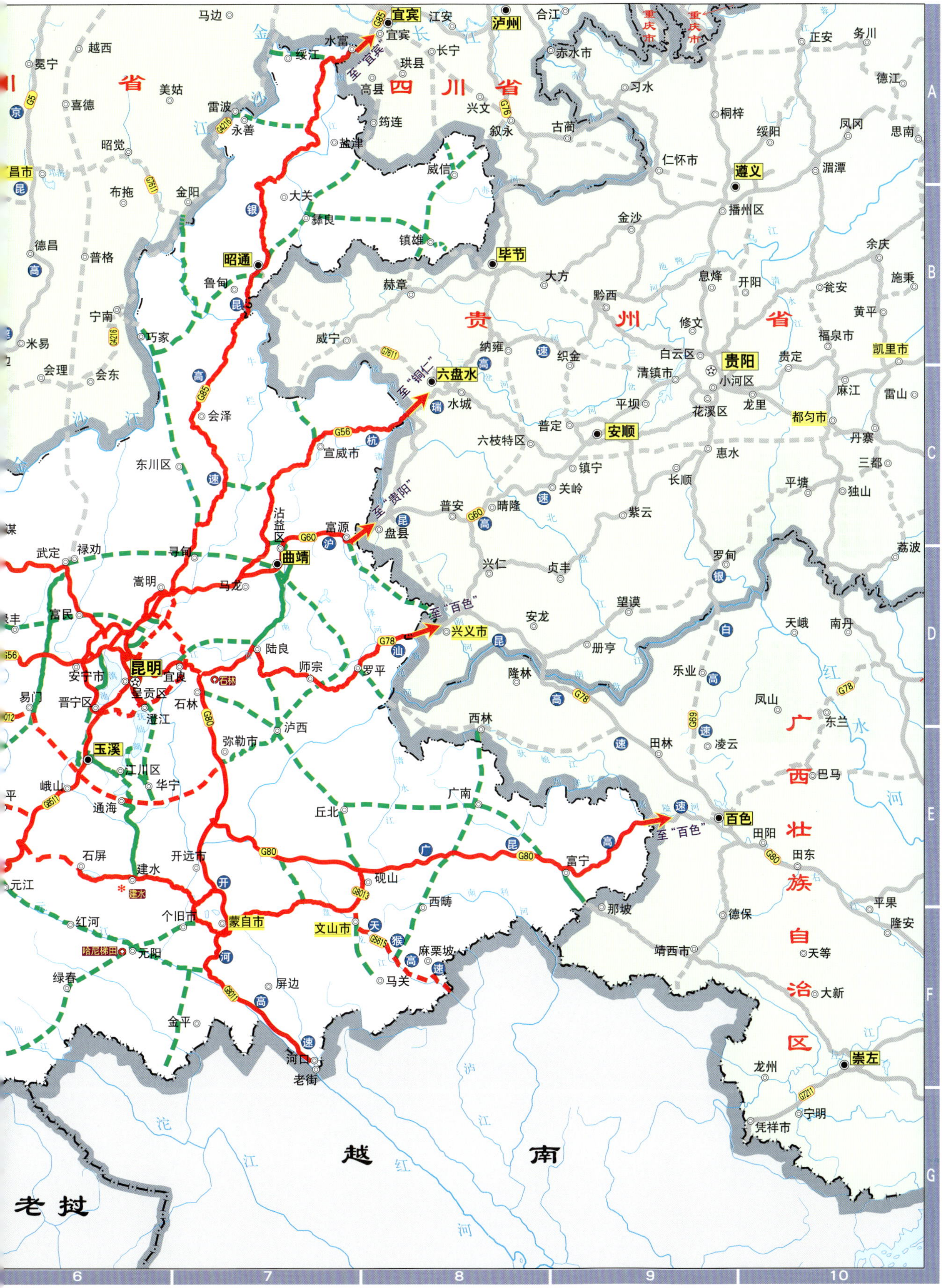

西藏自治区高速公路图

比例尺 1:582万 0 58.2 116.4 174.6千米

首 都
县级行政中心
省级行政中心
G25 国家高速公路网编号
地级行政中心
到达主要城市

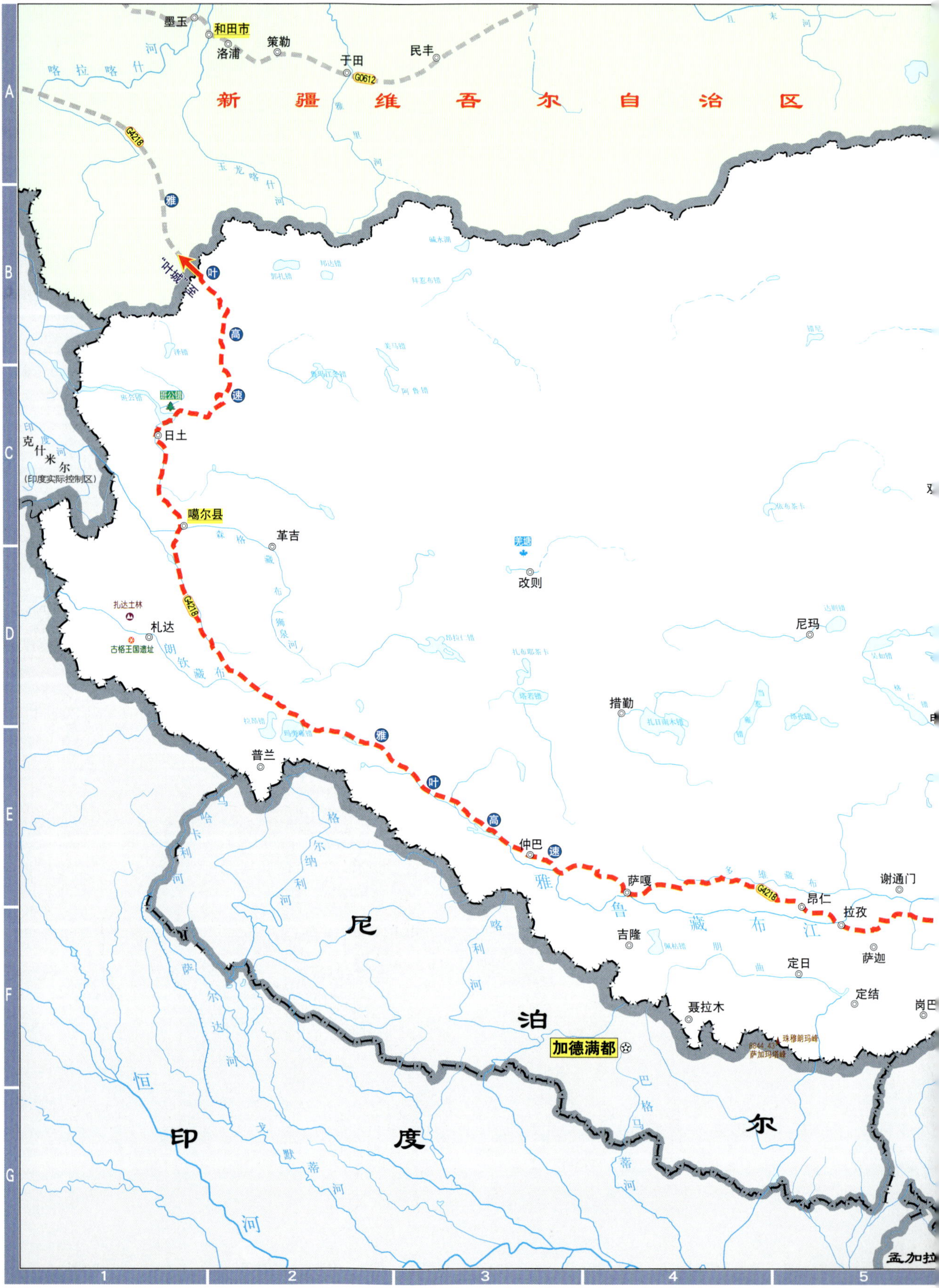

西藏自治区高速公路图

已建国家高速公路　已建省级高速公路　邻省已建高速公路

待建国家高速公路　待建省级高速公路　邻省待建高速公路

比例尺 1:582万　0　58.2　116.4　174.6千米

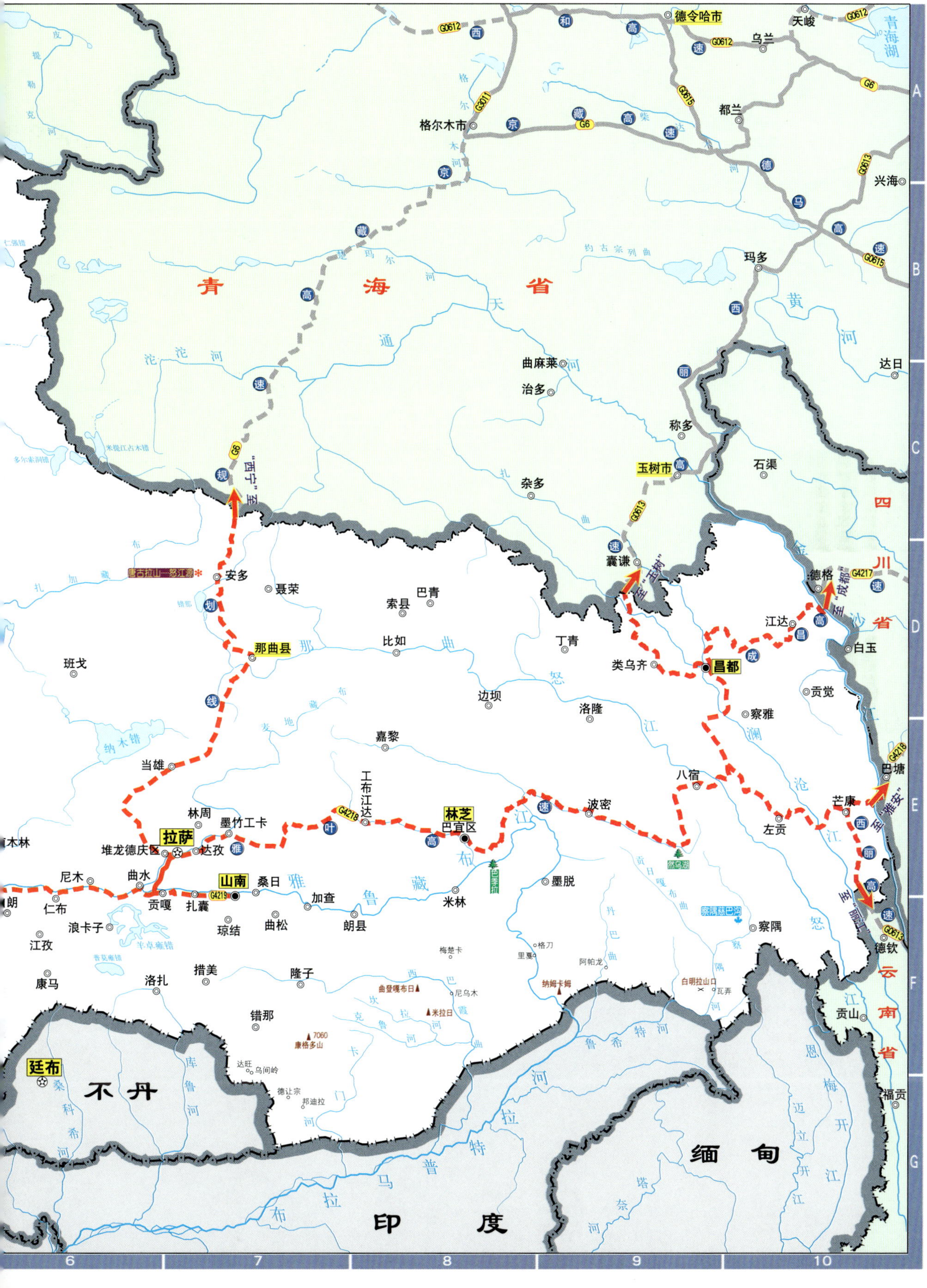

陕西省高速公路图

比例尺 1:259万 0 25.9 51.8 77.7千米

首 都
省级行政中心
地级行政中心
县级行政中心
G25 国家高速公路网编号
到达主要城市

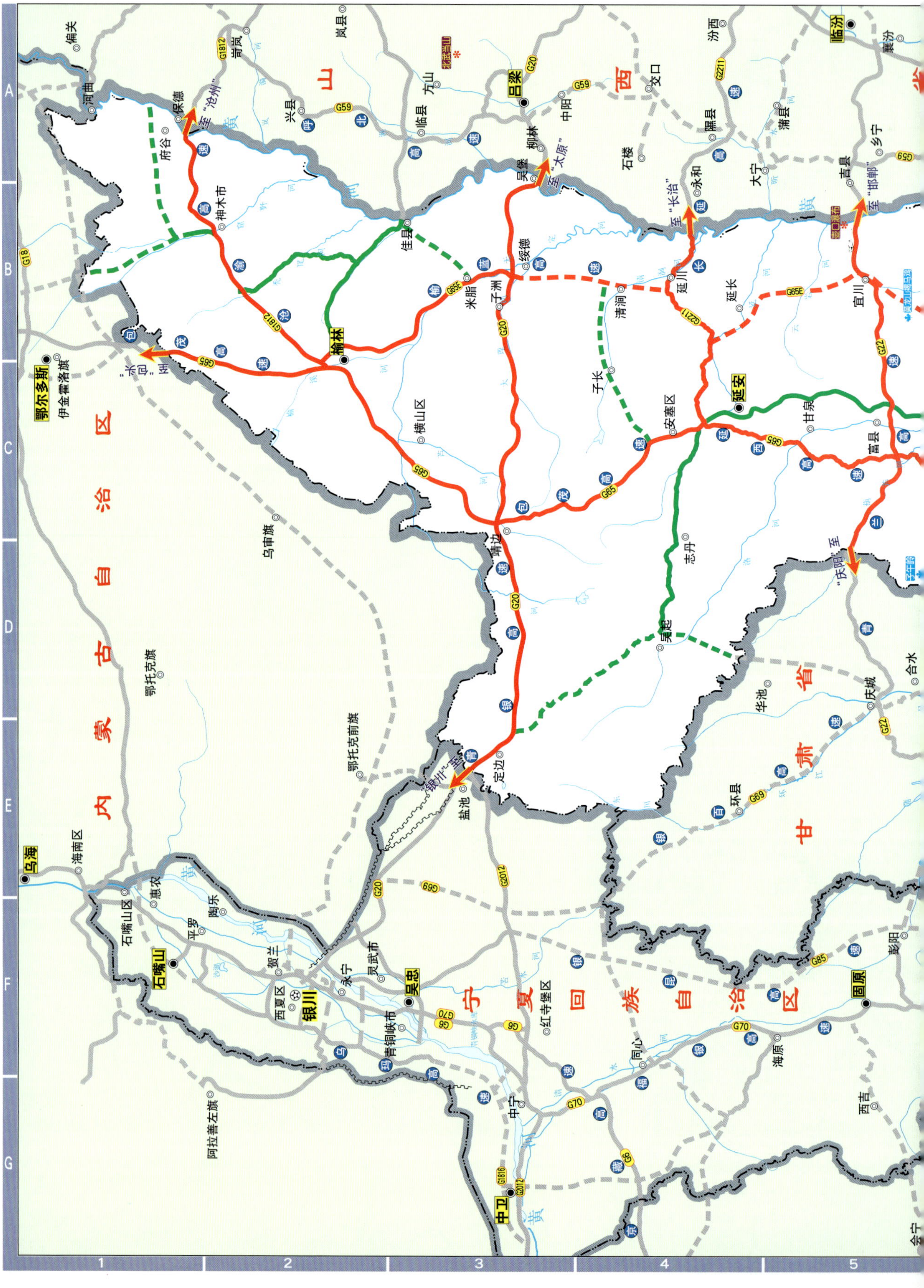

陕西省高速公路图

已建国家高速公路　已建省级高速公路　邻省已建高速公路

待建国家高速公路　待建省级高速公路　邻省待建高速公路

比例尺 1：259 万　0　25.9　51.8　77.7 千米

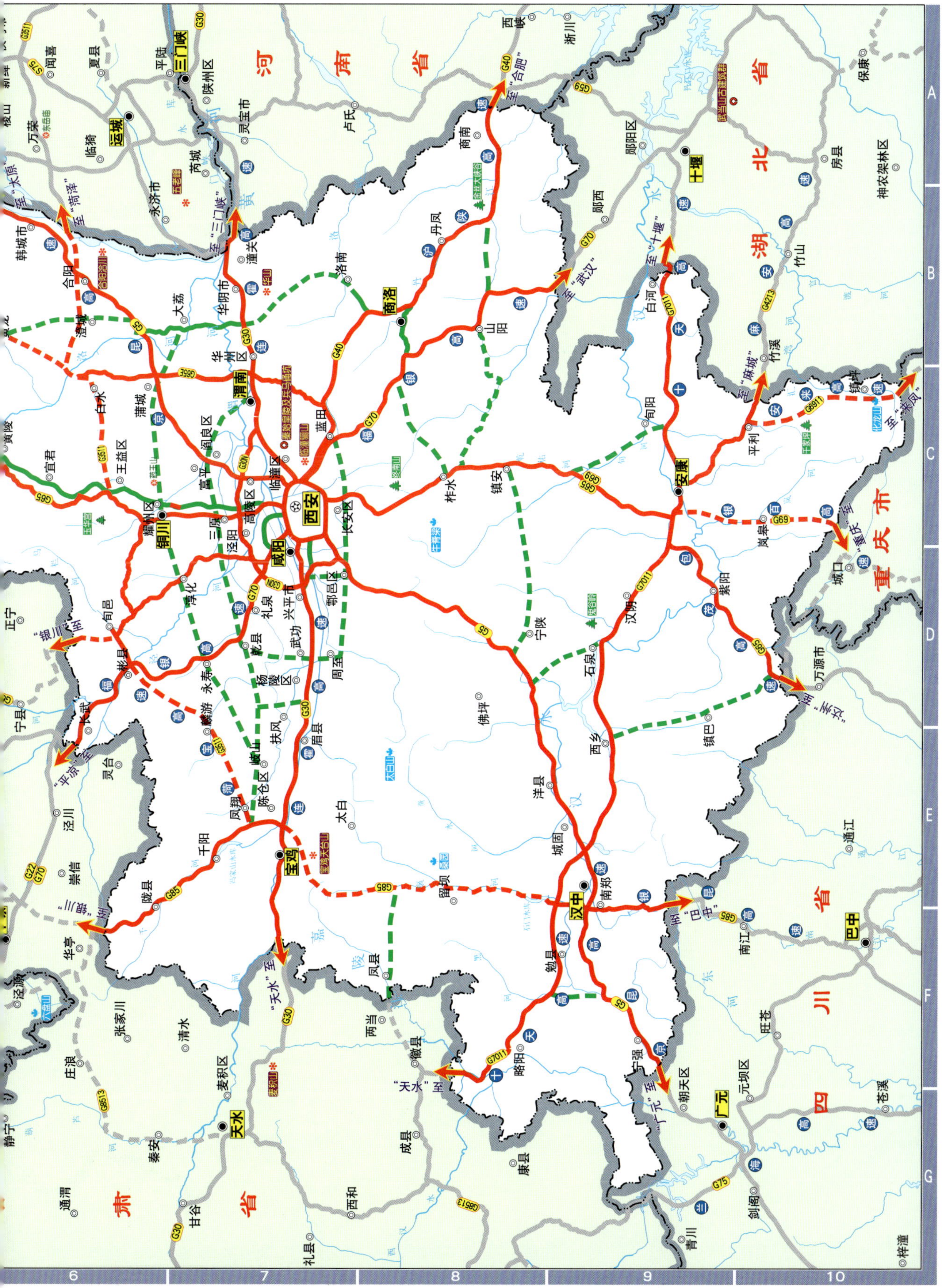

甘肃省高速公路图

首　都
省级行政中心
地级行政中心
县级行政中心
G25 国家高速公路网编号
到达主要城市

比例尺 1∶506 万　0　50.6　101.2　151.8千米

已建国家高速公路　已建省级高速公路　邻省已建高速公路

待建国家高速公路　待建省级高速公路　邻省待建高速公路

甘肃省高速公路图

比例尺 1∶506 万　0　50.6　101.2　151.8千米

青海省高速公路图

比例尺 1:387 万 0 38.7 77.4 116.1千米

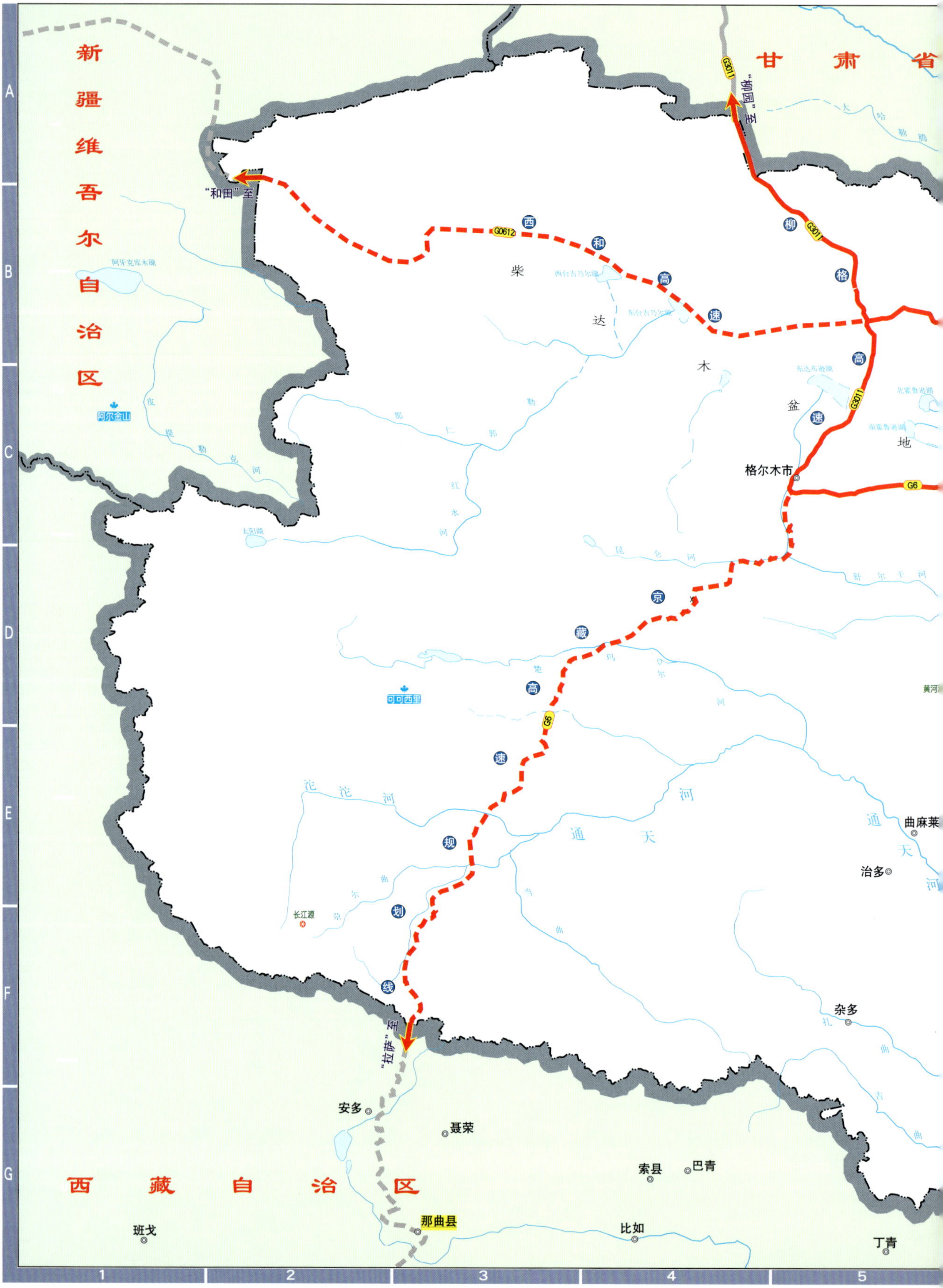

青海省高速公路图

已建国家高速公路	已建省级高速公路	邻省已建高速公路
待建国家高速公路	待建省级高速公路	邻省待建高速公路

比例尺 1∶387万 0 38.7 77.4 116.1千米

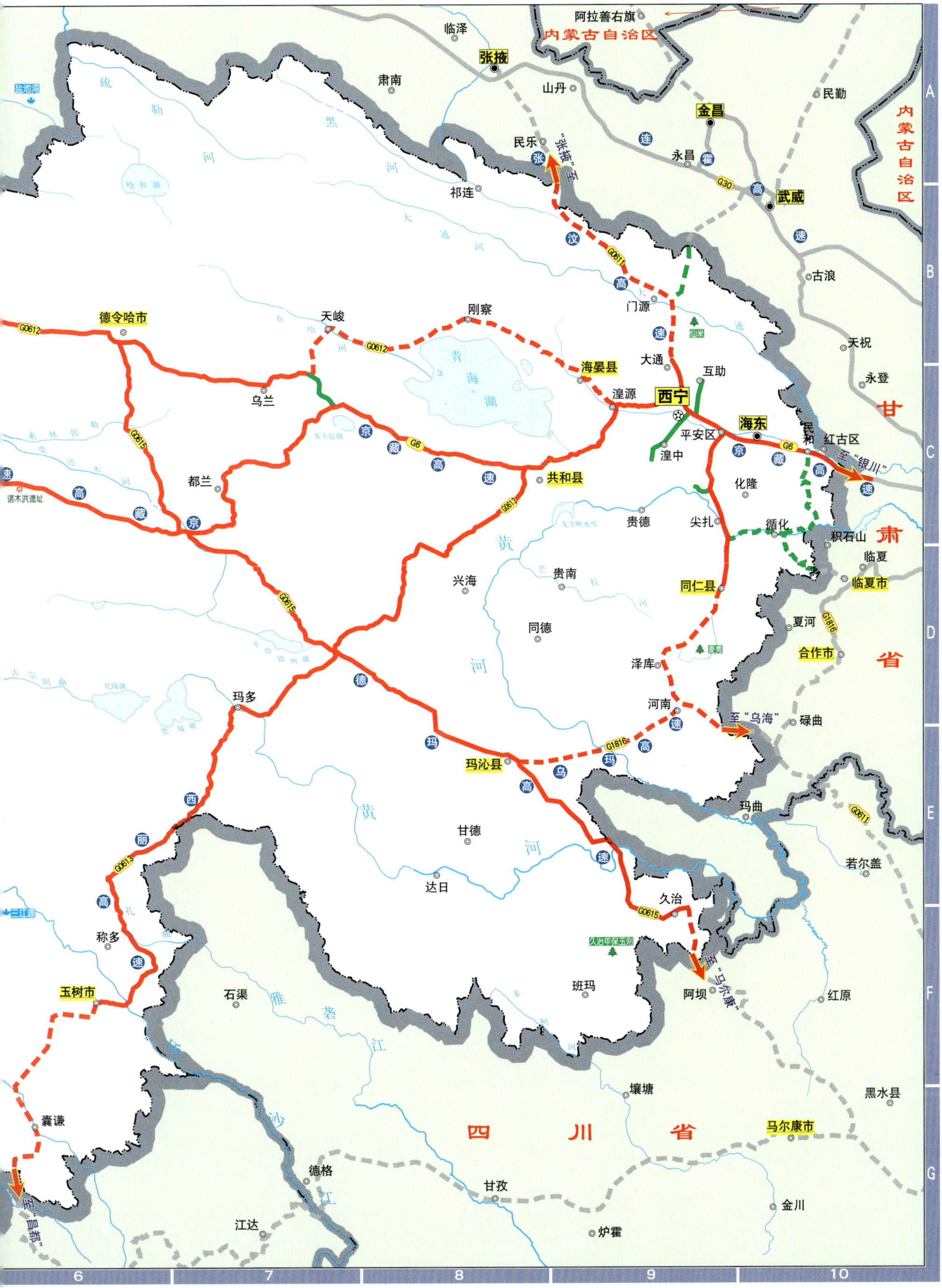

宁夏回族自治区高速公路图

比例尺 1:135万 0 13.5 27.0 40.5千米

- 首 都
- 省级行政中心
- 地级行政中心
- 县级行政中心
- G25 国家高速公路网编号
- 到达主要城市

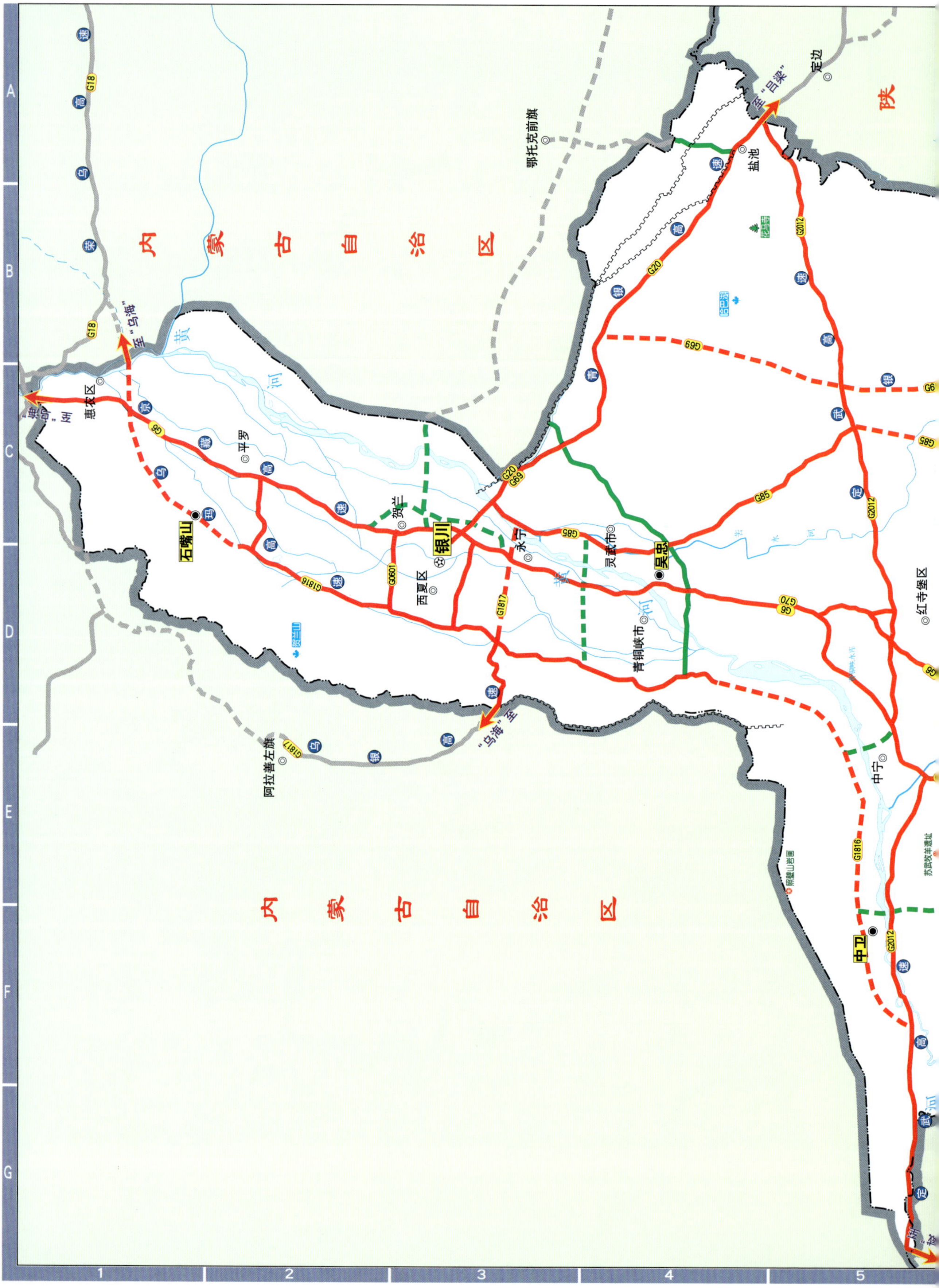

宁夏回族自治区高速公路图

已建国家高速公路　已建省级高速公路　邻省已建高速公路
待建国家高速公路　待建省级高速公路　邻省待建高速公路

比例尺 1∶135万　0　13.5　27.0　40.5千米

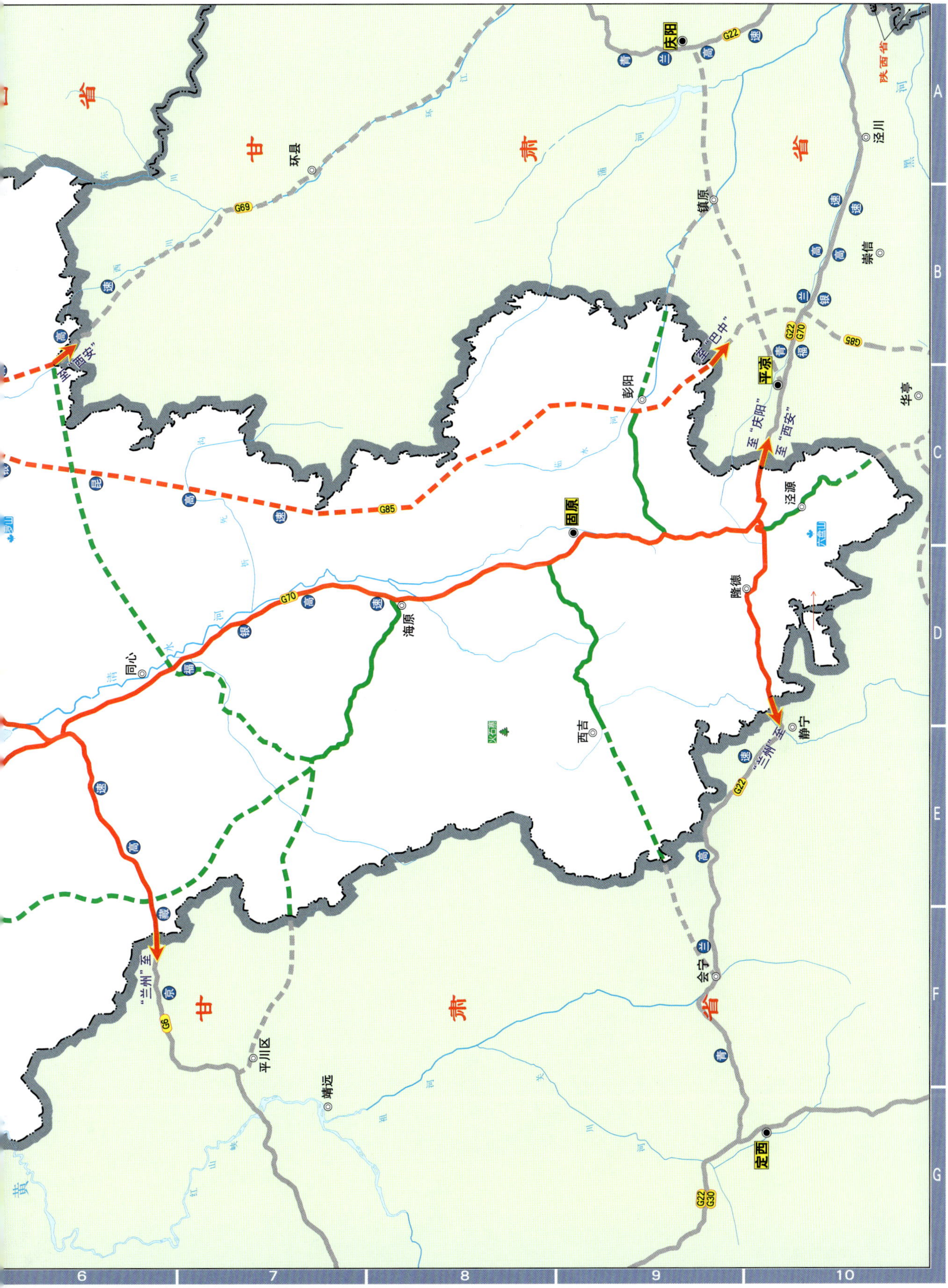

新疆维吾尔自治区高速公路图

比例尺 1:730 万 0 73.0 146.0 219.0千米

首 都
县级行政中心
省级行政中心
G25 国家高速公路网编号
地级行政中心
到达主要城市

新疆维吾尔自治区高速公路图

比例尺 1：730万　0　73.0　146.0　219.0千米

已建国家高速公路　已建省级高速公路　邻省已建高速公路
待建国家高速公路　待建省级高速公路　邻省待建高速公路

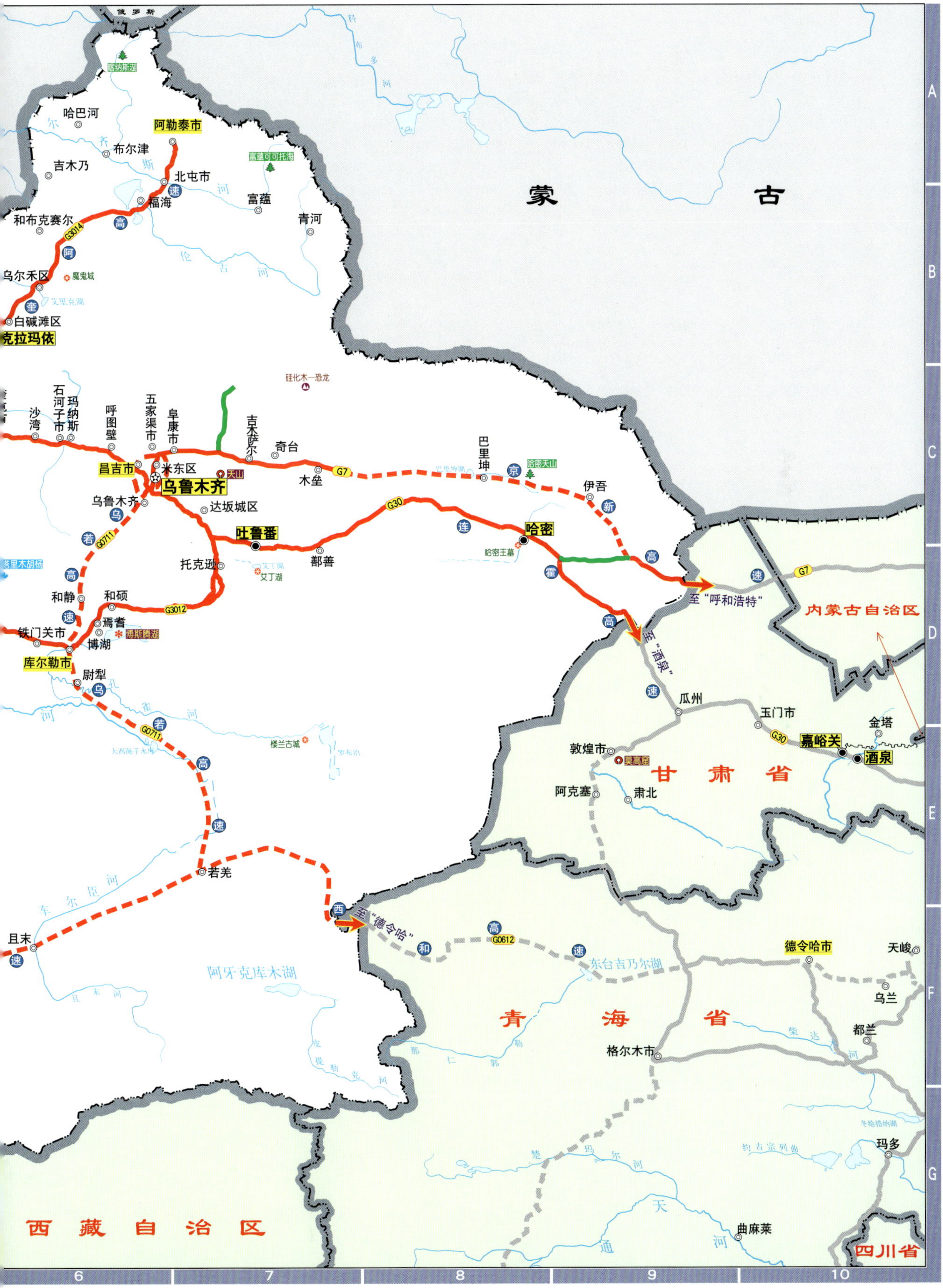

香港特别行政区图
香港岛·九龙

首　都
县级行政中心
省级行政中心
G25 国家高速公路网编号
地级行政中心

比例尺 1:47 万　0　4.7　9.4　14.1千米

澳门特别行政区图
澳门半岛

已建高速公路　地铁、轻轨
国　道　省级公路

比例尺 1:15 万　0　1.5　3.0　4.5 千米

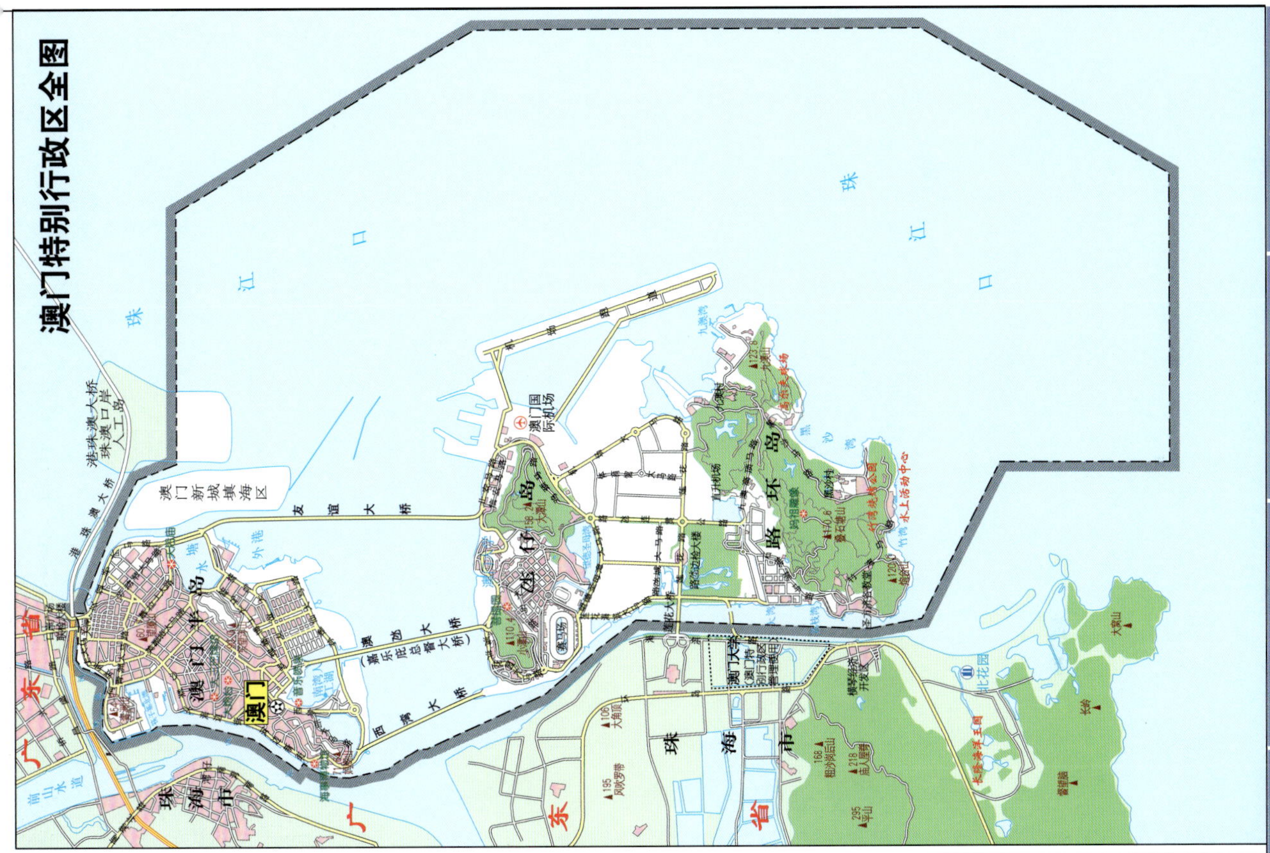

台湾省图

首 都
省级行政中心
地级行政中心
县级行政中心
G25 国家高速公路网编号

比例尺 1:203万 0 20.3 40.6 60.9千米

已建高速公路　铁　路

国　道　省级公路

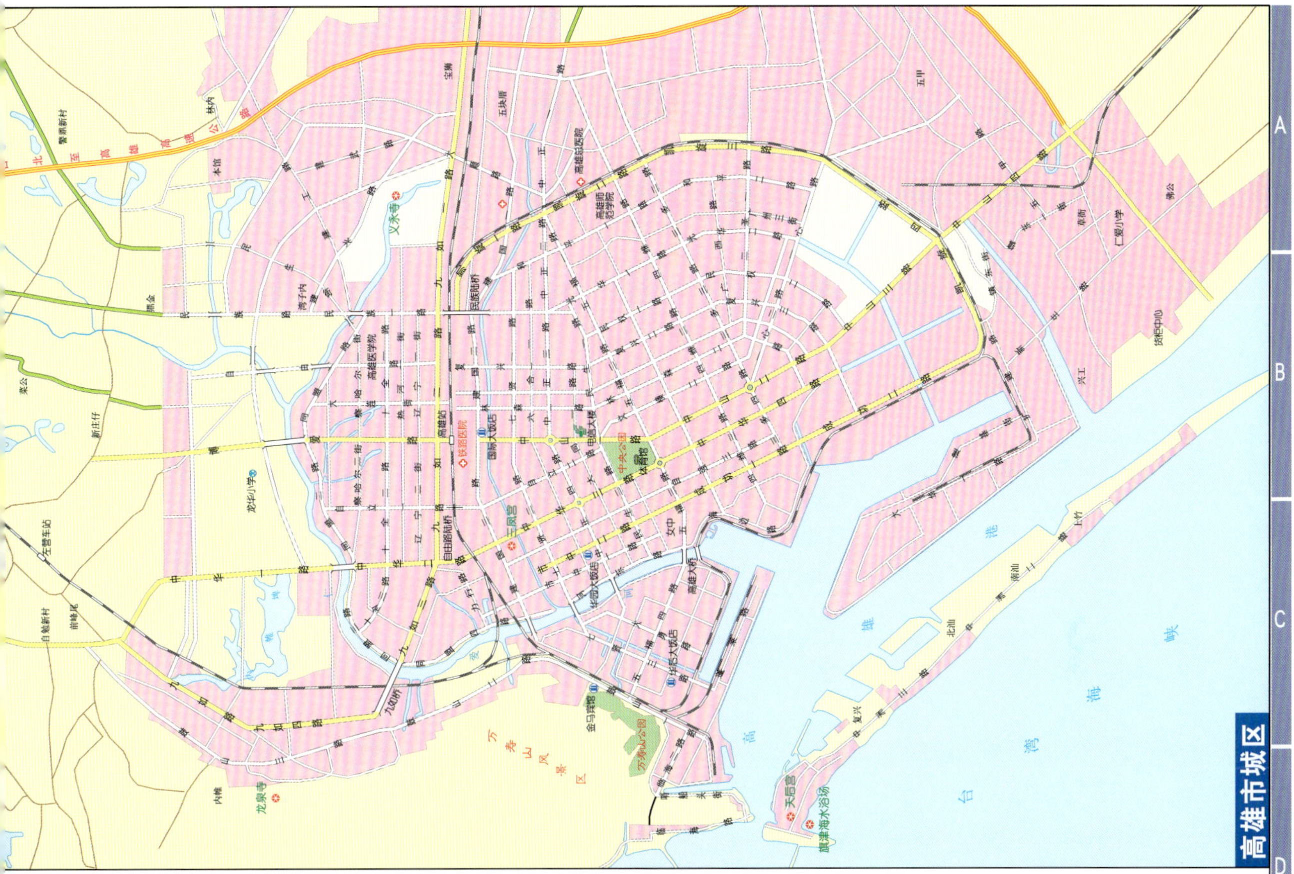

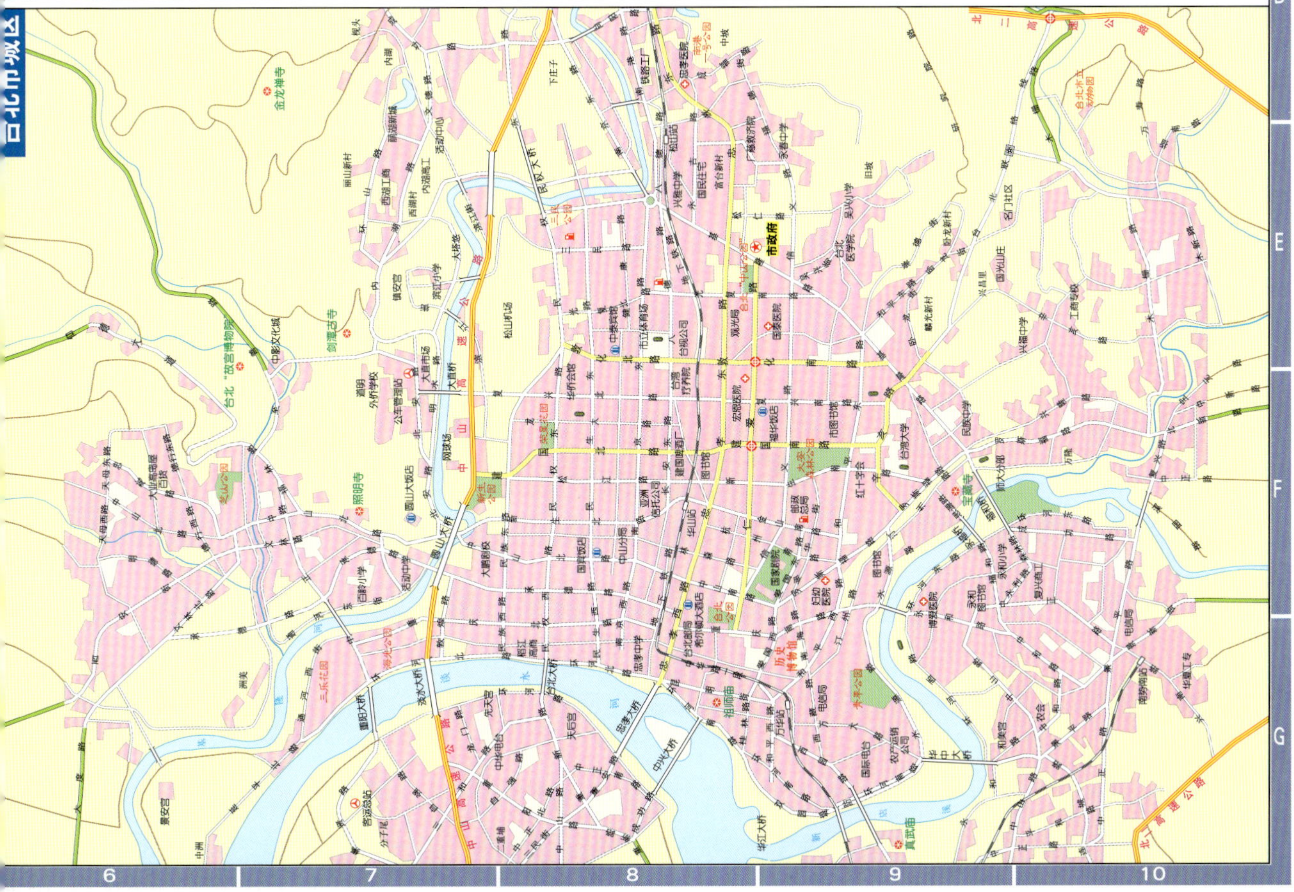

首　都　　国高起点
省级行政中心　　国高终点
地级行政中心　　县级行政中心

G1北京至哈尔滨高速公路

线路简介

G1（京哈高速公路）是国家"71118+6"高速公路网7条首都放射线中的首条放射线，是连接北京、河北、天津、辽宁、吉林、黑龙江六省（直辖市）的重要省际公路大通道；是连接京津冀与东北地区，沟通华北与东北的公路运输大动脉。

G1（京哈高速公路）起点位于北京市朝阳区四方桥（四环），终点位于黑龙江省哈尔滨市瓦盆窑。规划里程1171.00km，通车里程1172.403km，其中四车道258.220km，六车道614.439km，八车道及以上299.744km。经过北京、河北（廊坊）、天津（宝坻）、河北（唐山、秦皇岛）、辽宁（葫芦岛、锦州、盘锦、鞍山、沈阳、铁岭）、吉林（四平、长春、松原）、黑龙江（哈尔滨）。1991年辽宁沈阳绕城高速公路率先开始施工，2016年辽宁沈阳王家沟至铁岭杏山高速公路建成，G1（京哈高速公路）全线贯通。

沿线互通、出入口、服务区信息表

省份	沿线互通	出入口	服务区
北京	四方桥、五方桥、施园桥立交互通	东四环、欢乐谷、垡头、楼梓庄、高碑店、五环辅路、豆各庄、白鹿、台湖、通马路、东六环、张家湾、京塘路、漷县、郎府、通香路、西集、香河省界主线出入口	田家府服务区
河北(廊坊段)	香河北互通、香河东互通	香河北出入口、香河东出入口	香河服务区
天津	宝平、津围、津蓟、塘承、新钟互通	宝平、津围、宝坻北、新安镇、新钟出入口	牛道口、天津、新安镇服务区
河北(宝山段)	孟姜、秦皇岛东、秦皇岛北、秦皇岛、上徐各庄枢纽、北戴河枢纽、抚宁、卢龙、迁安、沙河驿枢纽、榛子镇、椅子山枢纽、唐山东枢纽、唐山北、京哈枢纽、鸦鸿桥、玉田互通	山海关、孟姜、秦皇岛东、秦皇岛北、秦皇岛、抚宁、卢龙、迁安、榛子镇、唐山北、鸦鸿桥、玉田出入口	山海关、北戴河、卢龙、迁安、滦县、丰润、玉田服务区

国高主线　省高
并行线 联络线　国道　途经主要城市
国高　G25 国高编号

G1京哈高速公路
（北京——哈尔滨）

线路信息表

途经省份	起点	终点	途径市、县	通车里程(km)
北京	朝阳区四方桥(四环)	通州区西集镇大沙务村（京冀界）	北京市朝阳区、北通州区	39.891
河北(廊坊段)	廊坊市香河县凌家务村（京冀界）	廊坊市香河县谭家务村（冀津界）	香河县	21.303
天津	香河界	玉田界	宝坻区	37.179
河北(宝山段)	唐山市玉田县杨家板桥镇(冀津界)	秦皇岛市海港区孟姜镇（冀辽界）	秦皇岛市北戴河区、山海关区、海港区、抚宁区、卢龙县，迁安市，唐山市滦县、开平区、新区、丰润区、玉田县	199.682
辽宁	葫芦岛市绥中县万家镇	铁岭市昌图县毛家店镇	昌图县、开原市、铁岭市、沈阳市、辽中县、台安县、盘山县、锦州市、葫芦岛市、兴城市、绥中县	519.350
吉林	四平市五里坡(吉辽界)	扶余市拉林河（吉黑界）	四平市、郭家店镇、公主岭市、范家屯镇、长春市、米沙子镇、德惠市、菜园子镇、陶赖昭镇、扶余市	285.299
黑龙江	吉黑省界	哈尔滨市瓦盆窑	途经南岗区、双城区	69.699

沿线互通、出入口、服务区信息表

省份	沿线互通	出入口	服务区
辽宁	元台子、松山、明字屯、盘锦、辽中西、潘家堡、北李官、大转弯、王家沟、腰堡、金沟子、杏山立交、东戴河、前卫、绥中、沙后所、兴城、葫芦岛、葫芦岛东、南票、锦州、锦州东、凌海、光辉、盘锦北、高升、台安、辽中、茨榆坨、红旗台、西江街、陵园街、朱尔屯、王家沟、蒲河、清水台、铁岭南、铁岭、铁岭北、开原、昌图、双庙子互通	东戴河、万家、前卫、绥中、沙后所、兴城、葫芦岛、葫芦岛东、南票、锦州、锦州东、凌海、光辉、盘锦北、高升、台安、辽中、茨榆坨、高花西、高花东、沈阳西、红旗台、西江街、三台子西、三台子东、陵园街、朱尔屯、王家沟、蒲河、清水台、铁岭南、铁岭、铁岭北、开原、昌图、双庙子、毛家店出入口	万家、绥中、兴城、塔山、凌海、盘锦、辽中、高花、榆林、腰堡、铁岭、开原、昌图服务区
吉林	西平、郭家店、公主岭、范家屯、半截沟枢纽、长春南枢纽、净月、长春东枢纽、兴隆山、远达大街、小西屯枢纽、米沙子、德惠、菜园子、陶赖昭、扶余互通	四平、郭家店、公主岭、范家屯、长春南、净月、兴隆山、远达大街、米沙子、德惠、菜园子、陶赖昭、扶余出入口	长春、陶家屯、公主岭、靠山屯、四平、米沙子、德惠、扶余服务区
黑龙江	瓦盆窑、新兴、双城、兰陵互通	绕城高速、兴安路、双城市永兴路、国道102出入口	京哈、运粮河、拉林河服务区

首都　省级行政中心　地级行政中心　国高起点　国高终点　县级行政中心

G2北京至上海高速公路

线路简介

G2（京沪高速公路）是国家“71118+6”高速公路网7条首都放射线中的第二条射线，是连接北京、河北、天津、山东、江苏、上海六省（直辖市）的重要省际公路大通道，是沟通环渤海地区和长江三角洲主通道，在华北与华东之间形成了一条经济、便捷、快速的公路运输大通道，对促进沿线经济发展具有重要意义。

G2（京沪高速公路）起点位于北京市朝阳区十八里店桥（四环），终点位于上海市普陀区中环真北路立交与武宁路地面道路交界处。规划里程1196.00km，通车里程1189.163km，其中四车道655.559km，六车道401.378km，八车道及以上132.226km。经过北京、天津、河北（廊坊、沧州）、山东（德州、济南、莱芜、泰安、临沂）、江苏（徐州、宿迁、淮安、扬州、泰州、无锡、苏州）、上海。1991年北京十八里店桥至柴厂屯段率先开始施工，2016年6月河北黄石南顾屯枢纽至千童（冀鲁界）段建成通车，至此全线贯通。

沿线互通、出入口、服务区信息表

省份	沿线互通	出入口	服务区
北京	十八里店、大羊坊桥、马驹桥互通	大羊坊、马驹桥、马驹桥匝道、采育匝道出入口	马驹桥服务区
河北	廊坊互通	南营出入口	
天津	泗村店、武清西、石各庄、汉沽港、王庆坨、津同路、当城、独流、静海、子牙园、陈官屯、胡辛庄、大张屯互通	武清西、汉沽港、津同路、独流、静海、子牙园、陈官屯出入口	泗村店、王庆坨、静海、唐官屯服务区
河北	青县、陶管营枢纽、西花园、姚官屯、开发区、南顾屯枢纽、南部油田、孟村、圣佛、千童互通	青县、西花园、姚官屯、开发区、盐山南、沧州南、孟村西、、千童出入口	青县、木门店、孟村服务区

国高主线　省　高　途经主要城市
并行线 联络线　国　道
国　高　G25 国高编号

G2京沪高速公路
（北京——上海）

线路信息表

途经省份	起点	终点	途径市、县	通车里程(km)
北京	朝阳区十八里店桥四环	通州区柴厂屯（京冀界）	北京市朝阳区、大兴区、通州区	35.000
河北	廊坊市经济技术开发区上庄头村（京冀界）	廊坊市经济技术开发区南营村（冀津界）	廊坊经济技术开发区	6.840
天津	武清区大王古镇(津冀界)	九宣闸	天津市武清区、西青区、静海区	105.963
河北	沧州市青县流河镇(冀津界)	沧州市盐山县千童镇(冀鲁界)	青县、沧州运河区、沧县、孟村回族自治县、盐山县	112.555
山东	鲁冀界	鲁苏界	乐陵市、商河县、济阳县，济南市历城区、章丘市，莱芜市莱城区、钢城区，新泰市、蒙阴县、沂南县、费县，临沂市兰山区、罗庄区，苍山县、郯城县	423.597
江苏	新沂(苏鲁)	花桥(苏沪界)	新沂市、沭阳县，淮安市，淮阴区、开发区、楚州区，宝应县、高邮市、江都市、泰州市、泰兴市、靖江市、江阴市，无锡市惠山区、锡安区、滨湖区，苏州市区、昆山市	480.978
上海	上海市嘉定区安亭镇沪苏界	上海市普陀区中环真北路立交与武宁路地面道路交界处	上海市嘉定区、青浦区、闵行区、普陀区	24.230

沿线互通、出入口、服务区信息表

省份	沿线互通	出入口	服务区
山东	乐陵北、乐陵西、滨德、王集、商河、临邑、济阳北、济阳西、崔寨、小许家、郭店、邢村、港沟、蟠龙、彩石、曹范、埠村、雪野、莱芜北、莱芜新区、莱芜、钢城、新泰、京沪、蒙阴、垛庄、青驼、汪沟、义堂、罗庄、苍山、郯城、红花埠互通	鲁冀界、乐陵北、乐陵西、王集、商河、临邑、济阳北、济阳西、郭店、邢村、蟠龙、彩石、曹范、埠村、雪野、莱芜北、莱芜新区、莱芜、钢城、新泰、蒙阴、垛庄、青驼、汪沟、义堂、罗庄、苍山、郯城、红花埠、鲁苏省界出入口	乐陵、商河、济阳、章丘、莱芜、沂南、临沂、郯城服务区，乐陵、济阳、雪野、莱新停车区
江苏	段宅、新沂、王兴、楚州、丁伙、正谊、宣堡、楚州、广陵、峭岐、无锡、硕放、东桥、苏州北、正仪枢纽、新沂东、潘阳、沭阳北、沭阳南、胡集、淮安北、淮安南、楚州、宝应北、宝应、界首、高邮、八桥、邵伯、江都、泰州、泰兴北、泰兴东、靖江、江南、江阴北、江阴南、璜塘、无锡东、无锡机场、苏州新区、苏州东、阳澄湖（服务区）、工业园区、昆山、陆家互通	新沂东、潼阳、沭阳北、沭阳、胡集、淮安北、淮安、楚州、泾河、宝应、界首、高邮、八桥、真武、江都、泰州、泰兴北、泰兴东、靖江、靖江南、江阴北、江阴南、璜塘、无锡东、无锡机场、苏州新区、苏州东、阳澄湖（服务区）、工业园区、昆山、陆家出入口	新沂、沭阳、川星、六洞、范水、龙奔、正谊、宣堡、广陵、江阴大桥、堰桥、梅村、阳澄湖服务区
上海	同三沪宁、嘉金沪宁、嘉闵沪宁、外环沪宁、中环真北路立交互通	绿地大道、花桥主线收费站、汽车城、嘉松公路、嘉闵高架、江桥主线收费站、华江路出入口	

G3京台高速公路（北京--台北）

首　都　　国高起点
省级行政中心　　国高终点
地级行政中心　　县级行政中心

G3北京至台北高速公路

线路简介

G3（京台高速公路）是国家"71118+6"高速公路网7条首都放射线中的第三条射线，是连接北京、河北、山东、江苏、安徽、浙江、福建七省（直辖市）的重要省际大通道，是首都联系我国华北、华东、东南沿海地区乃至台湾的重要公路通道。G3(京台高速公路)的建设对于加强两岸联系、促进两岸经济发展意义重大。

G3（京台高速公路）设计起点位于北京南苑(接五环)，设计终点位于台湾新竹市(海峡台界)。规划里程1888.00km，通车里程1804.260km,其中四车道1554.232km，六车道183.684km，八车道及以上63.287km，一级路3.057km，经过北京、河北（廊坊、沧州）、山东（德州、济南、泰安、济宁、枣庄）、江苏（徐州）、安徽（淮北、宿州、蚌埠、滁州、合肥、六安、巢湖、安庆、铜陵、池州、黄山）、浙江（衢州）、福建（南平、福州、平潭）、台湾（台北）。1994年山东济德高速公路率先开始施工。目前，福建段尚未全部建成。其中，平潭至台北段明确为G3（京台高速）线路规划中的一段，何时建设待研究。

沿线互通、出入口、服务区信息表

省份	沿线互通	出入口	服务区
北京	南六环、魏善庄、安定、佃子互通	南五环、南六环、魏善庄、安定、佃子出入口	无
河北	九州枢纽、廊坊空港、永清北、永清、别古庄枢纽、后奕、信安、胜芳枢纽、大柳河、文安、大城、臧屯、木门店南区、木门店北区、陶管营枢纽、沧州北、沧南枢纽、南皮、东光、吴桥互通	廊坊空港、永清北、永清、永清南、、信安、大柳河、文安、龙街、大城、臧屯、木门店南区、木门店北区、沧州北、南皮、东光、吴桥出入口	万庄、永清、文安、木门店、沧州、东光、吴桥服务区
山东	德州、德州南、平原、平原南、禹城、齐河北枢纽、齐河、晏城枢纽、槐荫枢纽、济南西、殷家林枢纽、崮山、万德、泰安西、泰山枢纽、满庄、磁窑、曲阜北、曲阜、邹城、峄山、滕州、滕州南、枣庄、峄城互通	鲁冀界、德州、德州南、平原、平原南、禹城、齐河、济南西、崮山、万德、泰安西、满庄、磁窑、曲阜北、曲阜、邹城、峄山、滕州、滕州南、枣庄、峄城、鲁苏界出入口	德州、德州南、禹城、崮山、泰安宁阳、曲阜、邹城、滕州、枣庄、薛城服务区

国高主线　省　高
并行线
联络线　国　道　途经主要城市
国　高　G25 国高编号

G3京台高速公路

(北京——台北)

线路信息表

途经省份	起点	终点	途径市、县	通车里程(km)
北京	南五环(旧宫新桥)	大兴区田家营村(京冀界)	北京市丰台区、大兴区	27.160
河北	廊坊市广阳区火头营村(京冀界)	沧州市宋门乡埝高村(冀鲁界)	廊坊市广阳区、永清县、霸州市、文安县、大城县、沧州青县、沧县、泊头市、南皮县、东光县、吴桥县	246.821
山东	鲁冀界	鲁苏界	德州市德城区、陵城区、平原县、禹城市、齐河县、济南市天桥区、槐荫区、市中区、长清区、岱岳区、宁阳县、曲阜市、邹城市、滕州市、枣庄市薛城区、台儿庄区	336.660
江苏	张山子(苏鲁界)	老山口(苏皖界)	徐州市贾汪区、铜山区	75.644
安徽	皖苏收费站(省界)	黄山市休宁县龙田乡桃林村	萧县、濉溪、烈山、埇桥、怀远、蚌埠市禹会区、合肥市包河区、肥西县、舒城县、庐江县、枞阳县、铜陵市、铜陵县、青阳县、石台县、黄山市黄山区、徽州区、休宁县、屯溪区	613.563
浙江	浙皖省界(西坑口)	浙闽省界(廿八都)	衢州开化县，常山县，江山市	161.005
福建	浦城官路姚宅村	闽侯祥谦镇琯前村(青口枢纽)	建瓯市、古田县、闽清县、闽侯县	343.407

沿线互通、出入口、服务区信息表

省份	沿线互通	出入口	服务区
江苏	贾汪、大黄山、徐州北、柳新、彭城、刘集、徐州西、汉王、罗岗枢 纽互通	贾汪、徐州北、柳新、彭城、徐州西、汉王出入口	青山泉、刘集服务区
安徽	蚌埠西、大刘郢、鲍集、宿州南、宿州、泗许、蔡里、蚌埠、小西冲、严店、桑树店、长岗头、铜陵、太平湖、上堰、谭家桥、上水桥、青阳、陵阳立交互通；马堰，庐江南、泥河、浮山、横埠、屯溪枢纽、小贺枢纽、汤口、岩寺、屯溪西、汪村、中村互通	蚌埠西、鲍集、宿州南、宿州、淮北、仁和集匝道收费站、滨湖新区、滨湖新区，严店、舒城、庐江、花园站主线，横埠，浮山，泥河，庐江南、铜陵南主线收费站、九华山、陵阳、太平湖、黄山北门、谭家桥、黄山南门、徽州区、黄山市区、五城、桃林、璜源（暂未开通）出入口	君王、符离、庄里、丰乐、周潭、沙溪、九华山、呈坎、休宁服务区，太平湖、黄帝源停车区
浙江	马金、开化、渊底枢纽、常山北（芳村）、东案、五里枢纽、衢州南、江山、江郎山、峡口、廿八都互通	钱江源主线收费站、马金、开化、常山北（芳村）、东案、衢州南、江山、江郎山、峡口、廿八都、浙闽主线收费站出入口	开化、江山、仙霞服务区

G4京港澳高速公路（北京--港澳）

首　都　　国高起点
省级行政中心　　国高终点
地级行政中心　　县级行政中心

G4北京至港澳高速公路

线路简介

G4（京港澳高速公路）是国家“71118+6”高速公路网7条首都放射线中的第四条射线，是连接北京、河北、河南、湖北、湖南、广东、香港、澳门八省（直辖市、特别行政区）的重要省际大通道，是华北、华中、华南联结首都的主动脉，沟通京津冀地区、中原地区、江汉平原、湘中平原、珠江三角洲等城镇密集区，连通港澳，是我国最繁忙的交通通道之一，也被称为“黄金大通道”，为中国的南北公路大动脉。

G4（京港澳高速公路）由原高速公路主干线京珠高速公路全段和广州至香港及珠海至澳门两段组成。京珠高速公路起于北京市丰台区六里桥（三环），终点位于深圳市落马洲，规划里程2270.00km，通车里程2271.215km，其中四车道910.212km，六车道437.894km，八车道及以上923.109km。经过北京、河北（保定、石家庄、邢台、邯郸）、河南（安阳、鹤壁、新乡、郑州、许昌、漯河、驻马店、信阳）、湖北（孝感、武汉、咸宁）、湖南（岳阳、长沙、湘潭、株洲、衡阳、郴州）、广东（韶关、广州、深圳）、香港、澳门。1986年4月G4（京港澳高速公路）北京段（原京石高速公路）率先开始施工，为中国第一条全封闭全立交式公路，誉为“中国公路建设新起点”，当时建设项目称之为“汽车专用线”。2014年12月G4（京港澳高速公路）北京至河北涿州至石家庄段改扩建工程建成通车。至此，G4（京港澳高速公路）中京珠段全线通车。

沿线互通、出入口、服务区信息表

省份	沿线互通	出入口	服务区
北京	六里桥、岳各庄桥、大瓦窑桥、宛平桥、梨园桥互通	西三环、万丰路、西四环、西北四环、青塔西路、程庄路、丰北路、西道口张仪村路、五环路出口、京港澳高速入口、杜家坎长辛店、赵辛店、长周路、云岗、京良路、良乡、京周路大件路、闫村、西六环、五环路、锦绣路、窦店、京深路、琉陶路、琉璃河南省界主线出入口	窦店服务区
河北	影视城、涿州、高碑店、定兴、徐水、保定、保南、清苑、望都、定州、新乐东、机场东、藁城北、藁城、栾城东、赵县西、高邑、柏乡、隆尧、内丘、邢台北、沙河、永年、邯郸北、邯郸南、马头、磁县、京珠、保定、郭村、黄石、南安庄、西封寺、京港澳、留村1号、留村2号、石安、高臾、商庄枢纽互通	健康城、涿州北、涿州、高碑店、定兴、徐水、保定北、保定、保定南、清苑、望都、定州、定州南、新乐东、机场东、藁城北、藁城、栾城东、赵县西、高邑、柏乡、隆尧、内丘、邢台北、邢台、沙河、永年、邯郸、邯郸南、冀南新区、、磁县、邺城出入口	涿州、定兴、清苑、徐水、望都、定州、藁城北、石家庄东、赵县、柏乡、邢台、沙河、邯郸、磁县服务区
河南	京港澳南林、京港澳范辉、安阳北、安阳、安阳南、鹤壁(淇滨大道)、浚县、淇县、卫辉、薛店、新郑、长葛、许昌北、许昌、许昌东区、兰南枢纽、临颍、漯河北、漯河、漯河南；京港澳长济刘江、祥云寺枢纽；张庄桥、西平收费站、遂平收费站、驻马店收费站、新阳、沪陕、驻马店南站、确山收费站、正阳收费站、明港机场站、明港站、胡店站、信阳站、灵山站互通	豫冀界主线、安阳北、安阳、安阳南、鹤壁、浚县、淇县、卫辉、新乡收费站、原阳收费站、郑州新区收费站、郑州圃田收费站、航海路收费站、南三环收费站、机场站收费站、薛店收费站、新郑收费站、长葛收费站、许昌北收费站、许昌收费站、许昌东区收费站、临颍收费站、漯河北收费站、漯河收费站、漯河南收费站、西平收费站、遂平收费站、驻马店收费站、驻马店南站、确山收费站、正阳收费站、明港机场站、明港站、胡店站、信阳站、灵山站、豫鄂界收费站出入口	豫冀界、安阳、鹤壁、新乡、原阳、郑州东、新郑（BOT自营）、许昌、漯河、驻马店、确山、明港停车区，信阳、灵山服务区

国高主线　并行线 联络线　国高　省高　国道　G25 国高编号　途经主要城市

G4京港澳高速公路（北京——港澳）

线路信息表

途经省份	起点	终点	途径市、县	通车里程(km)
北京	丰台区六里桥（三环）	房山区琉璃河（京冀界）	北京市丰台区、房山区	45.602
河北	涿州市码头镇（京冀界）	邯郸市临漳县芝村（冀豫界）	涿州市、高碑店市、定兴县、徐水县、保定北市区、保定南市区、清苑县、望都县、定州市、新乐市、藁城市、滦县、赵县、高邑县、邢台柏乡县、隆尧县、内丘县、邢台县、沙河市、永年县、邯郸县、磁县	434.138
河南	安阳县辛店乡西灵芝村（豫冀界）	信阳市罗山县九里关（豫鄂界）	安阳县、安阳市北关区、安阳市文峰区、汤阴县、鹤壁市淇滨区、浚县、淇县、卫辉市、延津县、新乡县、原阳县、郑州市金水区、郑州市管城区、中牟县、新郑市、长葛市、许昌县、临颍县、漯河市郾城区、漯河市召陵区、西平县、遂平县、驻马店驿城区、确山县、信阳市平桥区、罗山县	522.980
湖北	大悟县九里关	咸宁市赤壁市新店镇土城村	大悟县、孝昌县、孝感市孝南区，武汉市东西湖区、蔡甸区、江夏区，咸宁市咸安区、赤壁市泉口镇	293.664
湖南	临湘市坦渡乡	宜章县罗家灌村	临湘市、汨罗市、平江县、长沙县、长沙市、湘潭县、湘潭市、耒阳市、永兴县、宜章县	531.768
广东	小塘	落马洲	广州市白云区、花都区、从化区、增城区，韶关市武江区、浈江区、曲江区、翁源区、乳源瑶族自治区、乐昌市、深圳福田区、南山区、宝安区、佛冈县、英德市、东莞市	443.063

沿线互通、出入口、服务区信息表

省份	沿线互通	出入口	服务区
湖北	大悟南、孝南、东西湖、红庙、永安、汉洪军山、郑店、武汉南、咸通咸宁西枢纽互通	大新、大悟、小河、孝昌、杨店、孝感、武汉北、蔡甸、武汉西、军山、金口、安山、咸宁北、咸宁南、泉口、赤壁、新店出入口	大悟、孝感、东西湖、蔡甸、咸宁、赤壁服务区、三里、花园、金口停车区
湖南	羊楼司、荣家湾、星沙、马家河、朱亭、冠市、马田、长沙、大石桥、新塘、衡阳、新塘综合服务区、新市、杨梓冲、大浦、大浦综合服务区、殴家坳、伍塘铺、良田互通	雨花收费站、李家塘收费站、马家河收费站、株洲西收费站、伞铺收费站、王拾万、朱亭、新塘、大浦、冠市、新市、耒阳、公平、马田、永兴、五里牌、郴州、良田、宜章、小塘、羊楼司、金鸡、临湘、桃林、岳阳、荣家湾、大荆、平江西、板仓、广福、杨梓冲、星沙收费站出入口	羊楼司、临湘、桃林（停车区）、巴陵、大荆（停车区）、平江、安沙（停车区）、长沙、永兴、苏仙、宜章、建宁（停车区）、朱亭、衡山（停车区）、雁城、冠市（停车区）、耒阳、昭山
广东	太平、钟落潭、萝岗、北兴、棋杆、新塘、西联、曲江、沙溪、坪石、坪石北、福田、皇岗、新桥、鹤州、高岗、佛冈、麻涌、望牛墩、道窖、东莞、厚街、长安互通	钟落潭互通、鱼湾互通、新塘南、新桥南、西联互通、翁城互通、望牛墩南、汤塘互通、太平南、韶关北收费站广州、沙井南、乳源收费站广州、坪石收费站广州方向、南头南、梅花收费站广州方向、麻涌南、萝岗南、厚街南、鹤洲南、高岗互通、福永南、福田南、佛冈互通、东莞南、东田收费站广州方向、道窖南、大镇互通、大桥收费站广州方向、长安南、北兴互通、宝安南、鳌头互通出入口	瓦窑岗、曲江、大桥冷却场、佛冈、横石水、鱼湾、厚街服务区

G5京昆高速公路（北京--昆明）

首都　国高起点
省级行政中心　国高终点
地级行政中心　县级行政中心

G5北京至昆明高速公路

线路简介

G5（京昆高速公路）是国家“71118+6”高速公路网7条首都放射线中的第五条射线，是连接北京、河北、山西、陕西、四川、云南六省（直辖市）的重要省际大通道，是首都沟通西北与西南地区的交通大动脉，同时也是连接石家庄和太原的又一重要高速通道，是山西中部、陕西北部、宁夏北部物资运输出港最便捷的路径。

G5（京昆高速公路）是陆路丝绸之路经济带连接海上丝绸之路经济带的重要组成部分，G5（京昆高速公路）的全线建成通车有效提升了沿线竞争优势，激活了发展潜力，对加快沿线地区工业及农副产品的流通、推进资源优化配置、带动旅游业发展具有重要作用和意义，将给沿线地区经济社会发展增加新引擎。

G5（京昆高速公路）起点位于北京市大苑村（西六环东侧1.4km处），终点位于昆明市小屯立交。规划里程2660.00km，通车里程2591.844km，其中四车道1883.451km，六车道707.653km，八车道及以上0.74km。经过北京、河北（保定、石家庄）、山西（阳泉、晋中、太原、吕梁、临汾、运城）、陕西（渭南、西安、安康、汉中）、四川（广元、绵阳、德阳、成都、眉山、雅安、凉山彝族自治州、攀枝花）、云南（楚雄彝族自治州、昆明）。1995年4月28日G5（京昆高速公路）四川成绵段率先开工建设，2015年12月G5（京昆高速公路）石家庄段通车，至此，G5（京昆高速公路）全线贯通。

沿线互通、出入口、服务区信息表

省份	沿线互通	出入口	服务区
北京	大苑村立交互通	大件路、京周路、夏村、襄驸马庄、韩村河、皇后台、长沟、张坊、镇江营出入口	韩村河服务区（未开通）
河北	涞水新城、涞水北枢纽、涞水西、涞源西枢纽、大北城、辛木、大王店枢纽、保北、满城、顺平北、西朝阳枢纽、唐县北、曲阳东、行唐北、行唐南、灵寿、正定西、曲阳桥枢纽、李村、胡庄枢纽、西柏坡枢纽、南防口、井陉矿区、大里岩互通	涞水新城、涞水西、大北城、辛木、保定北、满城、顺平北、唐县北、曲阳东、行唐、行唐南、灵寿、正定西、李村、南防口、井陉矿区、大里岩出入口	涞水、定兴、满城、顺平、唐县服务区，曲阳停车区，行唐服务区，灵寿、库隆峰停车区，井陉北服务区
山西	晋祠、清徐、清徐南、义望枢纽、文水东、祁县、平遥枢纽、张兰、介休关、灵石、仁义、霍州、明姜、土木、临汾、襄汾、北柴、赵康枢纽、河津西、河津东、稷山、新绛、张山峪、阳泉郊区章召枢纽、阳泉郊区北、盂县南枢纽、盂县西、阳曲东、太原枢纽互通	郝家庄（主线省界站）、岔口、河底、盂县南、东梁、东黄水、晋祠、清徐、清徐南、文水东、祁县、平遥、张兰、介休、灵石、仁义、霍州、明姜、襄汾、北柴、河津西、河津东、稷山、新绛、龙门大桥出入口	清徐、阳曲、盂县、河津、襄汾、平遥、灵石、霍州、临汾服务区

国高主线　并行线 联络线　国　高　省　高　国　道　G25 国高编号　途经主要城市

G5京昆高速公路
（北京——昆明）

线路信息表

途经省份	起点	终点	途径市、县	通车里程(km)
北京	大苑村	房山区镇江营（京冀界）	北京市房山区	40.360
河北	保定市涞水县蓬家园（京冀界）	石家庄市井陉县辛庄（冀晋界）	涞水县、易县、定兴县、保定市徐水区、保定市满城区、顺平县、唐县、曲阳县、行唐县、灵寿县、正定县、鹿泉区、平山县、井陉县	267.612
山西	阳泉市平定县（省界）	运城市河津市（省界）	阳泉市平定县、盂县、太原市尖草坪区、晋源区、清徐县，吕梁市交城县、文水县，晋中市祁县、平遥县、介休市、灵石县，临汾市霍州市、洪洞县、尧都区、襄汾县、运城市新绛县、稷山县、河津市	511.129
陕西	韩城市禹门口	宁强县棋盘关	韩城市、合阳、澄城、蒲城、富平、三原、高陵、阎良、灞桥、长安、户县、宁陕、石泉、佛坪、洋县、城固、南郑、汉台区、勉县、宁强	579.201
四川	广元市棋盘关收费站	攀枝花市田房收费站	广元市（朝天区、利州区、剑阁县），绵阳市（江油市、涪城区、罗江县），德阳市（旌阳区、广汉市），成都市（青白江区、新都区、成华区、武侯区、双流县、新津县、浦江县），雅安市（名山区、雨城区、荥经县、汉源县、石棉县），凉山州（冕宁县、西昌市、德昌县），攀枝花市（米易县、盐边县、仁和区）	981.483
云南	方山（川滇界）	昆明小屯立交	永仁县、元谋县、武定县、禄劝县、富民县、昆明市五华区	212.059

沿线互通、出入口、服务区信息表

省份	沿线互通	出入口	服务区
陕西	禹门口、龙门、韩城、芝川、合阳、澄城、孙镇、蒲城、荆姚、富平、阎良、高陵、户县、涝峪口、纸坊、朱雀、皇冠、宁陕、大河坝、金水、龙亭、洋县、城固、上元观、汉中东、汉中、勉县、胡家坝、韩家坝、宁强、东杨、谢王、河池寨、三星、谢家营、梁山互通	禹门口、龙门、韩城、芝川、合阳、澄城、孙镇、蒲城、荆姚、富平、阎良、高陵、户县、涝峪口、纸坊、朱雀、皇冠、宁陕、大河坝、金水、龙亭、洋县、城固、上元观、汉中东、汉中、勉县、胡家坝、韩家坝、宁强出入口	富平、澄城、韩城、秦岭、宁陕、洋县、汉中、勉县、宁强服务区
四川	罗家沟、张家坪、二绕成绵、白鹤林、二绕成雅、白家、青龙场、水碾坝、金江枢纽互通	成都站、双流站、青白江、新都、白鹤林、寿安站、蒲江站、万象湖站、成佳站、新津东站、新津南站、邛崃站、金山、罗江、黄许、德阳、八角、什邡、广汉、绵阳北、绵阳、绵阳南、科学城、二郎庙、厚坝、小溪坝、江油北、贯山、江油、广元、昭化、金子山、剑门关、雅安东站、雅安北站、西康大桥站、太平站、名山站、彝海、冕宁、白马出入口	新安、中子、剑门关、八角、荥经、石棉、菩萨岗、冕宁、石象湖、新津服务区，土山岗、汉源、栗子坪、楠垭、锅底凼停车区
云南	乌龟山立交（西北绕城）互通	方山省界主线站、永仁、土林、元谋、羊街、猫街、迤纳厂、武定狮山、禄金、罗免、富民、昆明西北出入口	猫街、永仁、元谋、武定、富民服务区

G6京藏高速公路（北京--拉萨）

☆ 首　都
☆ 省级行政中心
◉ 地级行政中心
● 国高起点
○ 国高终点
◎ 县级行政中心

G6北京至拉萨高速公路

线路简介

G6（京藏高速公路）是国家“71118+6”高速公路网7条首都放射线中的第六条射线，是连接北京、河北、内蒙古、宁夏、甘肃、青海、西藏七省（自治区、直辖市）的重要省际大通道，沟通首都和西北地区及西藏的重要通道，对于维护边疆地区社会稳定，促进边疆地区经济发展有着重大的作用，国防意义十分重大。

G6（京藏高速公路）起点位于北京市海淀区马甸桥（三环），规划终点位于拉萨市。规划里程3726km，通车里程2577.656km，四车道2248.291km，六车道41.417km，八车道及以上224.778km，一级路63.170km经过北京、河北（张家口）、内蒙古（乌兰察布、呼和浩特、包头、巴彦淖尔、鄂尔多斯、乌海、阿拉善盟）、宁夏（石嘴山、银川、吴忠、中卫）、甘肃（白银、兰州）、青海（海东地区、西宁、海南州、海西州）、西藏（拉萨）。1996年G6（京藏高速公路）北京马甸桥至昌平西关段率先开始施工，现已建成项目27个，目前，西藏段待建。

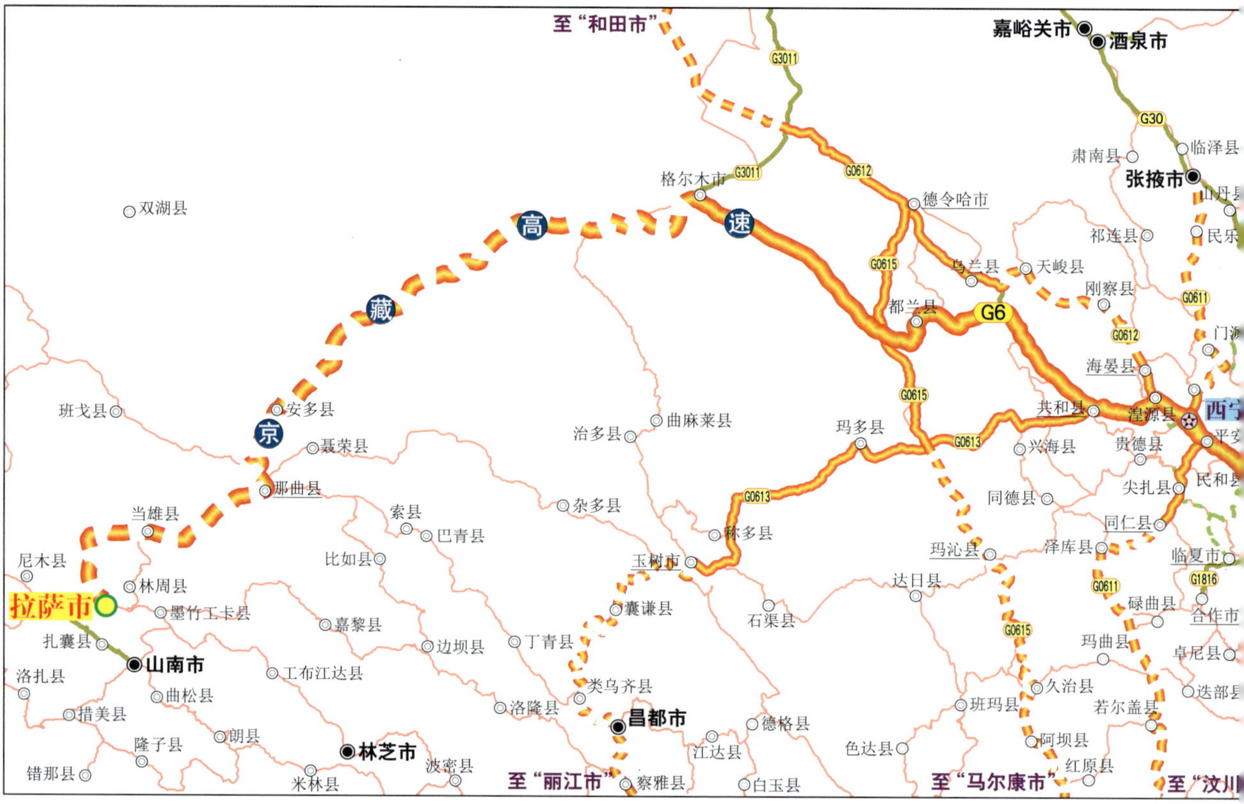

沿线互通、出入口、服务区信息表

省份	沿线互通	出入口	服务区
北京	马甸桥、健翔桥、上清桥、百葛桥、邓庄桥互通	京藏高速公路、北土城、北三环、马甸桥、民族园、健翔桥、北四环、北五环、北六环、南口收费站、居庸关、八达岭、康庄出入口	百葛服务区
河北	东花园、土木枢纽、沙城、鸡鸣驿、下花园、宣化东枢纽、张家口东、张家口西、郭磊庄、怀安、宣化北、屈家庄枢纽、万全、洋河南枢纽、太师庄枢纽互通	东花园、沙城、鸡鸣驿、下花园、宣化东、怀安、郭磊庄、万全、张家口西、张家口东、宣化北出入口	官厅、下花园、怀安、张家口服务区，於家梁停车区加油站
内蒙古	兴和、小淖尔、集宁南、梅力盖图、卓资山、旗下营南、呼和浩特东、呼和浩特、呼和浩特西、毕克齐、察素齐、哈素海、美岱召、萨拉齐、包头东、九原、包头、包钢、包头西、白彦花、公庙子、乌拉山、西小召、临河东、临河、临河新区、林和西、头道桥、磴口、巴拉贡北、巴拉贡、蒙西、乌海、海勃湾、海南互通	兴和、小淖尔、集宁南、梅力盖图、卓资山、旗下营南、呼和浩特东、呼和浩特、呼和浩特西、毕克齐、察素齐、哈素海、美岱召、萨拉齐、包头东、九原、包头、包钢、包头西、白彦花、公庙子、乌拉山、西小召、五原临河东、临河、临河新区、林和西、头道桥、磴口、巴拉贡北、巴拉贡、蒙西、乌海、海勃湾、海南出入口	兴和、卓资山、呼和浩特西、哈素海、沙尔沁、包头东、包头、白彦花、乌拉山、西小召、临河、临河新区、磴口、乌海服务区

国高主线　　省　高　　途经主要城市
并行线联络线　　国　道
国　高　　G25 国高编号

G6京藏高速公路
（北京——拉萨）

线路信息表

途经省份	起点	终点	途径市、县	通车里程(km)
北京	海淀区马甸桥（三环）	延庆县康庄镇（京冀界）	北京市海淀区、昌平区、延庆县	68.374
河北	张家口市怀来县东花园镇（冀京界）	张家口市尚义县老爷庙（冀蒙界）	怀来县、下花园区、宣化县、桥西区、万全区、怀安县、尚义县	178.611
内蒙古	老爷庙(蒙冀界)	麻黄沟(蒙宁界)	兴和县、集宁区、察哈尔右翼前旗、卓资县、集宁区、察哈尔右翼前旗、杭锦旗、鄂托克旗、海勃湾区、海南区、乌斯太经济开发区、呼和浩特市（新城区、回民区、金川开发区、金山开发区）、土默特左旗、土默特右旗、包头市（东河区、九原区、青山区、昆都仑区）	821.279
宁夏	蒙宁界(麻黄沟)	宁甘界(郝家集)	惠农区、平罗县、贺兰县、银川市兴庆区、青铜峡市、利通区、中宁县、同心县、沙坡头区	352.998
甘肃	刘寨柯主线收费站	海石湾匝道收费站	靖远县、白银市、皋兰县、永登县、红古区	269.311
青海	甘青省界马场垣	青藏界唐古拉山口	民和县、乐都县、平安县、西宁市城东区、城北区、湟中县、湟源县、共和县、乌兰县、都兰县、格尔木市、曲麻莱县、治多县	887.083
西藏	待建			

沿线互通、出入口、服务区信息表

省份	沿线互通	出入口	服务区
宁夏	惠农匝道、红果子（规划）、石嘴山、沙湖、四十里店、银川北、贺兰山路、银川东、银川南、永宁、叶盛、青铜峡、吴忠、金积、关马湖、滚泉、鸣沙、恩和、中宁、清水河、长山头、桃山、兴仁互通	惠农匝道、红果子、石嘴山、沙湖、四十里店、银川北、贺兰山路、银川东、银川南、永宁、叶盛、青铜峡、吴忠、金积、关马湖、滚泉、鸣沙、中宁、长山头、桃山、兴仁出入口	惠农、沙湖、贺兰、白鸽、永宁、关马湖、鸣沙、小洪沟、兴仁服务区
甘肃	忠和互通	刘寨柯主线、刘寨柯匝道、王家山、响泉口、新墩、吴家川、白银东、白银西、皋兰、水阜、兰州西、河口、花庄、海石湾主线、海石湾匝道收费站出入口	白银东、新墩、张家寺服务区
青海	马场垣、民和、乐都、平安、曹家堡机场、南绕城、峡口、韵家口、朝阳、海湖、西钢、祁家城、扎麻隆、倒淌河、龙羊峡、德吉滩、西香卡、共玉、都兰、香日德东、香日德、伊克高里、诺木洪、大格勒、格尔木东、格尔木南立交互通	马场垣主线、马场垣匝道、民和、乐都、平安、曹家堡、海东主线、峡口、韵家口、朝阳、海湖、西钢、上巴浪、倒淌河、共和、大水桥、都兰、香日德东匝道、伊克高里村匝道、诺木洪匝道、大格勒匝道、格尔木东主线、格尔木南匝道出入口	马场垣、乐都、倒淌河、共和、茶卡、都兰、伊克高里、诺木洪服务区

G7京新高速公路
（北京——乌鲁木齐）

首　都　　国高起点
省级行政中心　　国高终点
地级行政中心　　县级行政中心

G7北京至乌鲁木齐高速公路

线路简介

G7（京新高速公路）是国家“71118+6”高速公路网7条首都放射线中的第七条射线，连接北京、河北、内蒙古、甘肃、新疆五省（自治区、直辖市），横贯东北、华北、西北，也称“三北大捷道”。G7（京新高速公路）是西北新疆和河西走廊连接首都北京、华北、东北及内地东部地区最为便捷的公路通道，也是一条新的出疆公路大通道。

G7(京新高速公路)起点位于北京市海淀区箭亭桥（五环），终点位于新疆维吾尔自治区阜康市大黄山。规划里程2500km，通车里程726.595km，四车道422.640km，六车道303.942km，一级路52.013km。经过北京、河北（张家口）、内蒙古（乌兰察布、呼和浩特、包头、巴彦淖尔、阿拉善盟）、甘肃（未建）、新疆（昌吉回族自治州、乌鲁木齐）。2007年G7（京新高速公路）北京米家堡至京冀界率先开工建设，目前已建成项目10个，河北省胶泥湾至西洋河冀晋界段、山西段、甘肃段尚未通车。

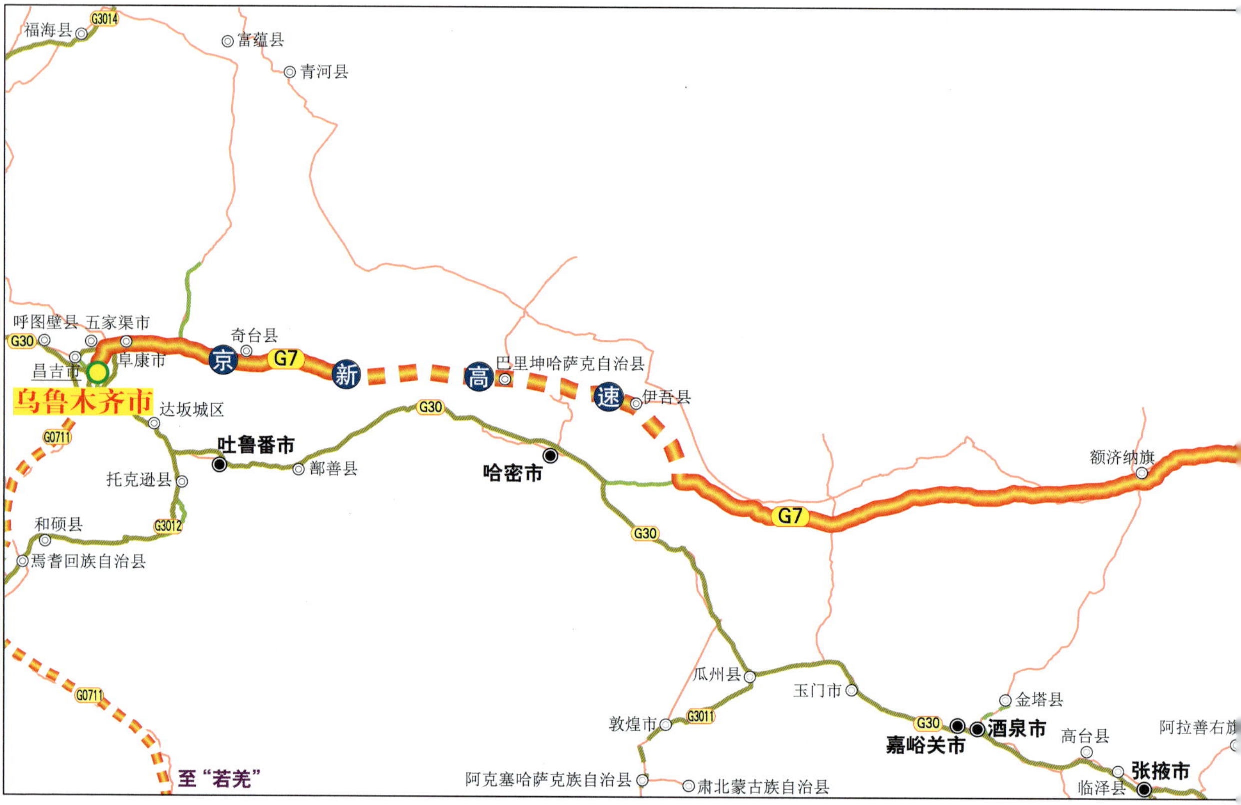

沿线互通、出入口、服务区信息表

省份	沿线互通	出入口	服务区
北京	箭亭桥（S50）、楼自庄桥（G4501）、邓庄桥（G6）互通	京新高速公路入口，北五环、北六环、十三陵、西山口出入口	姜山营服务区(未开通)
河北	北辛堡、土木枢纽、胶泥湾枢纽（沙城东互通）、洋河南枢纽、洋河枢纽、下花园西、涿鹿北、沙城西、涿鹿枢纽、下花园互通	北辛堡、沙城东、沙城西、涿鹿北、下花园西、下花园出入口	宣化南、洋河、沙城服务区

线路信息表

途经省份	起点	终点	途径市、县	通车里程(km)
北京	海淀区箭亭桥（五环）	延庆县张山营镇（京冀界）	北京市海淀区、昌平区、延庆县	36.233
河北	张家口市怀来县北辛堡镇（京冀界）	张家口怀安县渡口堡乡（冀晋界）	怀来县、涿鹿县、下花园区、宣化区、宣化县	92.994
山西	待建			0
内蒙古	韩家营(蒙冀界)	呼和浩特东	乌兰察布市兴和县、察右后旗、前旗、卓资县、中旗、赛罕区、新城区	211.668
甘肃	白疙瘩(蒙甘界)	明水(甘新界)	酒泉市	134.407
新疆	木垒县大浪沙	乌鲁木齐市火车西站立交	乌鲁木齐市、昌吉回族自治州（其中途径木垒县、奇台县、吉木萨尔县、阜康市）	251.280

沿线互通、出入口、服务区信息表

省份	沿线互通	出入口	服务区
山西	断头路		
内蒙古	兴和南、乌拉哈、集宁南、十八台、三岔、金盆、旗下营互通	兴和南、乌拉哈、集宁南、十八台、三岔、金盆、旗下营出入口	苏木山、集宁南、十八台、复兴、呼市东服务区
甘肃	2016年10月建成，信息不全。		
新疆	大黄山、吉木萨尔、泉子街、奇台、老奇台、木垒立交、甘泉堡、甘河子、滋泥泉子、五工梁互通	大黄山、三台、吉木萨尔、泉子街、老奇台、双涝坝、木垒、博斯坦、白杨河、滋泥泉子、阜康市甘河子镇、种羊场、五工梁、天池、华能电厂、阜康、准东石油、102团、昌吉、乌鲁木齐上沙河、乌鲁木齐小地窝铺堡出入口	三桩子、吉木萨尔、木垒、大黄山服务区

G11鹤大高速公路
（鹤岗——大连）

首　都　　国高起点
省级行政中心　　国高终点
地级行政中心　　县级行政中心

G11鹤岗至大连高速公路

线路简介

G11（鹤大高速公路）是国家“71118+6”高速公路网11条南北纵线中的第一纵，是连接黑龙江、吉林、辽宁三省的重要省际大通道。G11（鹤大高速公路）纵贯黑、吉、辽三省东部地区，是黑龙江和吉林两省东部地区通过辽宁进关达海的一条南北快速公路通道，也是环渤海都市圈向东北腹地辐射的重要经济通道。

G11（鹤大高速公路）起点位于黑龙江省鹤岗南风井，终点位于辽宁省大连市甘井子区大连湾街道后盐村。规划里程1430.08km，通车里程1425.825km，四车道1349.142km，六车道40.440km，八车道6.944km，一级路29.299km。经过黑龙江（鹤岗、佳木斯、七台河、鸡西、牡丹江）、吉林（敦化、白山、通化）、辽宁（丹东、大连）。1996年辽宁大连至庄河高速公路率先开始施工，2016年10月，吉林靖宇至通化段建成通车，G11（鹤大高速公路）全线贯通。

沿线互通、出入口、服务区信息表

省份	沿线互通	出入口	服务区
黑龙江	鹤立、明义、曙光、桦南、西长发、林口、柳树、紫河、铁岭、兴农、鸡西、大莫、东京城、杏山、镜泊互通	鹤岗、鹤立、江口、佳木斯南万兴村与哈同高速交叉处、三道与绥满高速连接处、七台河市西侧大个岭、鸡西、牡丹江、温春镇、宁安市、东京城镇、杏山乡、镜泊乡、复兴主线、东京城、杏山、镜泊、复兴出入口	草帽、共和、罗泉、鸡西、林口、柳树、兴农、渤海（下行单侧）、镜泊服务区
吉林	雁鸣湖、官地、敦化北、敦化西、贤儒、大蒲柴河、沿江、露水河、泉阳、抚松北、榆树川、花园口、燕平、板房子、江源、兴林、光华、通化、通化西、黎明、大泉源互通	雁鸣湖、官地、敦化北、敦化西、贤儒、大蒲柴河、沿江、露水河、泉阳、抚松北、花园口、燕平、江源、兴林、光华、通化、通化西、大泉源出入口	寒葱岭、抚松、靖宇、江源、通化、雁鸣湖、老白山、六鼎山服务区

国高主线　省高
并行线 联络线　国道　途经主要城市
国高　G25 国高编号

G11鹤大高速公路
（鹤岗——大连）

线路信息表

途经省份	起点	终点	途径市、县	通车里程(km)
黑龙江	鹤岗南风井	老鹤大公路复兴村（黑吉界）	鹤岗市、汤原县、佳木斯市、桦南县、勃利县、鸡东县、林口县、海林市、牡丹江市区、宁安市	512.552
吉林	敦化市小沟岭（吉黑界）	新开岭（吉辽界）	敦化市、抚松县、靖宇县、江源区、通化县	427.593
辽宁	本溪市桓仁满族自治县拐磨子镇	大连市甘井子区大连湾街道后盐村	桓仁满族自治县、宽甸满族自治县、丹东市、东港市、庄河市、皮口镇	485.680

沿线互通、出入口、服务区信息表

省份	沿线互通	出入口	服务区
辽宁	金州南、高城山、皮口西、庄河西、大孤山西、丹东、丹东西、古城、桓仁立交、西古城子、桓仁、桓仁南、砬门、青山沟、牛毛坞、白石砬子、宽甸、宽甸南、毛甸子、土城子、丹东北、东港、马家店、大孤山、栗子房、青堆子、吴炉、庄河东、庄河、大郑、花园口、明阳、城子坦、皮口、杨树房、杏树屯、登沙河、得胜、董家沟、大连湾互通	拐磨子、西古城子、桓仁、桓仁南、砬门、青山沟、牛毛坞、白石砬子、宽甸、宽甸南、毛甸子、土城子、五龙山F、五龙山E、丹东北、东港、马家店、大孤山、栗子房、青堆子、吴炉、庄河东、庄河、大郑、花园口、明阳、城子坦、皮口、杨树房、杏树屯、登沙河、得胜、董家沟、十里岗南、十里岗北、大连湾、大连出入口	云峰山、牛毛坞、宽甸、五龙山、大孤山、庄河、皮口服务区

G15沈海高速公路
(沈阳——海口)

首　都　　国高起点
省级行政中心　　国高终点
地级行政中心　　县级行政中心

G15沈阳至海口高速公路

线路简介

G15（沈海高速公路）是国家“71118+6”高速公路网11条南北纵线中的第二纵，是连接辽宁、山东、江苏、上海、浙江、福建、广东、海南八省(直辖市)的重要省际大通道。G15贯通中国东部沿海地区，是我国最重要的沿海高速公路，沟通了沿海主要港口，促进了港口之间的功能互补与腹地共享，对临海产业带的形成起到重要作用。1990年建成的沈阳至大连段（沈大高速公路）是当时中国最长的高速公路，被誉为“神州第一路”。

G15(沈海高速公路)起点位于沈阳市苏家屯区金宝台村，规划终点位于海南省海口市G98（海南地区环线）龙桥互通。规划里程3623.55km，通车里程3436.387km,四车道2097.235km，六车道731.133km，八车道及以上608.019km。经过辽宁（沈阳、辽阳、鞍山、营口、大连）、山东（烟台、青岛、日照）、江苏（连云港、盐城、南通、苏州）、上海、浙江（嘉兴、宁波、台州、温州）、福建（宁德、福州、莆田、泉州、厦门、漳州）、广东（潮州、汕头、揭阳、汕尾、惠州、深圳、东莞、广州、佛山、江门、阳江、茂名、湛江）、海南（海口）。1984年，辽宁省沈大高速公路率先开始施工，渤海海峡、琼州海峡段尚在论证，目前以海上渡轮沟通海峡交通。

沿线互通、出入口、服务区信息表

省份	沿线互通	出入口	服务区
辽宁	金宝台、灯塔南、绣江、海盘、大盘、盖州、金岛、金港、金州南立交、苏家屯、苏家屯南、十里河、灯塔、辽阳北、辽阳、辽阳县、鞍山、鞍山南、南台、海城、西柳、虎庄、营口、营口南、盖州、沙岗子、鲅鱼圈、李官、鞠屯、瓦房店、老虎屯、瓦房店南、炮台、海湾北、石河、三十里堡、金州、拉树房、周水子机场、营城子、长城、三涧堡、旅顺互通	苏家屯、苏家屯南、十里河、灯塔、辽阳北、辽阳、辽阳县、鞍山、鞍山南、南台、海城、西柳、虎庄、营口、营口南、盖州、沙岗子、鲅鱼圈、熊岳西、熊岳东、李官、鞠屯、瓦房店、老虎屯、瓦房店南、炮台、海湾北、石河、三十里堡、金州、拉树房、周水子机场、营城子、长城、三涧堡、旅顺、旅顺新港出入口	井泉、甘泉、西海、熊岳、复州河、三十里堡服务区，九里停车场
山东	大杨家、莱西、南村、马店、胶南、胶南北、日照、日照南互通	福山区福山、栖霞市中桥、栖霞市臧家庄、栖霞市栖霞北、栖霞市栖霞、栖霞市栖霞南、莱阳市莱阳、河头店、牛溪埠、院上、仁兆、南村、胶州、九龙、王台、胶南、泊里、大场、沈海高速日照北、日照港、沈海高速涛雒、沈海高速岚山收费站、沈海高速公路日照互通立交出入口	福山区福山、沈海栖霞、莱西、胶州、胶南、同三高速日照服务区
江苏	赣榆北、赣榆、罗阳、连云港北、连云港西、新坝、仲集、杨集、灌南、响水、六套、滨海、蔡桥、射阳、兴桥、盐城东、盐城开发区、大丰、白驹、东台、南沈灶、富安、海安、如皋、丁堰、白蒲、刘桥、兴仁、竹行、南通开发区、常熟港、沙溪、浏河、上海路、四通路、城南、锦屏、灌云北、特庸、步凤、雪岸、南通北、小海、董浜、太仓北枢纽互通	赣榆北、赣榆、罗阳、连云港北、连云港西、新坝、仲集、杨集、灌南、响水、六套、滨海、蔡桥、射阳、兴桥、盐城东、盐城开发区、大丰、白驹、东台、南沈灶、富安、海安、如皋、丁堰、白蒲、刘桥、兴仁、竹行、南通开发区、常熟港、沙溪、浏河、上海路、四通路互通出入口	赣马、浦南、灌云、响水、滨海、射阳、大丰、东台、如皋、苏通大桥、沙溪服务区
上海	嘉西（世盛南路）、嘉浏、宝安公路、沪宁嘉金、华徐、崧泽、沪青平嘉金、新桥、申嘉湖沈海、亭林、山阳、新卫立交互通	朱桥主线收费站、朱桥（汇源东）、朱桥（汇源西）、嘉西、伊宁路(F1赛场贵宾匝道）、宝安公路、曹安公路、华徐公路、北青公路、崧泽高架、沪青平公路、沪松公路、莘砖公路、新桥、车亭公路、叶新公路、金山工业区大道、亭卫公路、金山新城、沪浙主线收费站出入口	朱桥、叶榭、沪浙服务区

国高主线　省　高
并行线
联络线　国　道　途经主要城市
国　高　G25　国高编号

G15沈海高速公路
（沈阳——海口）

线路信息表

途经省份	起点	终点	途径市、县	通车里程(km)
辽宁	沈阳市苏家屯区金宝台村	大连市旅顺开发区江西街道	沈阳市、辽阳市、灯塔市、鞍山市、海城市、盖州市、大连市	399.272
山东	芝罘区四突堤	鲁苏界	芝罘区、福山区、栖霞区、莱阳市、莱西市、平度市、胶州市、胶南市、东港区、岚山区	359.079
江苏	汾水（苏鲁界）	太仓（苏沪界）	赣榆县、新浦区、海州区、灌云县、灌南县、响水县、滨海县、射阳县、亭湖区、大丰市、东台市、海安县、如皋市、通州区、南通市、常熟市、太仓市	489.801
上海	嘉定区新浏河大桥北桥头（沪苏界）	金山区金山卫镇永联村（沪浙界）	上海市嘉定区、青浦区、松江区、金山区	91.244
浙江	金丝娘桥（沪浙界）	苍南分水关（浙闽界）	嘉兴平湖市、海盐县、宁波慈溪市、奉化市、宁海县、鄞州区、台州三门县、临海市、黄岩区、温岭市、温州乐清市、龙湾区、瓯海区、瑞安市、平阳县、苍南县	484.610
福建	福鼎贯岭分水关	诏安县分水关	福鼎县、霞浦县、蕉城区、罗源县、宁德市、福安市、连江县马尾区、长乐市、仓山区、闽侯县、福清市、涵江区、荔城区、城厢区、仙游县、泉港区、惠安县、洛江区、丰泽区、晋江市、南安市、翔安区、同安区、集美区,海沧区、龙海市、漳浦县、云霄县、诏安县	649.443
广东	汾水关	西塘路口	白云区、增城区、宝安区、龙岗区、龙湖区、濠江区、潮阳区、潮南区、澄海区、南海区、三水区、新会区、开平市、鹤山市、恩平市、坡头区、麻章区、遂溪县、徐闻县、廉江市、雷州市、吴川市、茂南区、电白区、化州市、惠阳区、惠东县、城区、海丰县、陆丰市、江城区、阳西县、阳东县、东莞市、潮安区、饶平县、惠来县	992.371
海南	待建			

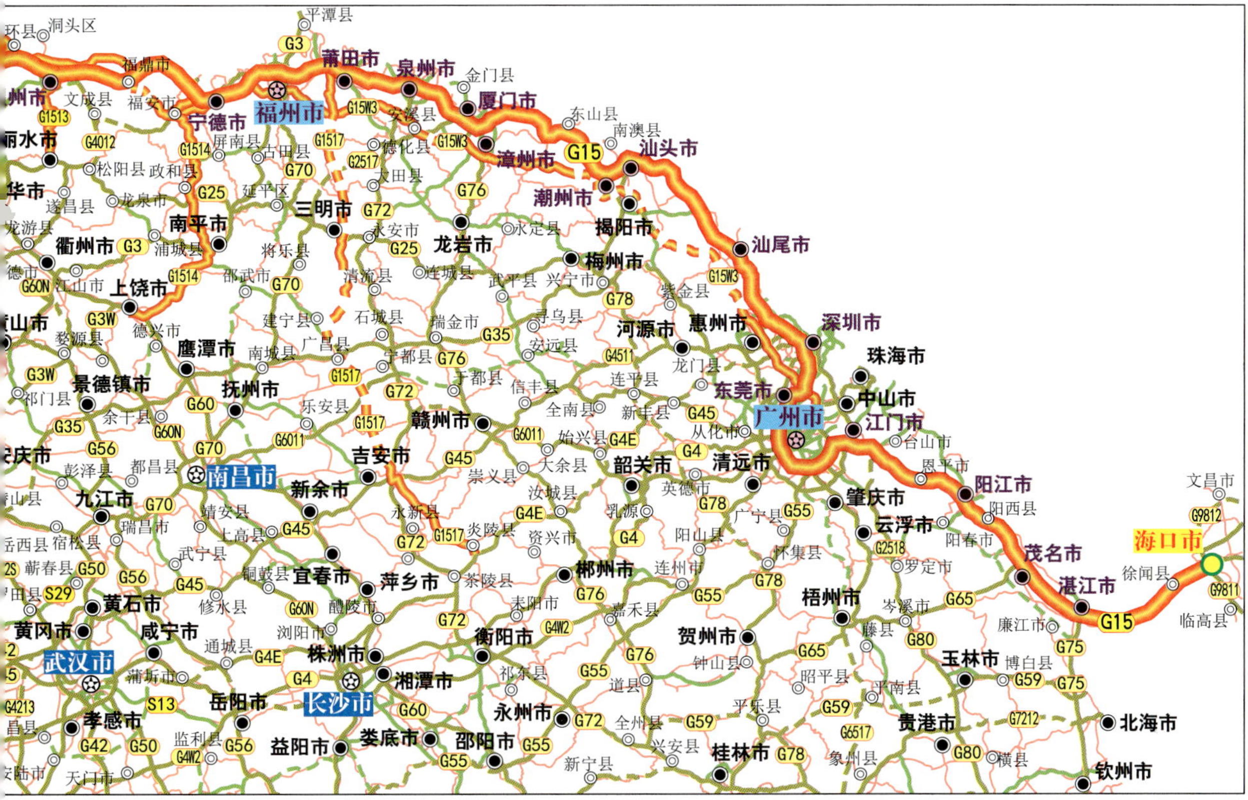

沿线互通、出入口、服务区信息表

省份	沿线互通	出入口	服务区
浙江	新仓、独山、乍浦、海盐枢纽、嘉兴港区、海天一洲、庵东、慈溪、观海卫、掌起、慈城、宁波北枢纽、高桥枢纽、横街、宁波西枢纽、朝阳、姜山北枢纽、奉化、宁海北、宁海、宁海南、三门、吴岙枢纽、临海北、临海南、水洋枢纽、黄岩、台州南、大溪、雁荡山、蒲岐、乐清、北白象枢纽、温州东、温州南枢纽、塘下、瑞安、飞云、平阳、苍南、观美、分水关互通	浙沪南主线收费站（浙江嘉兴平湖）、新仓、独山、乍浦、嘉兴港区、海天一洲、庵东、慈溪、观海卫、掌起、慈城、宁波北、横街、宁波西、朝阳、姜山、奉化、宁海北、宁海、宁海南、三门、临海北、临海南、黄岩、台州南、大溪、雁荡山、蒲岐、乐清、温州东、塘下、瑞安、飞云、平阳、苍南、观美、分水关、浙闽主线收费站（浙闽界、浙江温州苍南）出入口	平湖、北岸、南岸、慈城、奉化、宁海、台州、清江、温州、苍南服务区
福建	福鼎、八尺门、太姥山、柏洋、牙城、三沙、霞浦、盐田、湾坞、下白石、宁德北、宁德南、飞鸾、罗源、水古、丹阳、洋门、连江、琯头、马尾、马宅顶、营前、黄石、青口、兰圃、宏路、渔溪、江口枢纽、涵江、三江口枢纽、莆田、西埔、仙游、泉港、草埔园、驿坂、惠安、晋江枢纽、内坑枢纽、西锦枢纽、杏林、长州、枫林枢纽互通	省际闽浙、福鼎、八尺门、柏洋、太姥山、牙城、三沙、霞浦、盐田、下白石、宁德北、水古（只有入口）、罗源、飞鸾、宁德南、营前、马尾、琯头、连江、丹阳、福州、兰圃、宏路、渔溪、涵江、莆田、仙游、泉港、驿坂、惠安、泉州、池店、晋江、水头、翔安、同安、厦门、杏林、漳州、龙海、漳州港、赵家堡、漳浦、杜浔、云霄、常山、东山岛、诏安东、诏安南、闽粤省际出入口	福鼎、虎屿岛、福安、云淡、罗源B区、连江、青口、大往、赤港、东进、驿坂、洛阳江、朴里、龙掘东、东孚、白水、天福、沙西、溪南服务区
广东	小塘、茅山、炭步、达濠、河浦、田心、官窑、淡水、后门、内湖、仙庵、惠来、东港、乐平、雷州、横江跨线桥、九江主线桥、白泥坑立交、金沙立交主线桥、跨S374跨线桥、AK0+714.854匝道桥、K3388+180素水跨线高架桥、隆江立交桥互通	阳江、仙庵、霞湖、外砂、田心、塘口、水口、圣堂、沙塘、沙湖、饶平、钱东、那龙、内湖、隆江、河浦、海门、恩平、东港站、阳江、小塘、西樵、沙田、埔边匝道、龙岗、梁金山、坑梓、开平站、九江、金沙、惠来站、湖心、后门、淡水、丹灶、大槐站、达濠站、潮州、长沙湾、北惯站、白云仔、白云、白沙站、徐闻、开平、机场高速公路、广花、广从一级路、共和、大雁山、106国道、广从一级路、店市出入口	阳江、霞湖、遂溪、梁金山、惠来、广州西二环炭步、官渡、电白、丹灶服务区、湖东、大槐停车区
海南	待建		

首 都　省级行政中心　地级行政中心　国高起点　国高终点　县级行政中心

G25长春至深圳高速公路

线路简介

G25（长深高速公路）是国家“71118+6”高速公路网11条南北纵线中的第三纵，连接吉林、内蒙古、辽宁、河北、天津、山东、江苏、安徽、浙江、福建、广东11个省(自治区、直辖市)，是贯通东部沿海省份腹地的高速公路通道，也是环渤海、长江三角洲和珠江三角洲三大都市圈的第二条高速公路通道，对于完善国家高速公路网、促进沿线社会经济发展具有重要意义。

G25（长深高速公路）规划起点位于吉林省长春市，终点位于广东省深圳市梧桐山风景区。规划里程3398km，通车里程3202.185km，四车道2332.959km，六车道866.276km，八车道及以上2.950km。经过吉林（长春、阜新）、内蒙古（通辽）、辽宁（沈阳、阜新、朝阳）、河北（唐山、承德）、天津、山东（滨州、淄博、东营、潍坊、临沂）、江苏（无锡、连云港、淮安、南京、镇江、常州）、安徽（滁州）、浙江（湖州、杭州、金华、丽水）、福建（南平、三明）、广东（梅州、河源、惠州、深圳）。1994年天津段率先开始施工，2015年10月吉林大岭至双辽段建成通车，G25（长深高速公路）全线贯通。

沿线互通、出入口、服务区信息表

省份	沿线互通	出入口	服务区
吉林	大岭、怀德、秦家屯、八屋、桑树台、双山、大富、双辽东、双辽南互通	大岭、怀德、秦家屯、八屋、桑树台、双山、双辽东、双辽南出入口	怀德、八屋、双山服务区
内蒙	金宝屯、查日苏互通	金宝屯出入口、查日苏出入口	车勒服务区
辽宁	康平、彰武东、阜新镇、阜新北、朝阳西立交、康平北、康平、方家屯、包家屯、彰武、大固本、阜新东、阜新、王府、马友营、北票、朝阳北、龙城、杨树湾、公营子、建平南、凌源、北炉、三十家子东互通	海洲、康平北、康平、方家屯、包家屯、彰武、大固本、阜新东、阜新、王府、马友营、北票、朝阳北、龙城、杨树湾、公营子、建平南、凌源、北炉、三十家子东、三十家子出入口	康平北、康平、彰武、那四、阜新、马友营、桃花吐、朝阳、牛河梁、三十家子服务区
河北	杨树岭、平泉、六沟、东营子枢纽、南沟、双峰寺枢纽、承德东、承德南枢纽、大栅子枢纽、安匠、李家营、白马川、半壁山、侯家寨、遵化东、遵化南、下院寺枢纽、党峪、丰润西、丰润、京哈枢纽、机场路、唐山西、南湖、丰南、唐津高速公路枢纽、田庄互通	杨树岭、平泉、六沟、双峰寺、承德东出入口	平泉、三沟服务区
天津	芦台、汉沽北、汉沽、清河农场、塘承高速公路、京津至长深高速公路、塘沽西、塘沽中心桥、葛沽、小站、王稳庄、团泊南、团泊南、郭庄子互通	芦台、汉沽、清河农场、塘沽西、塘沽中心桥、小站、王稳庄、团泊南、郭庄子出入口	汉沽、津南、大港服务区
河北	吕桥、黄骅北、黄骅枢纽、海兴互通	吕桥、黄骅北、黄骅、海兴出入口	海兴服务区
山东	郑王、李庄、于家、马站、长深日东互通	古城、大高、滨州北、滨城、滨州、滨州南、广饶、大王、青州北、青州、青州南、临朐、临朐南、沂山、沂水北、沂水、沂水南、沂南北、沂南东、河东、临沂东、临沭北、临沭、鲁苏界收费站、阳河、济青高速公路入口	滨州、青州、临朐、沂水北、沂南、莒县、临沭服务区、临朐、沂山、沂水南、临沭停车区

国高主线　省　高
并行线联络线　国　道　途经主要城市
国　高　G25 国高编号

G25长深高速公路
（长春——深圳）

线路信息表

途经省份	起点	终点	途径市、县	通车里程(km)
吉林	长春市	金宝屯（吉蒙界）	长春市、公主岭市、梨树县、双辽市	150.312
内蒙	金宝屯（蒙吉界）	查日苏	科左后旗	44.619
辽宁	沈阳市康平县北四家子乡	朝阳市建平县黑水镇	康平县、彰武县、阜新市、朝阳市、建平县	475.189
河北	承德市平泉县道虎沟乡（冀辽界）	唐山市丰南区田庄（冀津界）	平泉县、承德市、双桥区、滦平县、兴隆县、遵化市、丰润区、唐山市区、丰南区、宁河县	325.053
天津	滨海新区汉沽农场（津冀界）	静海县邢家堼	滨海新区、宁河区、津南区、静海区	105.168
河北	沧州市黄骅齐家务乡（冀津界）	沧州市海兴县辛集镇（冀鲁界）	黄骅市、南大港管理区、临港经济技术开发区、海兴县	69.068（与G18共线）
山东	滨州市无棣县小泊头镇	临沂江苏省界	无棣县、沾化县、滨城区、广饶县、青州市、临朐县、沂水县、沂南县、莒县、莒南县、河东区、临沭县	328.792
江苏	班庄（苏鲁界）	父子岭（苏浙界）	赣榆区、连云港市区、海州区、灌云县、灌南县、涟水县、淮阴、洪泽县、盱眙县、六合区、栖霞区、江宁区、溧水区、溧阳市、宜兴市	449.49
安徽	天长市汊涧镇（皖苏省界）	天长市釜山镇（皖苏省界）	天长市	13.989
浙江	父子岭（浙苏界）	新窑（浙闽界）	湖州长兴县、吴兴区、德清县、杭州余杭区、西湖区、富阳区、桐庐县、建德市、金华兰溪市、金东区、武义县、永康市、丽水缙云县、莲都区、云和县、龙泉市、庆云县	469.894
福建	松溪县旧县乡木城村	武平县岩前镇大布村	建瓯市、政和县、松溪县、延平区、沙县、梅列区、三元区、永安市、连城县、上杭县、武平县	452.977
广东	蕉岭广福	梧桐山风景区	罗湖区、龙岗区、盐田区、惠城区、惠阳区、博罗县、梅江区、梅县区、五华县、蕉岭县、兴宁市、源城区、龙川县、东源县	386.702

沿线互通、出入口、服务区信息表

省份	沿线互通	出入口	服务区
江苏	班庄、赣榆南、宋庄、大浦、宋跳、苍梧、宁海、灌云西、陆庄、灌南、灌南南、高沟、涟水、淮安机场、王兴、丁集、洪泽、三河、马坝西、铁山寺、竹镇、沈桥、新篁、横梁、龙袍、栖霞、开成路、湖熟、郭庄、溧水北、溧水东、白马、上兴、溧阳西、溧阳南、鲸塘、宜兴、丁山互通；城南、宁海、灌云北、王兴、淮安西、淮安南、黄花塘、程桥、马鞍、新篁南、麒麟、东山、桂庄、新昌、西坞枢纽互通	班庄、赣榆南、宋庄、大浦、宋跳、苍梧、宁海、灌云西、陆庄、灌南、灌南南、高沟、涟水、淮安机场、王兴、丁集、洪泽、三河、马坝西、铁山寺、竹镇、沈桥、新篁、横梁、龙袍、栖霞、开成路、湖熟、郭庄、溧水北、溧水东、白马、上兴、溧阳西、溧阳南、鲸塘、宜兴、丁山出入口	沙河、六塘、蒋庵（单侧）、王兴（单侧）、洪泽湖（高管中心）、盱眙、六合、老山、江宁、东庐山、天目湖、太湖服务区
安徽	天长互通	天长出入口	釜山服务区
浙江	长兴北、长兴、长兴南、李家巷枢纽、湖州北、鹿山枢纽、湖州南、青山、德清、余杭（仁和）、南庄兜枢纽、勾庄、紫金港枢纽、三墩、五常、留下、龙坞、转塘枢纽、杭州南枢纽、袁富、富阳东（东洲岛）、富阳、中埠、场口、深澳、凤川、桐庐、富春江、安仁、乾潭、杨村桥（杭州建德至金华段尚未建成）、金华东、岭下朱、武义、西田畈、永康、新店枢纽、前仓枢纽、缙云、洪渡、丽水西、富岭枢纽、碧湖（南山）、北埠枢纽、石塘、云景枢纽、赤石、安仁、龙泉东（塔石）、龙泉、龙泉南（兰巨）、白马畈枢纽、查田、黄田、庆元互通	父子岭主线、长兴北、长兴、长兴南、湖州北、湖州南、青山、德清、余杭（仁和）、南庄兜、勾庄、三墩、五常、留下、龙坞、转塘、杭州南、袁富、富阳东（东洲岛）、富阳、中埠、场口、深澳、凤川、桐庐、富春江、安仁、乾潭、杨村桥（杭州建德至金华段尚未建成）、金华枢纽、金华东、岭下朱、武义、西田畈、永康、缙云、洪渡、丽水西、碧湖（南山）、石塘、赤石、安仁、龙泉东（塔石）、龙泉、龙泉南（兰巨）、查田、黄田、庆元、浙闽主线出入口	太湖、青山、桐庐、武义、丽水、云和、龙泉、庆元服务区
福建	弓鱼、东峰、东游、川石、范屯、郑墩、松溪、旧县、弓鱼、跃村、青州、际口、沙县、三明北、三明南、莘口、贡川、永安北、吉山、洪田、小陶、姑田、连城、朋口、北村、才溪、上杭、三坊、岩前互通	东峰、东游、川石、郑墩、松溪、旧县、长深闽浙主线、南雅、大横、南平北、南平北、青州、沙县、三明北、三明南、莘口、贡川、永安北、洪田、小陶、姑田、连城、朋口、才溪、上杭、十方、岩前、闽粤出入口	北苑、湛卢、小桥、新村、沙县、垄东、贡川、八一、冠豸山、新泉、七峰山、十方服务区、大地停车区
广东	热水、K57+632.21分离式立交、镇隆分离立交、新圩、K38+468机耕通道、泰美、程江、埔前上下道A匝道桥、蓝口立交、黄田立交桥、义合立交桥互通	义合、新圩站、四角楼、热水互通、蓝口、惠州、河源、登云、城南站、平南站、小金口、龙川东、岐岭、黄田、城北站、泰美站龙川西、麻陂、富地岗、伯公坳、石坝、杨村出入口	兴宁、龙川、蓝口、蕉岭服务区

G35济广高速公路（济南——广州）

首　都　　国高起点
省级行政中心　　国高终点
地级行政中心　　县级行政中心

G35济南至广州高速公路

线路简介

G35（济广高速公路）是国家"71118+6"高速公路网11条南北纵线中的第四纵，是连接山东、河南、安徽、江西、广东五省的重要省际大通道。G35（济广高速公路）纵贯华东、华中、华南，直达珠江三角洲，是我国贯穿南北的又一条大通道，对沿线省份的国土均衡开发起到积极作用。

G35（济广高速公路）起点位于山东省历城区唐王互通立交，终点位于广东省广州萝岗上行出口。规划里程1975.42km，建设里程1862.804km，四车道1643.809km，六车道216.395km，八车道及以上2.600km。经过山东（济南、泰安、济宁、菏泽）、河南（商丘）、安徽（亳州、阜阳、六安、安庆、池州）、江西（景德镇、鹰潭、瑞金）、广东（梅州、河源、惠州、广州）。1989年12月山东唐王立交至零点立交段率先开始施工。目前，广东兴宁至梅林段尚未建成。

沿线互通、出入口、服务区信息表

省份	沿线互通	出入口	服务区
山东	小许家枢纽、华山、零点枢纽、天桥、槐荫枢纽、殷家林枢纽、长清、孝里、平阴、平阴南、东平、梁山、嘉祥、王官屯枢纽、日东枢纽、皇镇、长江路、定陶、古营集、曹县、仵楼互通	华山、济南收费站、天桥、长清、孝里、平阴、平阴南、东平、梁山、嘉祥、皇镇、长江路、定陶、古营集、曹县、仵楼、鲁豫界出入口	济南、长清、东平、梁山、曹县服务区，平阴、沙河、定陶停车区
河南	双八、魏庄、商丘北、商丘东、张庄、木兰互通	豫鲁界、双八、商丘北、商丘东、木兰、豫皖界出入口	商丘服务区
安徽	亳州枢纽、亳州东、亳州南、太和东、刘小集枢纽、阜阳东、袁寨、四十铺枢纽、南照、冯井（周集）、马店、长集、罗集、徐集枢纽、六安西、霍山、大别山东、黄尾、岳西枢纽、岳西、天柱山、潜山枢纽、潜山南、腊树、武昌湖、望江北、华阳、香隅、香隅枢纽、良田枢纽互通	黄庄主线、亳州东、亳州南、太和东、阜阳东、袁寨、南照、冯井（周集）、马店、长集、罗集六安西、霍山、大别山东、黄尾、岳西、天柱山、潜山南、腊树、武昌湖、望江北、华阳、香隅、皖赣花园主线出入口	辛集、长春、伍明、红星、河口、徐集、霍山、岳西、天柱山、潜山、雷埠、望江、花园服务区

国高主线　省　高　途经主要城市

并行线 联络线　国　道

国　高　G25 国高编号

G35济广高速公路
（济南——广州）

线路信息表

途经省份	起点	终点	途径市、县	通车里程(km)
山东	历城区唐王互通立交	菏泽曹县（鲁豫界）	历城区、天桥区、槐荫区、长清区、平阴县、东平县、梁山县、嘉祥县、郓城县、牡丹区、定陶区、曹县	320.570
河南	商丘市梁园区刘口镇坡刘村（豫鲁界）	商丘市虞城县营廓镇马屯村（豫皖界）	梁园区、虞城县	57.449
安徽	亳州市谯城区黄庄（皖豫界）	池州市东至县花园乡桃墅岭（皖赣界）	亳州市、谯城区、利辛县、阜阳市、太和县、颍泉区、颍东区、颍州区、颍上县、六安市、霍邱县、裕安区、霍山县、安庆市、岳西县、潜山县、怀宁县、望江县、池州市、东至县	538.705
江西	景德镇市浮梁县桃墅店	寻乌县牛埃石（赣粤界）	浮梁县、昌江区、乐平市、鄱阳县、万年县、余干县、鹰潭市、余江县、龙虎山区、金溪县、资溪县、南城县、南丰县、广昌县、石城县、宁都县、瑞金市、会昌县、寻乌县	635.130
广东	平远八尺	萝岗上行出口	平远县、兴宁市、五华县、紫金县、源城区、博罗县、惠城区、增城区、白云区	310.950

沿线互通、出入口、服务区信息表

省份	沿线互通	出入口	服务区
江西	龙虎山、金溪、资溪、南城枢纽1、南城枢纽2、南城东、南丰、白舍、广昌、赤水、桃墅、经公桥、三龙、景德镇、凰岗、乐平、鄱阳、万年西、黄金埠、鹰潭、鹰潭南、会昌、均门岭、寻乌枢纽、寻乌东、寻乌南桥、龙虎山、金溪、资溪、南城东、南丰、白舍、广昌、赤水、石城北、固村、瑞金北、瑞金南互通	赣皖界桃墅主线收费站、经公桥收费站、三龙收费站、凰岗收费站、乐平收费站、鄱阳收费站、万年收费站、黄金埠收费站、鹰潭南收费站、龙虎山收费站、金溪收费站、资溪收费站、南城东收费站、南丰收费站、白舍收费站、广昌收费站、赤水收费站、石城北收费站、固村收费站、瑞金北收费站、瑞金南收费站、会昌、筠门岭、寻乌东收费站、寻乌南收费站、南桥南收费站出入口	月亮湖、万年西、余江、金溪、南城、南丰、广昌、宁都东、瑞金南、会昌南、寻乌服务区
广东	龙溪互通	园洲、永和、仙村、石湾、石滩、三江、罗浮山、龙溪、小金口入口、萝岗出口、博罗收费站往广州方向出入口	沙埔、沙河服务区

G45大广高速公路（大庆--广州）

首 都　　国高起点
省级行政中心　　国高终点
地级行政中心　　县级行政中心

G45大庆至广州高速公路

线路简介

G45（大广高速公路）是国家“71118+6”高速公路网11条南北纵线中的第五纵，是连接黑龙江、吉林、内蒙古、河北、北京、河南、湖北、江西、广东九省(自治区、直辖市)的重要省际大通道。G45（大广高速公路）是连接东北、华北、华中与华南的交通大动脉，对于加强东北、华北地区与南方省市之间的经济联系、促进沿线经济的发展具有重大意义。G45（大广高速公路）是东北与华北联系的第三条通道，对改善路网布局起着重要作用。

G45（大广高速公路）起点位于黑龙江省大庆市萨尔图机场，终点位于广东省广州市从化区太平镇中和里后龙山（街北高速公路）。规划里程3450.58km，通车里程3307.458km，四车道2506.269km，六车道741.467km，八车道及以上59.722km。经过黑龙江（大庆）、吉林（松原、四平）、内蒙古（通辽、赤峰）、北京、河北（承德、廊坊、保定、沧州、衡水、邢台、邯郸）、河南（濮阳、安阳、新乡、开封、周口、驻马店、信阳）、湖北（武汉、黄冈）、江西（宜春、新余、吉安、赣州）、广东（河源、韶关、广州）。1987年湖北武黄高速公路率先开始施工，2015年12月广东省连平（赣粤界）至从化公路建成通车，大广高速全线贯通。

沿线互通、出入口、服务区信息表

省份	沿线互通	出入口	服务区
黑龙江	徐地房子、世纪大道、南四路、红岗、五厂、大同、永乐、英歌、肇源互通	徐地房子、大庆市市区、大庆市南四路、大庆市红岗区、采油五厂、大庆大同区、肇州县永乐乡、肇州县英歌村、肇源县出入口	大同服务区
吉林	班德、解放、松原东、松原南、孙喜窝棚、松原西、二莫、拐脖店、深井子、乌兰塔拉、乌兰图嘎、长岭、新安、兴隆、大富互通	班德、松原东、松原南、松原西、拐脖店、深井子、乌兰塔拉、乌兰图嘎、长岭、新安、兴隆出入口	天娇、长岭、拐脖店、大洼服务区
内蒙古	巴彦塔拉、大林、通辽东、通辽南、余粮堡、东来、八仙筒、奈曼东、奈曼南、齐家窝铺、新惠、撒力巴、元宝山、红山、赤峰北、赤峰西、赤峰南、南大营子、锦山东、锦山西、王爷府、美林互通	欧里、巴彦塔拉、大林、通辽东、通辽南、余粮堡、东来、八仙筒、奈曼东、奈曼南、齐家窝铺、新惠、撒力巴、元宝山、赤峰北、赤峰西、赤峰南、南大营子、锦山东、锦山西、王爷府、美林出入口	乌兰、巴西、余粮堡、东明、奈曼、新惠、安庆、牛营子、富裕地服务区，旺业甸、通辽、赤峰、四十家子停车区
河北	茅荆坝枢纽、七家、两家、头沟、双峰寺枢纽、东营子枢纽、避暑山庄、西地、承德西、大广滦平、偏桥、金山岭互通	茅荆坝、七家、两家、头沟、避暑山庄、西地、承德西、大广滦平、偏桥、金山岭出入口	七家、双峰寺、安子岭服务区
北京	酸枣岭桥、李天桥、施园桥、徐庄桥、马驹桥、双源桥互通	司马台、太师屯、北庄、密兴、程各庄、大城子、金鼎湖、辛安庄、穆家峪、顺密路、杨雁路、京密路、北台路、宽沟、天北路、昌金路、白马路、六环路、求贤、榆垡南出入口	太师屯、巨各庄（未开通）、土沟、求贤停车区
河北	固安、廊涿、牛驼、霸州、大魏庄、雄县、白洋淀、鄚州、任丘、高阳、西演、尚村、肃宁、饶阳、深州、衡水北、衡水、桃城、滏阳、衡水南、枣强、柳林庄、南宫、薛吴村、常屯、威县、方家营、邱县、东张孟、沙圪塔、杨桥、铺上、大名互通	固安、廊涿、牛驼、霸州、保津、雄县、鄚州、任丘、高阳、保沧、尚村、肃宁、饶阳、深州、衡水北、衡水、桃城、滏阳、衡水南、枣强、南宫、薛吴村、常屯、威县、方家营、邱县、东张孟、沙圪塔、杨桥枢纽、铺上、大名出入口	牛驼、任丘、西演、肃宁、深州、衡水、衡水湖、冀州、威县北、威县南、邱县、大名服务区，雄县、饶阳停车区

国高主线　省高　并行线 联络线　国道　途经主要城市　国高　G25 国高编号

G45大广高速公路
（大庆--广州）

线路信息表

途经省份	起点	终点	途径市、县	通车里程(km)
黑龙江	大庆萨尔图机场	松花江江桥桥头（黑吉界）	大庆市龙凤区、红岗区、萨尔图区、大同区、肇州县、肇源县	146.806
吉林	松原市北侧肇源松花江大桥北段（吉黑界）	双辽新开河（吉蒙界）	前郭县、松原市、长岭县、双辽市	249.899
内蒙古	左中巴彦塔拉镇（蒙吉界）	茅荆坝	科左中旗、科尔沁区、科左后旗、开鲁县、奈曼旗、敖汉旗、红山区、松山区、喀喇沁旗	546.782
河北	承德市隆化县茅荆坝（冀蒙界）	承德市滦平县司马台（冀京界）	承德县、滦平县、隆化县	156.673
北京	密云区古北口镇（京冀界）	大兴区榆垡镇（京冀界）	北京市密云区、怀柔区、顺义区、昌平区、朝阳区、通州区、大兴区	134.330
河北	廊坊市固安县固安镇（冀京界）	邯郸市大名县旧治乡（冀豫界）	固安县、霸州市、雄县、蠡县、任丘市、高阳县、肃宁县、饶阳县、安平县、深州市、桃城区、衡水市市区、枣强县、冀州区、南宫市、威县、邱县、曲周县、广平县、大名县	408.138
河南	濮阳市南乐县寺庄乡西崇疃村（豫冀界）	信阳市新县泗店乡郑家凹（豫鄂界）	南乐县、清丰县、濮阳市、濮阳县、滑县、长垣县、封丘县、开封县、开封市顺河区和祥符区、通许县、扶沟县、太康县、西华县、淮阳县、商水县、项城市、平舆县、新蔡县、正阳县、息县、光山县、新县	558.128
湖北	麻城市顺河镇周家湾	咸宁市通山县九宫山镇鄂赣隧道	麻城市、新洲区、团风县、黄州区、浠水县、鄂城区、黄石市市辖区、下陆区、大冶市、阳新县、通山县	266.185
江西	九江市武宁县五里凸（鄂赣界）	赣州市龙南县杨村镇九连山	武宁县、修水县、铜鼓县、宜丰县、上高县、分宜县、新余市渝水区和仙女湖区、吉安县、安福县、吉安市吉州区、峡江县、吉水县、泰和县、万安县、遂川县、南康市、信丰县、龙南县、全南县	615.624
广东	九连山	大广高速公路出口	花都区、从化区、新丰区、龙门县、连平县	226.347

沿线互通、出入口、服务区信息表

省份	沿线互通	出入口	服务区
河南	南乐、大广/南林、清丰、濮阳北、濮鹤、濮阳南、滑县、慈周寨、大碾枢纽、长垣、封丘、孙寺、大广/连霍,杜良、陈留、吴楼,石岗,通许东、大广/商登枢纽,大广/盐洛枢纽,大新,西华,大广/商南枢纽,周口东,大广枢纽,项城西,秣陵,平舆杨埠、大广/新阳,新蔡砖店、正阳岳城、白店、大广/淮信、息县、寨河、大广/沪陕、光山东、泼陂河、新县北、新县、豫鄂界互通	南乐站、清丰站、濮阳南站、滑县站、慈周寨站、长垣站、封丘站、杜良、陈留、通许东、大新、西华、周口东、项城西、秣陵、平舆杨埠站、新蔡砖店站、正阳岳城站、白店、息县、寨河、光山东站、泼陂河站、新县北站、新县站、豫鄂界（省界站）出入口	南乐、濮阳、濮阳南、滑县、封丘、朱砂,练城、扶沟、周口东、项城、新蔡、息县、槐店、泼陂河、泗店蓝天茗茶服务区
湖北	麻城、淋山河、大广北、大广南、蕲嘉大冶、星谈枢纽互通	乘马岗、麻城、铁门、新洲、团风、黄州、黄鄂黄州北、巴河、兰溪、花湖东、下陆、大冶、殷祖、三溪、龙港、洪港出入口	罗铺、淋山河、三溪停车区，新洲、浠水、大冶、燕夏服务区
江西	韶口、万安、遂川、汤村、横市、吉安县、泰和县、里仁、澧溪、修水、带溪、天宝、宜丰、上高、洞村、仙女湖、新余南、油田、安福、武宁西、铜鼓、宜丰、宜丰南、新余、吉安南、新余、仙女湖、新余南、油田、安福、吉安南互通	韶口、万安、遂川、汤村、横市、吉安县、泰和县、南康、南康南、龙回、信丰北、信丰、铁石口、龙南北、龙南北、龙南南、全南、杨村、与广东交界主线、上菁、澧溪、修水、带溪、天宝、宜丰、上高、洞村、仙女湖、新余南、油田、安福、新余、仙女湖、新余南、油田、安福出入口	修水、何市、宜丰、上高、仙女湖、银湾桥、吉安、遂川、横市、南康、信丰、龙南服务区
广东	北兴、机场、卫东、中和里互通	北兴立交、地派、东湖、乐广至机场高速北延线、花山、机场立交、金谷、连平北、连平南、良口、隆街、吕田、马头、米埗、山前、上坪、卫东、温泉、新丰出入口	连平、马头、吕田、从化服务区，溪山、下茅停车区

☆ 首都 ● 国高起点
☆ 省级行政中心 ● 国高终点
● 地级行政中心 ◎ 县级行政中心

G55二连浩特至广州高速公路

线路简介

G55（二广高速公路）是国家“71118+6”高速公路网11条南北纵线中的第六纵，是连接内蒙古、山西、河南、湖北、湖南、广东六省(自治区)的重要省际大通道，是纵贯中国中部地区的南北大动脉，也是G4（京港澳高速公路）的重要辅助通道，对于缓解交通压力，改善路网布局具有重要的意义。

G55（二广高速公路）起点位于内蒙古锡林郭勒盟赛罕塔拉（二连浩特至赛罕塔拉段现为一级公路，“十三五”期间将升级为高速公路），终点位于广东省佛山市黎边。规划里程2651.22km，通车里程2484.261km，四车道2116.049km，六车道355.996km，八车道及以上12.216km。经过内蒙古（锡林浩特、乌兰察布）、山西（大同、朔州、忻州、太原、晋中、长治、晋城）、河南（济源、洛阳、平顶山、南阳）、湖北（襄阳、荆门、荆州）、湖南（常德、益阳、娄底、邵阳、永州）、广东（清远、肇庆、佛山、广州）。1996年11月内蒙古自治区原平至太原高速公路率先施工，目前，内蒙古二连浩特至赛罕塔拉段尚未建成通车。

沿线互通、出入口、服务区信息表

省份	沿线互通	出入口	服务区
内蒙古	赛罕塔拉、赛汉塔拉北、赛汉塔拉南、朱日和、土牧尔台、乌兰哈达、白音察干、大六号、集宁北、集宁西、马德青、平地泉、土贵乌拉、丰镇互通	赛罕塔拉、赛汉塔拉北、赛汉塔拉南、朱日和、土牧尔台、乌兰哈达、白音察干、大六号、集宁北、集宁西、集商、玫瑰营、土贵乌拉、丰镇出入口	丰镇、黄家村、白银淖尔、长胜湾、白银、锡林服务区
山西	大同北、新荣、御西、御东、毛皂、大同绕城、马连庄、大运、怀仁、应县、灵山、山阴、朔州、新广武、代县、大营、峰阳、原平、三家村、顿村、忻州、高蒲、大盂、黄寨、阳曲、天水岭、小店、榆次、太谷、榆社北、榆社南、武乡、王村、襄垣、屯留、长治西、下秦、韩店、官道、高平、高陵、环城、南义城、崔庄、晋城东、泽州互通	大同北、新荣、得胜口、御西、御东、毛皂、马连庄、怀仁、应县西、山阴、新广武、代县、大营、峰阳、原平、三家村、顿村、忻州、高蒲、大盂、黄寨、阳曲、小店、榆次、太谷、榆社北、榆社南、武乡、王村、襄垣、屯留、长治西、长治南、长治县、高平、南义城、晋城北、晋城东、晋城南、天井关、泽州出入口	古店、怀仁、康庄、大营、原平、顿村、大盂、太谷、榆社、武乡、襄垣、长治、高平、晋城服务区
河南	济源北、济源东、济源南、吉利孟州、朱家仓、白马寺站、瀍河站、关林站、龙门站、彭婆、伊川站、大安、汝阳站、刘店站、寄料站、瓦屋站、下汤站、贾庄、南召站、五朵山站、龚河、遮山站、张华岗、陈官营枢纽、新野北站、邓州新野站、桑庄、构林站互通	济源北站、济源东站、吉利孟州、白马寺站、瀍河站、关林站、龙门站、伊川站、汝阳站、刘店站、寄料、瓦屋、下汤西、南召站、五朵山站、遮山站、新野北、邓州、构林站出入口	济源、龙门、汝阳、瓦屋、四棵树、南阳北、新野服务区，南召、邓州停车区

国高主线　　省　高
并行线
联络线　　国　道　　途经主要城市
国　高　　G25 国高编号

G55二广高速公路
（二连浩特--广州）

线路信息表

途经省份	起点	终点	途经市、县	通车里程(km)
内蒙古	赛罕塔拉	丰镇	乌兰察布市察哈尔右翼后旗、察哈尔右翼中期、商都县、集宁区、察哈尔右翼前旗、丰镇市、锡林浩特市苏尼特右旗	306.618
山西	大同市新荣区（省界）	晋城市泽州县（省界）	晋城市泽州县、大同市	650.969
河南	仙神河西石瓮修仙洞（豫晋界）	邓州市构林镇魏集村（豫鄂界）	济源市、孟州市、洛阳市吉利区、洛阳市瀍河区、伊川县、汝阳县、汝州市、鲁山县、南召县、南阳市卧龙区、镇平县、宛城区、新野县、邓州市	328.902
湖北	襄阳区长王龚家营西侧	荆州市公安县卷桥	襄州区、襄城区、宜城市、钟祥市、东宝区、掇刀区、沙洋县、荆州区、沙市区、公安县	311.313
湖南	澧县东岳庙	蓝山县所城大麻乡	澧县、津市、临澧县、常德市、益阳市、东安县、冷水滩区、零陵区、双牌县、宁远县、蓝山县、安化县、涟源市、新邵县、北塔区、邵阳县、桃江县	594.106
广东	粤湘界	黎边	南海区、三水区、广宁县、怀集县、四会市、连州市	292.353

沿线互通、出入口、服务区信息表

省份	沿线互通	出入口	服务区
湖北	部营、荆门、岳桥互通	黄集、襄阳西、隆中、襄阳南、宜城北、宜城南、胡集、陈安、荆门北、荆门、五里、十里、荆州、埠河、公安出入口	襄北、宜城、荆门、荆州长江公路大桥、夹竹园服务区，欧庙、纪山停车区
湖南	伏口、娄底、涟源东、涟源、白马、邵阳北、邵阳西、枯木山、石门桥、花岩溪、武潭、马迹塘、长塘、仙溪、梅城互通	城头山、复兴厂、澧县、津市工业园、临澧、双桥坪、柳叶湖、常德东、太阳山、灌溪、花岩溪、武潭、马迹塘、长塘、仙溪、梅城、九公桥、邵阳、大盛、永州北、冷水滩、阳明山、平田、宁远、宁远东、蓝山、长铺、南风坳出入口	城头山、临澧、常德、石门桥、九公桥、邵阳、大盛、永州北、冷水滩、阳明山、九嶷山、蓝山、唐家铺、马迹塘服务区，武潭、仙溪、零陵、宁远北停车区
广东	铜锣营、古水、怀集南、连南、太保、福堂、宾亨、四会西、丰阳、小三江互通	云东海、三水、宾亨收费站怀集方向、宾亨收费站三水方向、大旺收费站怀集方向、大旺收费站三水方向、古水收费站怀集方向、古水收费站三水方向、广宁收费站怀集方向、广宁收费站三水方向、怀集南收费站怀集方向、怀集南收费站三水方向、黄田收费站怀集方向、黄田收费站三水方向、四会西收费站怀集方向、四会西收费站三水方向、唐家收费站怀集方向、唐家收费站三水方向出入口	小三江、龙甫、怀城、广宁、丰阳，白沙服务区，永丰、青龙、连麦停车区

G59呼北高速公路
（呼和浩特——北海）

首　都　　国高起点
省级行政中心　　国高终点
地级行政中心　　县级行政中心

G59呼和浩特至北海高速公路

线路简介

G59（呼北高速公路）是国家"71118+6"高速公路网11条南北纵线中的第七纵，是连接内蒙古、山西、河南、湖北、湖南、广西六省(自治区)的重要省际大通道，是"71118+6"规划与"7918"规划相比新增的两条纵线之一，对于加强中西部地区交流合作、改善中西部山区交通条件具有重要意义。

G59（呼北高速公路）起点位于内蒙古自治区呼和浩特金河东互通，规划终点位于广西壮族自治区北海市铁山港区。规划里程2790.92km，通车里程1380.207km，四车道1366.615km，六车道13.592km。经过内蒙古（呼和浩特赛罕区、和林格尔县、清水河县）、山西（朔州、忻州、吕梁、临汾、运城）、河南（三门峡、南阳）、湖北（十堰、襄阳、宜昌、宜都）、湖南（张家界、娄底、邵阳）、广西（桂林、贵港、桂平、玉林、北海）。2009年11月山西省运城解州至陌南段率先开始施工。目前，山西大同至铺上段、张蔡庄至岢岚段、离石至吉县段、湖北枝江至鄂湘界段、湖南湘鄂界至新化段、新宁至湘桂界段、广西桂湘界至玉林段尚未建成通车。

沿线互通、出入口、服务区信息表

省份	沿线互通	出入口	服务区
内蒙古	黄金大道、西达赖营、S102、呼凉旧路、金河东、和林、运煤线、新店子、明长城互通	呼和浩特南、盛乐、和林、新店子、新店子北、和林、和林格尔出入口	石咀子、大宝山服务区,武松停车区
山西	平鲁、神池、岢岚、万荣西、乡宁、临猗西、河津、芮城东互通	平鲁、露天矿、朔州西、神池、岢岚、临县南、枣林、阳坪、兴县东、兴县南、乡宁西、万荣西、临猗西、河津、芮城东、圣天湖出入口	乡宁、万荣西、临猗、临县南、离石、岢岚、兴县、白文服务区
河南	连霍梨园枢纽、灵宝东、官道口枢纽、豫西大峡谷、卢氏、玉皇山、朱阳关、寨根、西簧、寺湾互通	豫晋界主线、灵宝东、豫西大峡谷、卢氏、玉皇山、朱阳关、寨根、西簧、寺湾、豫鄂省界出入口	灵宝南、豫西大峡谷、寺湾服务区

线路信息表

途经省份	起点	终点	途径市、县	通车里程(km)
内蒙古	呼和浩特金河东互通	杀虎口（蒙晋界）	呼和浩特赛罕区、和林格尔县、清水河县	91.00
山西	右玉杀虎口	运宝黄河大桥	朔州市、忻州市、神池县、岢岚县、临县、吕梁市、柳林县、隰县、吉县、乡宁县、稷山县、河津市、盐湖区	431.510
河南	灵宝市	淅川县（豫鄂省界）	灵宝市、卢氏县、西峡县、淅川县	202.615
湖北	十堰市郧县鹁鸽峪	宜都市王家畈镇	郧阳区、茅箭区、丹江口市、房县、谷城县、保康县、远安县、当阳市、枝江市、宜都市	432.329
湖南	张家界慈利炉红山（湘鄂界）（未通）	新宁县塔子寨	张家界市、慈利县、怀化市、娄底市、新化县、邵阳市、武冈市、新宁县	91.000
广西	省界	铁山港	资源县、荔浦县、平南县、玉林市、北海市、铁山港市	131.753

沿线互通、出入口、服务区信息表

省份	沿线互通	出入口	服务区
湖北	十堰东、六里坪、房县、保康南、寺坪、双莲、枝江、宜都南互通	刘洞、白桑关、郧阳南、官山、土城、青峰、歇马、黄坪、远安北、远安、当阳北、鸦鹊岭、白洋、王家畈、枝城、宜都西、红花套出入口	郧阳、土城、两河口、远安、店垭、安福寺、宜都服务区，马良停车区
湖南	新化、溆浦、新宁、八角寨互通	紫鹊界、大熊山、苏溪湖、两江、桥江、大水、高沙、武冈东、司马冲、新宁、八角寨出入口	新化、溆浦、武冈、崀山服务区
广西	玉林南、博白、南康、铁山港互通	玉林南、博白、南康、铁山港出入口	博白、松旺服务区

G65包茂高速公路
(包头--茂名)

首 都　国高起点
省级行政中心　国高终点
地级行政中心　县级行政中心

A B C D E F G

G65包头至茂名高速公路

线路简介

G65（包茂高速公路）是国家"71118+6"高速公路网11条南北纵线中的第八纵，是连接内蒙古、陕西、四川、重庆、湖南、广西、广东七省(自治区、直辖市)的重要省际大通道。连接西北、西南与华南地区，通江达海，是重要的西部开发公路通道，在西部大开发战略中起到了不可忽视的作用。

G65（包茂高速公路）起点位于内蒙古包头东河区，规划终点位于广东省茂名市电白区。规划里程2982.23km，通车里程2800.649km，四车道2446.535km，六车道319.021km，八车道及以上35.093km。经过内蒙古（包头、鄂尔多斯）、陕西（榆林、延安、铜川、西安、安康）、四川（达州）、重庆、湖南（吉首、怀化）、广西（桂林、梧州）、广东（茂名）。1986年12月陕西西安至三原一级公路率先开始施工，目前，广西桂林至桂湘界段尚未建成。

沿线互通、出入口、服务区信息表

省份	沿线互通	出入口	服务区
内蒙古	沙尔沁、树林召东、关碾坊、沿黄、东胜南互通	树林召、关碾坊、东胜西、青春山、阿镇、成陵、新街、兰家梁、蒙陕界出入口	响沙湾，成陵服务区
陕西	红碱淖、小壕兔、孟家湾、王则湾、小纪汉、榆林北、西左界、横山、黄蒿界、靖边、靖边东、靖边南、乔沟湾、李家湾、天赐湾、镰刀湾、化子坪、建华寺、安塞北、安塞南、沿河湾、马家沟、延安北、延安南、南泥湾、甘泉、富县、厢西堡、洛川、阿党、黄陵、彭镇、宜君、金锁关、川口、黄堡西、耀州北、耀州南、铜川新区、马额、陵前新庄、三原、泾阳、西安北、聂冯、梁村、吕小寨、曲江、韦曲、太乙宫、营盘、柞水、镇安、东坪、小河、五里、谭坝、茨沟、流水东、流水西、蒿坪、紫阳、权河、毛坝、巴山互通	红碱淖、小壕兔、孟家湾、王则湾、榆林、西左界、横山、黄蒿界、靖边东、靖边南、乔沟湾、李家湾、天赐湾、镰刀湾、化子坪、建华寺、安塞北、安塞南、沿河湾、延安北、延安南、南泥湾、甘泉、富县、洛川、阿党、黄陵、彭镇、宜君、金锁关、川口、黄堡西、耀州北、耀州南、铜川新区、马额、陵前、新庄、三原、泾阳、西安北、聂冯、梁村、吕小寨、曲江、韦曲、太乙宫、营盘、柞水、镇安、东坪、小河、五里、谭坝、茨沟、流水东、流水西、蒿坪、紫阳、权河、毛坝、巴山出入口	榆林北、横山、靖边南、安塞、延安、富县、洛川、黄陵、宜君、铜川北、三原、南五台、柞水、镇安、安康西、安康南、紫阳南服务区，郝摊、安康北停车区
四川	魏兴枢纽、红花湾枢纽、邻水枢纽互通	柑子、邻水、刘家、川渝、徐家坝、达州、达州南、百节、石河、大竹A、大竹、大竹B、庙坝出入口	邻水、仰天湾、大竹、明月、官渡、石塘服务区，黄金、罗家坝停车区

1 2 3 4 5

国高主线　省　高
并行线 联络线　国　道　途经主要城市
国　高　G25 国高编号

G65包茂高速公路
（包头——茂名）

线路信息表

途经省份	起点	终点	途经市、县	通车里程(km)
内蒙古	包头市东河区	苏家河畔（蒙陕界）	包头市东河区、鄂尔多斯市达拉特旗、伊金霍洛旗、东胜区	182.313
陕西	神木县尔林兔镇	两河口（陕川界）	神木县、榆阳区、横山县、靖边县、安塞区、宝塔区、甘泉县、富县、洛川县、黄陵县、宜君县、耀州区、印台区、王益区、三原县、泾阳县、高陵区、未央区、雁塔区、长安区、柞水县、镇安县、旬阳县、汉滨区、紫阳县、镇巴县	932.800
四川	达州市万源市四川官渡收费站	广安市邻水县四川收费站	达州市、万源市、宣汉县、达州市辖区、达县、大竹县、广安市、邻水县	305.014
重庆	渝北	秀山县洪安镇	渝北区、江北区、南岸区、巴南区、南川区、武隆区、彭水县、黔江区、酉阳县、秀山县	498.352
湖南	边城茶洞	通道县	花垣县、吉首市、凤凰县、麻阳县、鹤城区、芷江县、中方县、洪江市、会同县、靖州县、绥宁县、通道县	347.288
广西	桂林市临桂县临桂镇庙岭乐和村	岑溪市岑城镇思孟村	雁山区、临桂区、阳朔县、平乐县、长洲区、龙圩区、苍梧县、岑溪市、昭平县、钟山县	407.637
广东	信宜（桂粤界）	茂名市电白区	信宜市、电白区、高州市、茂名市	127.245

沿线互通、出入口、服务区信息表

省份	沿线互通	出入口	服务区
重庆	绕城渝邻、黑石子、东环、南环、绕城渝湘、南川、双河口、白家坝、白杨沟、五童、盘龙、南山、江南、茶园、庆隆、鹿角、南泉、南环互通	草坝场、大湾、高嘴、草坪、王家、G65渝北主线、南彭、接龙、石龙、大观、南川、金佛山、水江、白马、武隆、黄草、彭水西、彭水东、保家、黔江西、黔江南、濯水、阿蓬江、黑水、桃花源、酉阳、板溪、龙潭、玉屏、秀山、雅江、洪安匝道、洪安主线出入口	界石、大观、水江、武隆、彭水、清平、黔江、阿蓬江、酉阳、秀山、洪安、古路服务区
湖南	花垣、矮寨、吉首、凤凰、怀化互通	桐木、洪江、江市、坪村、会同、甘棠、靖州、乐安铺、万佛山、双江、陇城、通道、茶峒、花垣西、花垣东、矮寨、吉首、吉首南、吉信、凤凰、石羊哨、隆家堡、麻阳、怀化西出入口	凤凰、怀化、花垣、洪江、会同、靖州、通道服务区
广西	庙岭、蒙村、梧州、岑溪东、倢田、平乐（二塘）、新地、糯垌、岑溪、英家互通	英家、阳朔高田、阳朔白沙、新地、武岭、梧州西、梧州立交钟山至梧州、同古立交贺州至梧州、同安、三合、葡萄、平乐、平乐二塘、糯垌、马面立交贺州至桂林、临桂六塘、黄姚、富罗、倒水、池头立交阳朔至桂林、潮江、庙岭、倢田立交桂林市区至柳州、倢田立交桂林市区至湖南、池头立交柳州至阳朔、岑溪、岑溪南立交梧州至岑溪出、岑溪南立交岑溪至玉林出、岑溪东出、保村立交苍梧至贺州、保村立交苍梧至岑溪、倢田立交柳州至桂林市区、倢田立交柳州至桂林机场、池头立交桂林至阳朔、保村立交岑溪至苍梧出入口	会仙、桂林、高田、平乐、新地、倒水、岑溪、富罗、同古、同安、狮寨、白沙服务区、黄姚、东山停车区
广东	大昌、高州、茂名、信宜互通	池洞、大昌互通、东岸、高州北、高州东、茂名北、茂名东、水口、泗水、信宜、朱砂出入口	无

G69银百高速公路
（银川——百色）

首　都　　国高起点
省级行政中心　　国高终点
地级行政中心　　县级行政中心

G69银川至百色高速公路

线路简介

G69（银百高速公路）是国家"71118+6"高速公路网11条南北纵线中的第九纵，是连接宁夏、甘肃、陕西、重庆、贵州、广西6省（自治区、直辖市）的重要省际大通道，是"71118+6"规划与"71118"规划相比，新增的两条纵线之一，沟通西北、西南地区，连接龙邦口岸，是进入东南亚地区的重要公路通道，对于均衡西部地区土地开发，优化高速公路网结构具有深远的影响和重大的战略意义。

G69（银百高速公路）规划起点位于宁夏回族自治区银川市，终点位于广西壮族自治区的靖西龙邦镇。规划里程2309.21km，通车里程962.155km，四车道777.191km，六车道184.964km。经过宁夏（银川）、甘肃（庆阳）、陕西（咸阳、西安、安康）、重庆、贵州（道真、湄潭、瓮安、贵阳、罗甸）、广西（乐业、百色）。目前，宁夏段、甘肃段、陕西安康至岚皋段待建。

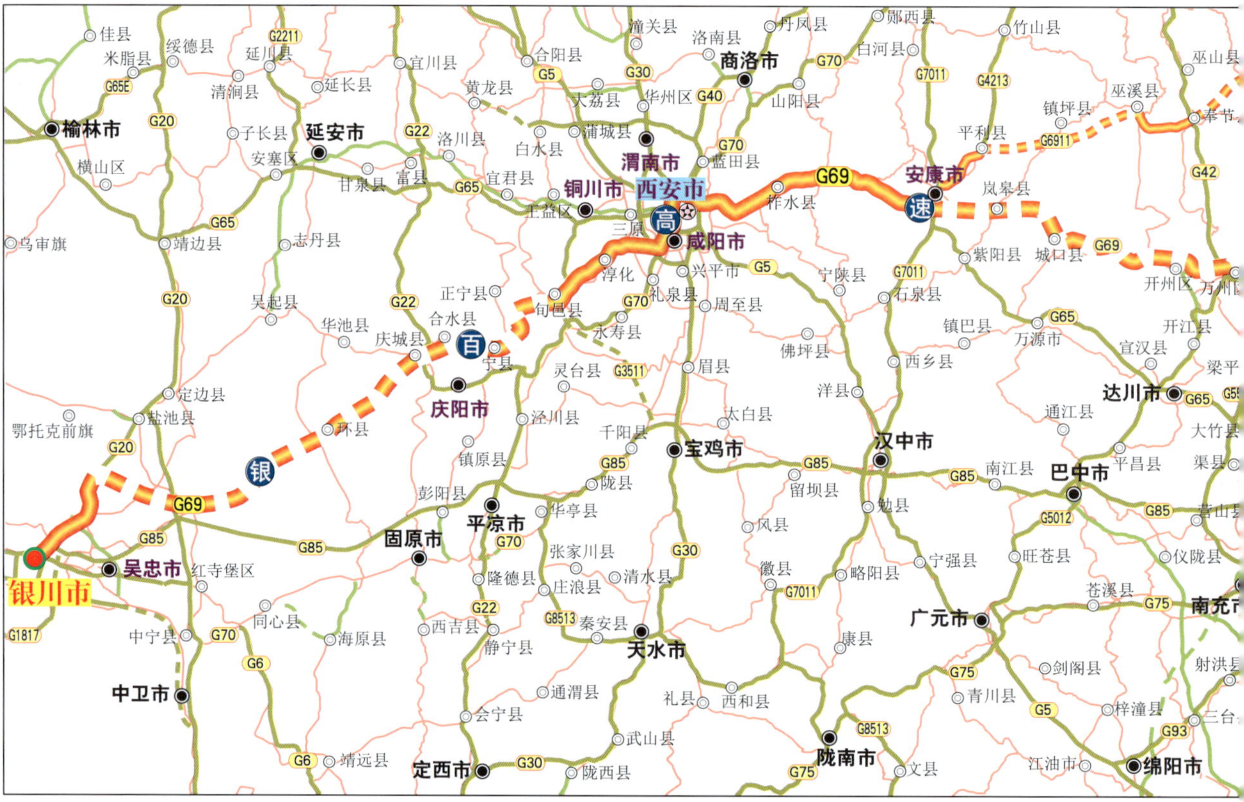

沿线互通、出入口、服务区信息表

省份	沿线互通	出入口	服务区
宁夏	待建		
甘肃	待建		
陕西	土桥、十里塬、淳化北、淳化南、兴隆、桥底、马庄北、马庄互通	旬邑、土桥、十里塬、淳化北、淳化南、兴隆、桥底、马庄北出入口	淳化服务区
重庆	丰都东、丰都、涪陵东、涪陵南、龙桥互通	丰都东、丰都、涪陵东、涪陵南、龙桥出入口	涪陵东、丰都服务区
贵州	道真、三江（正习高速在建）、正安、南坪（绥正高速在建）、流河渡、银盏、羊昌、牛郎关、扬眉堡、紫油寨、名豪（在建）、大磏、道真北、三江、正安北、正安、和平、坪乐、西河、洗马、湄潭东、抄	名豪（在建）、大磏、道真北、三江、正安北、正安、和平、坪乐、西河、洗马、湄潭东、抄乐、龙家、港口、瓮安北、天文、瓮安西、毛云、龙岗、百宜、羊昌、牛郎关、孟关、贵阳南、青岩、惠水北、	道真、正安、湄潭东、西河、飞龙湖、瓮安北、瓮安西、龙岗、永乐、惠水、好花红服务区、三

国高主线　省 高
并行线 联络线　国 道　途经主要城市
国 高　G25 国高编号

G69银百高速公路
（银川—百色）

线路信息表

途经省份	起点	终点	途径市、县	通车里程(km)
宁夏	待建			
甘肃	待建			
陕西	陕甘界（未通）	陕渝界（未通）	旬邑县、淳化县、泾阳县、礼泉县、渭城区、秦都区	113.812
重庆	渝陕界（未通）	南川县	城口县、开州区、万州区、忠县、丰都县、涪陵区、南川区	223.593
贵州	福寿场隧道起点（黔渝界）	红水河（黔桂界）	道真县、正安县、绥阳县、湄潭县、余庆县、瓮安县、开阳县、乌当区、龙里县、花溪区、惠水县、罗甸县	522.647
广西	百色市田阳县那坡镇那音村响水屯		田阳县、德保县、靖西县	102.103

沿线互通、出入口、服务区信息表

省份	沿线互通	出入口	服务区
贵州	乐、龙家、港口、瓮安北、天文、瓮安西、毛云、龙岗、百宜、牛郎关、孟关、青岩、惠水北、惠水、惠水南、断杉、边阳、罗甸北、罗甸、罗甸南、罗妥互通	惠水、惠水南、断杉、边阳、罗甸北、罗甸、罗甸南、罗妥、红水河出入口	江、断杉、洗马、龙家、羊昌、边阳、罗甸北、罗甸停车区
广西	百务、百峰、那音、靖西互通	武平、旧州、旧州立交那坡往靖西、百峰、靖西、德保、德保南、百务出入口	坡洪、德保服务区、那音、渠来、上央停车区

首　都　省级行政中心　地级行政中心　国高起点　国高终点　县级行政中心

G75兰州至海口高速公路

线路简介

G75（兰海高速公路）是国家“71118+6”高速公路网11条南北纵线中的第十纵，是连接甘肃、四川、重庆、贵州、广西、广东、海南七省(自治区、直辖市)的重要省际大通道。沟通西北、西南与华南地区，是西北与西南地区出海大通道的主通道。对于改善西部地区交通条件、完善路网结构、均衡国土开发均具有十分重要的作用。

G75（兰海高速公路）起点位于甘肃省兰州市兰州南收费站，规划终点位于海南省海口市。规划里程2439.44km，通车里程1845.419km，四车道1704.156km，六车道89.303km，八车道及以上51.960km。经过甘肃（兰州、陇南）、四川（广元、南充、广安）、重庆、贵州（遵义、贵阳、麻江、都匀）、广西（河池、南宁、钦州、北海）、广东（湛江）、海南（海口）。1992年6月贵州贵阳至遵义高速公路率先开始施工，目前,兰州至陇南武都段尚未建成。

沿线互通、出入口、服务区信息表

省份	沿线互通	出入口	服务区
甘肃	武都西互通	兰州南、井坪、安家嘴、三十里墩、临洮、临洮南、两水临时主线、两水、武都、汉王、桔柑、琵琶、洛塘、余家湾匝道、余家湾主线收费站出入口	武都、洛塘、太石服务区
四川	罗家沟、龙潭、二洞桥、王家沟枢纽互通	同兴、坪滩、武胜、街子出入口	武胜、徐家河、杨家咀、流马、金泉、阆中、宝轮服务区，苍溪、定水停车区
重庆	沙溪、绕城北、新三溪口、三溪口、南环、绕城渝黔、母家湾、礼嘉、北环、石马、杨公桥、红槽房、高滩岩、西环、华岩、新华、大渡口、华陶、巴南、南环立交互通	兴山主线、钱塘、云门、合阳、合川、沙溪、盐井、草街、东阳、北碚、G65巴南、一品、綦江、古剑山、雷神店、东溪、赶水、安稳、崇溪河主线出入口	团山堡、钱塘、綦江服务区
贵州	松坎（正习高速在建）、三合（遵义南环在建）、穰梓桥、龙坑、小寨坝、尖坡、培席、笋子林、龙洞堡机场、下坝、马岩、大良田、火石坡、独山、黄泥哨、松坎、三元、太白、楚米、桐梓、观坝、遵义北、遵义、遵义南、马家湾、南白、三合、乌江、小寨坝、息烽、久长、修文、扎佐、高尔夫、沙子哨、新天寨、盘江、贵定、黄丝、马场坪、麻江、都匀北、都匀南、墨冲、独山、上司、下司、麻尾互通	松坎、三元、太白、楚米、桐梓、观坝、遵义北、遵义、遵义南、马家湾、南白、三合、乌江、小寨坝、息烽、久长、修文、扎佐、高尔夫、沙子哨、贵阳北、新天寨、笋子林、贵阳东、盘江、贵定、黄丝、马场坪、都匀北、都匀南、墨冲、独山、上司、下司、麻尾、新寨出入口	松坎（在建）、桐梓、遵义、乌江、久长、牟珠洞、新寨、上堡服务区

国高主线 省高 并行线 联络线 国道 途经主要城市 国高 G25 国高编号

G75兰海高速公路
（兰州--海口）

线路信息表

途经省份	起点	终点	途径市、县	通车里程(km)
甘肃	兰州南收费站	余家湾主线收费站	兰州市、临洮县、渭源县、武都区	286.743
四川	广元市青川县四川收费站	广安市武胜县兴山收费站	广元市、青川县、广元市辖区、苍溪县、南充市、阆中市、南部县、西充县、南充市辖区、广安市、岳池县、武胜县	331.078
重庆	合川	綦江崇溪河	合川区、北碚区、渝北区、沙坪坝区、九龙坡区、大渡口区、巴南区、綦江区	228.403
贵州	桐梓县松坎（渝黔界）	独山县新寨（黔桂界）	桐梓县、汇川区、红花岗区、播州区、息烽县、修文县、白云区、乌当区、云岩区、南明区、花溪区、龙里县、贵定县、麻江县、都匀市、独山县	391.835
广西	河池市南丹县六寨镇龙马村	北海市合浦县山口镇（桂粤界）	兴宁区、青秀区、西乡塘区、良庆区、武鸣县、马山县、合浦县、钦南县、钦北区、金城江区、南丹县、都安瑶族自治县、宜州市	541.751
广东	起于高桥	终于徐闻县	途经廉江市、遂溪县、雷州市	65.609
海南	待建			

沿线互通、出入口、服务区信息表

省份	沿线互通	出入口	服务区
广西	安吉、伊岭岩、府城、那马、山口、大寺、大塘、河池西主线桥、芒场、那布、南丹、水任、武鸣、丝茅坪、那丽互通	安吉、白沙、卜家、车河、大寺、都安、府城、桂海、桂黔六寨、河池西、良庆南、六寨、龙头、马山、芒场、米标、那丽、那马、南北、南丹、南间、乔利、钦州港、钦州茅尾海、钦州西、山口、十字路、石湾、水任、武鸣、新村、星岛湖、伊岭岩、永安出入口	八圩、都安、芒场、伊岭岩、永安停车区、侧岭、大塘、都安北、黄屋屯、龙头、马山、南丹、石滩、石湾、水任、铁山、武鸣服务区
广东	无	安铺、高桥、沙泥、洋青、仰塘出入口	横山服务区
海南	待建		

首　都　　国高起点
省级行政中心　　国高终点
地级行政中心　　县级行政中心

G85银川至昆明高速公路

线路简介

G85（银昆高速公路）是国家“71118+6”高速公路网11条南北纵线中的第十一纵，是连接宁夏、甘肃、陕西、四川、重庆、云南六省(自治区、直辖市)的重要省际大通道。原“7918”规划中的G85（渝昆高速公路）起于重庆，“71118”规划后，该路段向北延伸至银川，形成了现在的G85（银昆高速公路）。G85（银昆高速公路）对缓解西部地区南北向的交通运输压力具有十分积极的作用，促进了西部地区经济发展，加强了中西部地区的联系与交流，是这一地区的重要经济和战略通道。

G85（银昆高速公路）规划起点位于宁夏回族自治区银川市石坝村，终点位于云南省昆明市小庄立交。规划里程1971km，通车里程1364.480km，四车道1298.100km，六车道66.380km。经过宁夏（银川、中宁、固原）、甘肃（平凉）、陕西（宝鸡、汉中）、四川（巴中、南充、广安、内江、宜宾）、重庆、云南（昭通、曲靖、昆明）。1990年9月成渝公路重庆段率先开始施工，目前，宁夏段、甘肃段尚未建成通车。

沿线互通、出入口、服务区信息表

省份	沿线互通	出入口	服务区
宁夏	机场、灵武北、灵武南枢纽互通	邻河、机场、灵武北、灵武南出入口	河东机场服务区
甘肃		在建	
陕西	火烧寨、陇县、水沟、千阳、南寨、凤翔、千河、石门、汉中西、梁山、南郑、南湖、喜神坝互通	火烧寨、陇县、水沟、千阳、南寨、凤翔、汉中西、南郑、南湖、喜神坝出入口	陇县、宝鸡北、天汉水城服务区。汉中西停车区
四川	望龙、广门、隆昌、苏家桥、万家桥、象鼻枢纽互通	大山铺、金银湖、自贡、板桥、白马、永安、内宜高速、鱼箭、邱场、宜宾北、宜宾南、象鼻、兴隆、四川（冠英）、柏溪、内宜高速出入口	自贡、内江、金银湖、宜宾、冠英服务区

国高主线　省　高
并行线
联络线　国　道　途经主要城市
国　高　G25 国高编号

G85银昆高速公路
（银川——昆明）

线路信息表

途经省份	起点	终点	途径市、县	通车里程(km)
宁夏	银川	高寨塬（宁甘界）	银川市	100.738
甘肃	在建			
陕西	陇县大桥村	南郑县小坝村	陇县、千阳县、凤翔县、勉县、南郑县	153.371
四川	广安望龙枢纽	宜宾市宜宾县四川冠英收费站	内江市、隆昌县、内江市辖区、自贡市辖区、富顺县、宜宾市辖区、宜宾县	425.518
重庆	合川	荣昌桑家坡	合川区、北碚区、沙坪坝区、九龙坡区、璧山区、永川区、荣昌区	110.548
云南	云南站（川滇界）	小庄立交	水富县、盐津县、永善县、大关县、昭通市昭阳区、鲁甸县、威宁县、会泽县、寻甸县、嵩明县、空港经济区、经开区、呈贡区	500.299

沿线互通、出入口、服务区信息表

省份	沿线互通	出入口	服务区
重庆	永川、绕城成渝互通、绕城北互通、西环、高滩岩、红槽房、杨公桥、石马河、北环、礼嘉、三溪口、新三溪口互通	渝荣主线、荣隆、荣昌、荣昌东、邮亭、永川、大安、丁家、青杠、走马、九龙坡主线、水土、施家梁出入口	永川、荣昌服务区
云南	小铺立交、王家营立交	云南省界主线站、楼坝、庙口、普洱、中和、豆沙、麻柳湾、大关、悦乐、上高桥、靖安、昭通北、昭通、昭通南、鲁甸、田坝、江底北、江底南、迤车、阿都、黑土、会泽、待补、板坡、卡竹、蒲草塘、功山、金所、羊街、小铺、小街、杨林、空港、经开区、王家营	楼坝、串丝、中和、龙坪、悦乐、靖安、昭通北、昭通南、小海、野猪冲、迤车、会泽、待补、岗纪、潘所、小铺、大板桥服务区

G10绥满高速公路
（绥芬河——满洲里）

首　都　　国高起点
省级行政中心　　国高终点
地级行政中心　　县级行政中心

G10绥芬河至满洲里高速公路

线路简介

G10（绥满高速公路）是国家“71118+6”高速公路网18条东西横线中的第一横，经过绥芬河、东宁、满洲里三个一类口岸。G10（绥满高速公路）与干线连同其联络线和地方高速公路形成了黑龙江省的高速公路网络，是连接边境口岸和重要城市的经济战略通道，进一步扩大口岸的辐射范围，对繁荣口岸经济和国际贸易起到重要作用。

G10（绥满高速公路）起点位于绥芬河市绥芬河收费站，规划终点位于内蒙古自治区满洲里口岸。规划里程1441.09km，通车里程1257.687km，全线四车道。经过黑龙江（绥芬河、牡丹江、哈尔滨、大庆、齐齐哈尔）、内蒙古（阿荣旗、博克图、牙克石、海拉尔）。1996年5月黑龙江哈尔滨至大庆段率先开始施工。目前，海拉尔至满洲里尚未建成通车。

沿线互通、出入口、服务区信息表

省份	沿线互通	出入口	服务区
黑龙江	绥阳、永安、下城子、兴源、穆棱、磨刀石、大莫、三道、海南、苇河、一面坡、亚布力、明新、亚沟、玉泉、小岭、平山、帽儿山、乌吉密、阿城南、肇东、安达、承平、城北路、机场路、黄牛场、花园、林甸、胜利、甘南、长山、共和、奈门沁、卜奎、建华、电厂互通	绥芬河市主线、绥阳镇、永安、下城子镇、兴源镇、穆棱镇、磨刀石镇、牡丹江市主线、海林市、横道河子镇、明新、尚志辅路、苇河辅路、一面坡辅路、亚布力辅路、明新辅路、亚沟辅路、花果山辅路、玉泉辅路、小岭辅路、平山辅路、帽儿山辅路、乌吉密辅路、哈尔滨主线、大耿家收费站、哈大高速与绕城高速互通、肇东、承平、安达、卧里屯、城北路、机场路、黄牛场、花园互通、林甸互通、胜利互通、甘南、长山、共和、奈门沁、卜奎、建华、电厂出入口	兴源、磨刀石、横道、筒子沟、亚布力、平山、尚志、阿城、大耿家、肇东、洪湖、扎龙、甘南、巨宝山、齐齐哈尔服务区，小莫停车区

1　2　3　4　5

线路信息表

途经省份	起点	终点	途径市、县	通车里程(km)
黑龙江	绥芬河市绥芬河收费站	金界（黑蒙界）	绥芬河市、东宁县、穆棱市、牡丹江市市区、海林市、尚志市亚布力镇、尚志市、阿城区、肇东市、安达市、大庆市、萨尔图区、让胡路区、林甸县、齐齐哈尔市铁锋区、甘南县、梅里斯区、建华区、铁峰区	887.113
内蒙古	甘南（蒙黑界）	海拉尔北	阿荣旗、博克图镇、牙克石市、海拉尔区	370.574

沿线互通、出入口、服务区信息表

省份	沿线互通	出入口	服务区
内蒙古	阿荣旗南、阿荣旗北、霍尔奇、查巴奇、大时尼奇、博克图、免渡河、牙克石南、牙克石西、扎罗木得、哈克、西哈、海东互通	蒙黑界、阿荣旗南、阿荣旗北、霍尔奇、查巴奇、大时尼奇、博克图、免渡河、牙克石南、牙克石西、扎罗木得、哈克、西哈、海拉尔东、海拉尔北出入口	后新立、查巴奇、牙哈沟、兴安岭、扎敦河、牙克石、大雁、扎泥河、海东服务区

G12珲乌高速公路
（珲春--乌兰浩特）

首 都
省级行政中心
地级行政中心
国高起点
国高终点
县级行政中心

G12珲春至乌兰浩特高速公路

线路简介

G12（珲乌高速公路）是国家“71118+6”高速公路网18条东西横线中的第二横，位于东北地区中部，经过重要口岸珲春，是连接边境口岸和重要城市的经济通道，是黑龙江西南、内蒙古东北和吉林西部等经济区出海的便捷通道，为区域资源开发、旅游产业发展提供方便快捷的交通条件。

G12（珲乌高速公路）起点位于吉林省珲春市西炮台，终点位于内蒙古自治区乌兰浩特。规划里程943.50km，通车里程908.721km，四车道890.282km，六车道18.439km。经过吉林（延边朝鲜族自治州、吉林、长春、松原、白城）、内蒙古（通辽、库伦旗、科尔沁右翼前旗）。1995年5月珲乌高速公路吉林（魁元屯）至长春段率先开始施工，2011年3月内蒙古乌兰浩特至石头井子段建成，G12（珲乌高速公路）全线贯通。

沿线互通、出入口、服务区信息表

省份	沿线互通	出入口	服务区
吉林	珲春、凉水、图们、新光、延吉、延吉西、安图、大石头、敦化、敦化北、黄泥河、黄松甸、蛟河、新站、天岗、江密峰、华丹大街、九站、吉林、九台、机场、莲花山、长春东、兴隆山、太平、小西屯、长春北、开安、农安西、农安北、哈拉海、王府、孙喜窝棚、松原西、二莫、查干湖、大安、太山、安广、舍力、到保、向阳、白城东、白城北、青山、侯家、平安、岭下互通	珲春、凉水、图们、延吉、延吉西、安图、大石头、敦化、敦化北、黄泥河、黄松甸、蛟河、新站、天岗、江密峰、华丹大街、九站、吉林、九台、机场、莲花山、长春东、兴隆山、太平、长春北、开安、农安西、农安北、哈拉海、王府、松原西、查干湖、大安、太山、安广、舍力、到保、白城东、白城北、青山、侯家、平安、岭下出入口	石头井子、到保、安广、大安、松原、王府、华家、春城、石头口门、桦皮厂、江密峰、蛟河、黄泥河、敦化、安图、延吉、图们服务区

国高主线　省　高　
并行线联络线　国　道　途经主要城市
国　高　G25 国高编号

G12珲乌高速公路
（珲春——乌兰浩特）

线路信息表

途经省份	起点	终点	途经市、县	通车里程(km)
吉林	珲春市（圈河口岸）	白城市石头井子（吉蒙界）	敬信镇、珲春市、凉水镇、图们市、延吉市、安图县、大石头镇、敦化市、黄泥河镇、黄松甸镇、蛟河市、新站镇、天岗镇、江密峰镇、吉林市、桦皮厂镇、九台区、龙嘉机场、长春市、开安镇、开安县、农安县、哈拉海镇、王府站镇、松原市、查干湖、大安市、安广镇、舍力镇、到保镇、白城市、平安镇、岭下镇	874.966
内蒙古	石头井子（蒙吉界）	乌兰浩特东	兴安盟乌兰浩特市、科尔沁右翼前旗	33.755

沿线互通、出入口、服务区信息表

省份	沿线互通	出入口	服务区
内蒙古	乌兰浩特经济开发区互通，东互通，北互通	乌兰浩特经济开发区互通、东互通、北互通出入口	乌兰哈达停车区

G16丹锡高速公路（丹东——锡林浩特）

首　都　　国高起点
省级行政中心　　国高终点
地级行政中心　　县级行政中心

G16丹东至锡林浩特高速公路

线路简介

G16（丹锡高速公路）是国家“71118+6”高速公路网18条东西横线中的第三横，是连接边境口岸、重要工业城市和内蒙古草原的重要经济通道，也是内蒙古东部主要出海通道，对促进沿线地区资源开发和经济社会协调发展具有重要的意义。

G16（丹锡高速公路）起点位于丹东市东港市孤山镇G11（鹤大高速公路）与G16（丹锡高速公路）交汇处，规划终点位于内蒙古自治区锡林浩特市。规划里程868km，通车里程750.169km，全线四车道。经过辽宁（鞍山、营口、盘锦、锦州、朝阳）、内蒙古（赤峰市、锡林浩特）。1999年辽宁省盘锦至海城公路率先开始施工。目前，内蒙古大板至锡林浩特段尚未建成通车。

沿线互通、出入口、服务区信息表

省份	沿线互通	出入口	服务区
辽宁	西土城、洋河、岫岩南、岫岩、偏岭、孤山、析木、牌楼、海城南、海城、朝阳、朝阳南、盘锦、大洼、惠州、黑水互通	西土城、洋河、岫岩南、岫岩、偏岭、孤山、析木、牌楼、海城南、海城、朝阳、朝阳南、盘锦、大洼、惠州、黑水出入口	辽河、松岭门、大庙、老建平服务区

国高主线	省　高				
并行线联络线	国　道	途经主要城市			
国　高	G25 国高编号				

G16丹锡高速公路
（丹东——锡林浩特）

线路信息表

途经省份	起点	终点	途径市、县	通车里程(km)
辽宁	丹东市东港市 孤山镇G11与G16交叉口	黑水（辽蒙界）	海城市、大石桥市、大洼县、盘山县、凌海市、朝阳县、龙城区	427.804
内蒙古	平庄（蒙辽界）	锡林浩特	巴林右旗、翁牛特旗、松山区、红山区、元宝山区	322.365

沿线互通、出入口、服务区信息表

省份	沿线互通	出入口	服务区
内蒙古	平庄，三眼井，赤峰南，赤峰，赤峰西，桥头，乌丹，巴林桥，查干花互通	平庄，赤峰南，赤峰，赤峰西，桥头，乌丹，巴林桥，查干花出入口	美丽河，桥头，头分地服务区，乌丹停车区

首　都　　省级行政中心　　地级行政中心　　国高起点　　国高终点　　县级行政中心

G18荣成至乌海高速公路

线路简介

G18（荣乌高速公路）是国家“71118+6”高速公路网18条东西横线中的第四横，是连接华东北部、华北中西部的东西横向干线，是连接环渤海港口工业城市和内蒙古西部的重要通道，也是内蒙古中西部的重要出海通道。

G18（荣乌高速公路）起点位于山东省荣成市滕家镇北省道，终点位于内蒙古自治区鄂尔多斯市鄂托克旗棋盘井收费站。规划里程1757.94km，通车里程1658.034km，四车道1540.771km，六车道117.263km。经过山东（威海、烟台、青岛、潍坊、东营、滨州）、河北（沧州、廊坊、保定）、天津、山西（大同、朔州）、内蒙古（呼和浩特、鄂尔多斯、乌海）。1996年8月，河北省冀津界至保定段率先开始施工。目前，山东草庙子镇至威海段、河北坡仓至涞源段、内蒙古棋盘井至乌海段尚未通车。

沿线互通、出入口、服务区信息表

省份	沿线互通	出入口	服务区
山东	大疃、张家产、侯家、宋村西、北海、酒馆、牟平东、牟平、莱山、杜家疃、崇义、东厅、古现、八角枢纽、大辛店、于家庄、黄成、龙口、招远北、招远、朱桥、莱州东、莱州、沙河、灰埠、郭家埠枢纽、新河、东冢、柳疃、泊子、侯镇、上口、卧铺、辛庄子枢纽、李庄、东营、东营北、垦利1、垦利2、东港路枢纽、陈庄、利津、沾化北、沾化西、滨州港、邓王互通	荣成收费站、大疃、张家产、侯家、双岛收费站、北海、酒馆、牟平东、牟平、莱山、杜家疃、崇义、东厅、古现、大辛店、于家庄、黄成、龙口、招远北、招远、朱桥、莱州东、莱州、沙河、灰埠、新河、东冢、柳疃、泊子、侯镇、上口、卧铺、李庄、东营、东营北、垦利1、垦利2、陈庄、利津、沾化北、沾化西、滨州港出入口	文登、蓬莱、招远、莱州、潍坊北、寿光、东营、利津服务区，昌邑、寿光、沾化停车区
河北	吕桥、黄骅北、黄骅枢纽、海兴	吕桥、黄骅北、海兴出入口	渤海新区、海兴服务区
天津	王庆坨、津同路、当城、杨柳青、张家窝、津文、青泊洼、小孙庄、团泊新城、团泊南、团泊南、郭庄子互通	津同路、杨柳青、津文、小孙庄、团泊新城、团泊南、郭庄子出入口	大港服务区

国高主线　省　高
并行线
联络线　国　道　途经主要城市
国　高　G25 国高编号

G18荣乌高速公路
(荣成——乌海)

线路信息表

途经省份	起点	终点	途径市、县	通车里程(km)
山东	荣成市滕家镇北省道S301	无棣县小泊头镇	荣成市、文登市、环翠区、牟平区、莱山区、芝罘区、福山区、蓬莱市、龙口市、招远市、莱州市、平度市、昌邑市、寒亭区、寿光市、广饶县、东营区、垦利县、利津县、沾化县、无棣县	600.296
河北	沧州市海兴县辛集镇（冀鲁界）	沧州市黄骅市齐家务乡（冀津界）	黄骅市、南大港管理区、海兴县	69.314
天津	大港区子牙新河特大桥	津保高速（津冀界）	武清区、西青区、静海区、滨海新区	79.282
河北	廊坊市安次区东沽港镇（冀津界）	保定市涞源县北石佛乡红泉村（冀晋界）	徐水区、满城区、易县、涞源县、容城县、雄县、霸州市、安次区	191.319
山西	大同市灵丘县落水河乡驿马岭隧道（晋冀界）	平鲁县（晋蒙界）	大同市灵丘县、浑源县、朔州市平鲁区、应县、山阴县	261.618
内蒙古	十七沟	棋盘井	鄂尔多斯市鄂托克旗、东胜区、伊金霍洛旗、杭锦旗、鄂托克旗、薛家湾镇、清水河县、准格尔旗	447.205

沿线互通、出入口、服务区信息表

省份	沿线互通	出入口	服务区
河北	商庄、大王店、满城北、狼牙山、坡仓、司各庄、涞源东、涞源南、涞源西、杨芬港、胜芳、霸州、大魏庄、雄县东、雄县、容城、徐水互通	容城、雄县、雄县东、霸州、胜芳、杨芬港、狼牙山、满城北、徐水、坡仓、司各庄、涞源南出入口	崔庄、雄县、霸州、徐水西、涞源北、司各庄服务区，涞源停车区
山西	灵山、平鲁、灵丘、平型关、王庄堡、浑源、应县、大运互通	驿马岭、汤头、东河南、灵丘、繁峙、平型关、王庄堡、浑源西、浑源、山阴、二道梁、平鲁东、凤凰城、大同、应县出入口	灵丘、王庄堡、浑源、平鲁、山阴、应县服务区，二道梁、向阳堡、山阴停车区
内蒙古	框框井、三北杨村、康巴什、泊江海、锡尼、沙井、乌兰镇、大饭铺、薛家湾、十七沟、清水河南、窑沟、蒙晋界、大饭铺、壕羊、沙圪堵、暖水、审山、碌碡坬互通	框框井站、三北羊场站、棋盘井站、康巴什、泊江海、锡尼、沙井、乌兰镇、薛家湾镇、十七沟、清水河南、窑沟、蒙晋界主线、大陆坬、沙圪堵、暖水、审山、碌碡坬出入口	柳青梁、清水河、包府服务区，框框井、三北羊场、泊江海,沙井,四十里梁停车区

G20青银高速公路（青岛——银川）

首　都　　国高起点
省级行政中心　　国高终点
地级行政中心　　县级行政中心

G20青岛至银川高速公路

线路简介

G20（青银高速公路）是国家“71118+6”高速公路网18条东西横线中的第五横，是连接东部沿海城市和中西部地区的重要通道，连接着西北地区和华北地区的诸多大中城市，是西北地区重要的出海通道，对于加强西北内陆和东部沿海之间的资源互通，促进沿线地区的经济社会发展发挥着巨大作用。

G20（青银高速公路）起点位于山东省青岛市市北区浮山后，终点位于宁夏回族自治区银川市银川收费站出口。规划里程1509.51km，通车里程1452.604km，四车道1381.398km，六车道71.206km。经过山东（青岛、潍坊、淄博、滨州、济南、德州、聊城）、河北（邢台、石家庄）、山西（阳泉、晋中、太原、吕梁）、陕西（榆林）、宁夏（吴忠、银川）。1989年青银高速公路山东青岛段率先开始施工，2009年10月青银高速公路山西夏家营至汾阳段建成，G20（青银高速公路）全线贯通。

沿线互通、出入口、服务区信息表

省份	沿线互通	出入口	服务区
山东	辽阳东路、东李、夏庄、西元庄、即墨、王演庄枢纽、蓝村、马店枢纽、大杜戈、姜庄、饮马、涌泉枢纽、治浑街、十里堡、挂角村、昌乐、寿光、青州东、于家枢纽、青州西、临淄、淄博、淄博西枢纽、周村、邹平、章丘、唐王枢纽、机场枢纽、荷花、崔寨、崔寨西枢纽、靳家、表白寺枢纽、齐河北、禹城南、高唐东、高唐、夏津互通	高新区、东李、夏庄、青岛、即墨、南泉、蓝村、胶州、高密、饮马、潍坊东、潍坊、潍城、昌乐、寿光、青州东、青州西、临淄、淄博、周村、邹平、章丘、荷花、崔寨、靳家、齐河北、禹城南、高唐东、高唐、夏津、鲁冀出入口	青岛、高密、潍坊、青州、淄博、邹平、济南、天桥、高唐、夏津服务区，齐河停车区
河北	清河、赵村、薛吴村、南宫、苏村枢纽、新河、宁晋、赵县、南安庄、栾城、永安、窦妪、石太、铜冶、大学城、井陉、秀林互通	清河、赵村、南宫、新河、宁晋、赵县、栾城、窦妪、铜冶、井陉西、秀林、井陉、鹿泉、南新城、石清路、西古城出入口	清河、南宫、宁晋、石家庄南、井陉服务区
山西	小店、罗城、焦城、汾平枢纽、吕梁环城、临离互通	旧关、平定、坡头、寿阳、峪头、交城、开栅、文水、杏花、汾阳、汾阳西、吴城、离石东、离石西、柳林东、柳林西出入口	阳泉、晋中、薛公岭、杏花服务区

国高主线 省高
并行线 联络线 国道 途经主要城市
国高 G25 国高编号

G20青银高速公路
（青岛——银川）

线路信息表

途经省份	起点	终点	途径市、县	通车里程(km)
山东	青岛市市北区浮山后	德州市夏津县渡口驿乡（山东段一期）	崂山区、李沧区、城阳区、即墨市、胶州市、高密市、昌邑市、坊子区、奎文区、潍城区、昌乐县、寿光市、昌乐市、临淄区、张店区、周村区、邹平县、章丘市、历城区、济阳县、天桥区、齐河县、禹城市、高唐县、夏津县	434.724
河北	邢台市清河县油坊镇（冀鲁界）	石家庄市井陉县天长镇（冀晋界）	清河县、威县、南宫市、新河县、宁晋县、赵县、栾城区、元氏县、鹿泉区、井陉县	225.064
山西	山西省阳泉市平定县娘子关镇（省界）	山西省柳林县薛村镇军渡村（省界）	阳泉市郊区、平定县、晋中市榆次区、寿阳县、吕梁市离石区、交城县、文水县、汾阳市、柳林县	330.806
陕西	吴堡县	定边县王圈梁	吴堡县、子洲县、靖边县、定边县	320.724
宁夏	宁陕界（王圈梁）	银川收费站	兴庆区、灵武市、盐池县	141.286

沿线互通、出入口、服务区信息表

省份	沿线互通	出入口	服务区
陕西	吴堡、辛家沟、中角、绥德、史家湾、子洲、巡检司、魏家楼、双城、杨家畔、靖边、靖边西、东坑、梁镇、安边、砖井、定边、王圈梁互通	吴堡、辛家沟、中角、绥德、子洲、巡检司、魏家楼、双城、杨家畔、靖边西、东坑、梁镇、安边、砖井、定边、王圈梁出入口	子洲、马岔、大桥畔服务区
宁夏	银川东、临河、宁东、宁东北、古窑子、宝塔（规划）、高沙窝、花马池、盐池互通	盐池、花马池、高沙窝、古窑子、宁东、宁东北、临河、银川东出入口	滨河、宁东、蔡家梁、盐池服务区

G22青兰高速公路
（青岛--兰州）

首　都　　国高起点
省级行政中心　　国高终点
地级行政中心　　县级行政中心

G22青岛至兰州高速公路

线路简介

G22（青兰高速公路）是国家“71118+6”高速公路网18条东西横线中的第六横，是一条连接华东北部、华北和西北的东西横向干线，也是西北地区的第二条出海通道。它的建成有利于改善高速公路路网布局。

G22（青兰高速公路）起点位于山东省青岛市四方区八号码头，终点位于终于甘肃省兰州市城关区收费站。规划里程1844.86km，通车里程1519.187km，四车道1152.465km，六车道366.722km。经过山东（青岛、潍坊、临沂、淄博、莱芜、泰安、济南、聊城）、河北（邯郸）、山西（长治）、陕西（延安）、宁夏（固原）、甘肃（平凉、定西、兰州）。2000年3月，青兰高速公路山西长治至河北邯郸段率先开始施工。目前，山东泰安至鲁冀界、山西长治至临汾段尚未通车。

沿线互通、出入口、服务区信息表

省份	沿线互通	出入口	服务区
山东	瑞昌路、四流中路、双埠、红岛、河套、营海、崖逄、黄岛、黄山、胶南、里岔、辛兴、诸城东、诸城、诸城西、孟疃、杨庄、马站、诸葛、张家坡、沂源东、沂源、鲁村、辛庄、莱芜互通	红岛、河套、营海、崖逄、黄山、胶南、里岔、辛兴、诸城东、诸城、诸城西、孟疃、杨庄、诸葛、张家坡、沂源东、沂源、鲁村、辛庄出入口	胶州、诸城西、诸城、诸城东、杨庄、沂源、莱芜服务区
河北	金滩、大名、杨桥枢纽、魏县、广平、成安、高臾、林峰、史村、淑村、磁山、龙虎、涉县东、人民路、邢东里堡、商城互通	金滩镇、大名县北、魏县、漳河店、成安、成安西出入口	大名、广平服务区
山西	黎城北、黎城、西贾、潞城、长治北、南辛店、光华、乡宁、吉县、壶口、临汾枢纽互通	东阳关、黎城、潞城、长治北、长治、临汾枢纽、南辛店、光华、乡宁、吉县、壶口主线、壶口景区出入口	东阳关、襄汾西、吉县、乡宁、潞城服务区

国高主线　省　高
并行线联络线　国　道　途经主要城市
国　高　G25 国高编号

G22青兰高速公路
（青岛——兰州）

线路信息表

途经省份	起点	终点	途经市、县	通车里程(km)
山东	青岛市四方区八号码头	淄博市莱城区博莱互通	四方区、李沧区、城阳区、胶州市、胶南市、诸城市、沂水县、沂源县、莱城区	360.133
河北	邯郸市大名县金滩镇（鲁冀省界）	邯郸市涉县神头乡响堂铺村（冀晋省界）	大名县、魏县、广平县、成安县、邯郸县、马头工业城、复兴区、磁县、峰峰矿区、武安市、涉县	190.562
山西	长治市黎城县东阳关镇（省界）	临汾市吉县壶口镇（省界）	长治市郊区、黎城县、屯留县、潞城市、临汾市襄汾县、乡宁县、吉县	166.563
陕西	宜川县壶口镇	富县张家湾镇雷家角	宜川县、黄龙县、洛川县、富县	192.177
宁夏	沿川子(甘宁界)	毛家沟（宁甘界)	隆德县、泾源县	66.870
甘肃	太白主线收费站	兰州收费站	合水县、庆阳市、庆城县、西峰区、平凉市、泾川县、静宁县、会宁县、榆中县、兰州市	542.882

沿线互通、出入口、服务区信息表

省份	沿线互通	出入口	服务区
陕西	壶口、秋林、宜川、瓦子街、厢寺川、厢西堡、富县南、龙头河、张村驿、直罗、张家湾互通	壶口、秋林、宜川、瓦子街、厢寺川、富县南、张村驿、直罗、张家湾出入口	壶口、厢寺川、张村驿服务区
宁夏	隆德互通	隆德、毛家沟出入口	泾源、神林服务区（规划)(现为停车区)
甘肃	长庆桥、十八里铺互通	太白主线、太白匝道、连家砭、老城、合水、庆城、驿马、庆阳北、庆阳南、肖金、长官、长庆桥、罗汉洞、泾川东、泾川西、白水、四十里铺、平凉东、平凉西、崆峒主线、司桥、静宁、大山川、会宁、西巩驿、巉口、甘草店、三角城、定远、柳沟河、兰州东、兰州收费站出入口	会宁、静宁、平凉、王村、泾川、驿马、庆城、合水、庆阳服务区，蒿咀铺停车区

G30连霍高速公路（连云港——霍尔果斯）

首都　省级行政中心　地级行政中心　国高起点　国高终点　县级行政中心

G30连云港至霍尔果斯高速公路

线路简介

G30（连霍高速公路）是国家“71118+6”高速公路网18条东西横线中的第七横，是连接江苏、安徽、河南、陕西、甘肃、新疆六省（自治区）的重要省际通道，横贯我国中部地区，是我国最长的一条高速公路。G30（连霍高速公路）东起江苏连云港港区，西至新疆维吾尔自治区霍尔果斯口岸，打通了西北、中原及东部沿海的高速公路通道，是著名的亚欧大陆桥通道。随着我国“一带一路”倡议的提出，连霍高速公路已成为国家“一带一路”重要公路交通大动脉。

G30（连霍高速公路）起点位于江苏省连云港港区，终点位于新疆伊犁哈萨克自治州霍城县霍尔果斯口岸。规划里程4265.05km，通车里程4019.092km，四车道3179.898km，六车道19.222km，八车道及以上793.492km，一级路26.480km。经过江苏（连云港、徐州）、安徽（宿州、淮北）、河南（商丘、开封、洛阳、郑州、三门峡）、陕西（渭南、西安、咸阳、宝鸡）、甘肃（定西、兰州、武威、金昌、张掖、酒泉）、新疆（哈密、吐鲁番、乌鲁木齐、昌吉、石河子、塔城、博尔塔拉、伊犁）。1987年10月，陕西西安至临潼高速公路率先开始施工，2016年11月新疆乌鲁木齐绕城高速（东线）公路建成，G30（连霍高速公路）全线贯通。

沿线互通、出入口、服务区信息表

省份	沿线互通	出入口	服务区
江苏	大港路枢纽、新墟、大岛山、宁海枢纽、锦屏枢纽、平明、东海、东海西、新沂枢纽、北沟枢纽、新沂、新沂西、邳州东、邳州西、东探、林东枢纽、八义集、徐州、徐州南、罗岗枢纽互通	新墟、宁海枢纽、平明、东海、东海西、新沂、新沂西、邳州东、邳州西、东探、八义集、徐州、徐州南出入口	锦屏山、东海、港头、邵楼、议堂、毕庄停车区
安徽	朱圩子枢纽、朱圩子、丁里、张庄寨互通	皖苏省界主线、朱圩子、丁里、张庄寨、皖豫省界主线出入口	王寨服务区
河南	芒砀山、芒山立交、夏邑、虞城、张庄立交、商丘南、商丘、史楼立交、陈庄立交、宁陵、民权、小王庄立交、兰考、兰考枢纽立交、开封东,孙寺立交、开封、中牟、刘江枢纽立交、东三环北、柳林、花园路、文化路、惠济、沟赵、广武枢纽立交、荥阳、上街、巩义东、林汝高速立交、巩义、偃师、孟津、朱家仓立交、洛阳东、孟津城区、洛阳、霍村立交、新安、新安西、义马、渑池、观音堂、三门峡东、三门峡西、梨园互通立交、灵宝、灵宝西、豫灵互通	豫皖界、芒砀山、夏邑、虞城、商丘南、商丘、宁陵、民权、兰考、开封东,开封、中牟、东三环北、柳林、花园路、文化路、惠济、沟赵、荥阳、上街、巩义东、巩义、偃师、孟津、洛阳东、孟津城区、洛阳、新安、新安西、义马、渑池、观音堂、三门峡东、三门峡西、灵宝、灵宝西、豫灵、豫陕省界收费站出入口	豫皖界、夏邑、商丘、宁陵、民权、开封、中牟、郑州北、巩义、洛阳、义昌、三门峡、灵宝、豫陕省界服务区、渑池西停车区
陕西	秦东、港口、华阴、罗夫、华县、华县西、赤水、渭南东、渭南西、零口、新丰、靳家、兵马俑、临潼西、豁口、方家村、帽耳刘、咸阳、咸阳西、西吴、阿房宫、咸阳南、沣渭、兴平、武功、杨凌、杨凌西、绛帐、兰家、常兴、眉县、蔡家坡、虢镇、千河、宝鸡、姜城、宝鸡西、坪头、陈仓互通	秦东、港口、华阴、罗夫、华县、华县西、渭南东、渭南西、新丰、靳家、兵马俑、临潼西、豁口、方家村、帽耳刘、咸阳、咸阳西、阿房宫、咸阳南、沣渭、兴平、武功、杨凌、杨凌西、绛帐、兰家、常兴、眉县、蔡家坡、虢镇、宝鸡、姜城、宝鸡西、坪头、陈仓出入口	渭南西、华山、临潼、武功、眉县、宝鸡西服务区

国高主线　省　高　途经主要城市
并行线
联络线　国　道
国　高　G25 国高编号

G30连霍高速公路
（连云港——霍尔果斯）

线路信息表

途经省份	起点	终点	途径市、县	通车里程(km)
江苏	连云港港区	老山口（苏皖界）	连云港市区、海州区、东海县、新沂市、邳州市、铜山区、云龙区	235.792
安徽	宿州市老山口（皖苏省界）	宿州市萧县朱大场（皖豫省界）	宿州市、萧县、淮北市、杜集区	47.934
河南	永城市朱大厂村南500m（豫皖界）	灵宝市豫灵镇杨家村（豫陕省界）	永城市、夏邑县、虞城县、商丘市睢阳区、梁园区、宁陵县、民权县、兰考县、开封市祥符区、龙亭区、中牟县、郑州市、郑东新区、金水区、惠济区、高新技术开发区、荥阳市、上街区、巩义市、偃师市、孟津县、洛阳市老城区、新安县、义马市、渑池县、三门峡市陕州区、湖滨区、灵宝市	609.963
陕西	潼关县西北村	宝鸡市陈仓区牛背村	潼关县、华阴市、临渭区、临潼区、灞桥区、长安区、秦都区、兴平市、武功县、杨凌区、扶风县、眉县、岐山、陈仓区、金台区、渭滨区	332.468
甘肃	东岔主线收费站	柳园北主线收费站	麦积区、秦州区、清水县、天水市、甘谷县、武山县、陇西县、定西市、榆中县、兰州市、永登县、天祝县、古浪县、武威市、永昌县、山丹县、张掖市、民乐县、高台县、酒泉市、嘉峪关市、玉门市、瓜州县	1458.245
新疆	哈密市星星峡	霍城县霍尔果斯口岸	哈密市、鄯善县、吐鲁番市、乌鲁木齐市、昌吉市、呼图壁县、玛纳斯县、石河子市、沙湾县、奎屯市、乌苏市、精河县、霍城县	1334.690

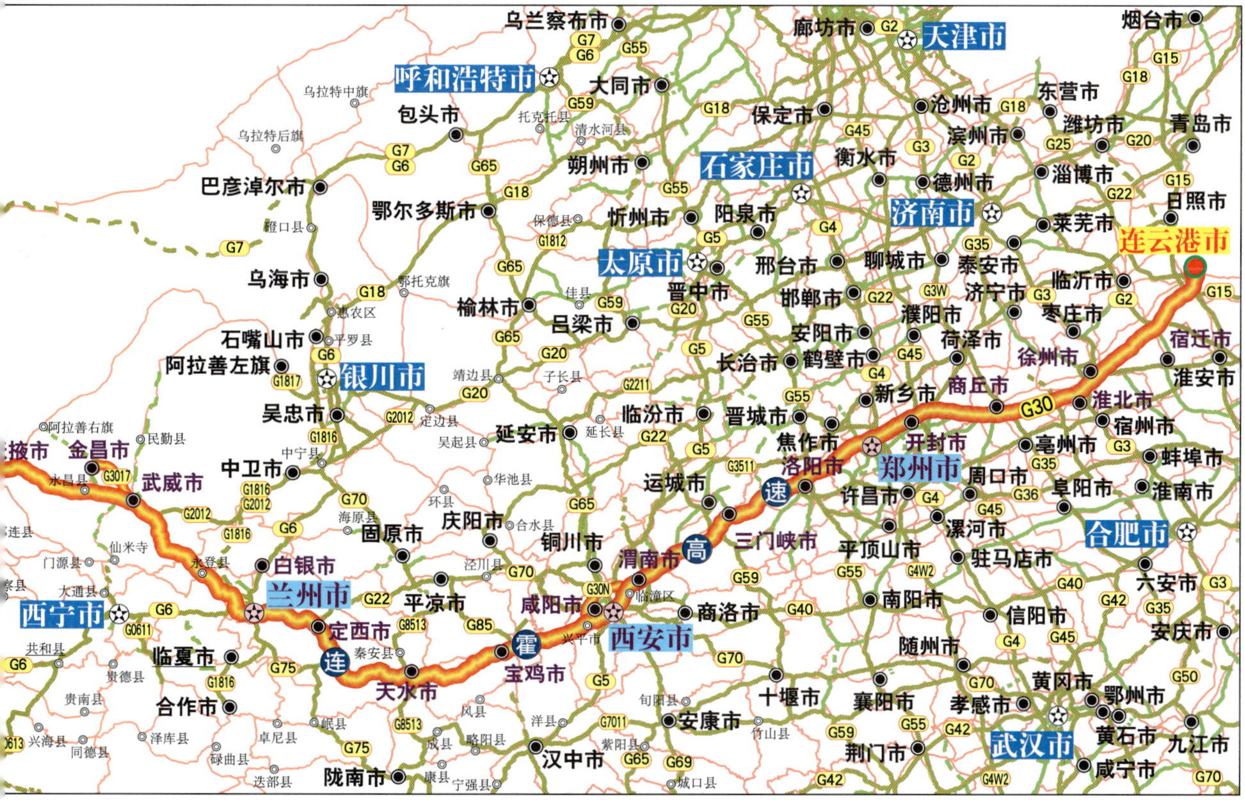

沿线互通、出入口、服务区信息表

省份	沿线互通	出入口	服务区
甘肃	十八里铺、忠和、双塔、武威、柳园互通	东岔主线、东岔匝道、桃花坪、利桥、石门、街亭、天水东、天水南、天水西、关子、甘谷、磐安、洛门、武山、鸳鸯、文峰、通安驿、定西、定西北、定西南、兰州北、傅家窑、龙泉寺、永登、中堡、武胜驿、天祝、安门、古丰、古浪、双塔、黄羊、武南、武威、丰乐、永昌南、永昌、马营口、丰城堡、山丹东、山丹西、老寺庙、张掖、张掖西、临泽、高台、梧桐泉、清水、下河清、总寨、酒泉、嘉峪关、黑山湖、清泉、赤金、低窝铺、玉门东、玉门西、桥湾、双塔、瓜州、柳园匝道、柳园北主线出入口	柳园、瓜州停车区、布隆吉、玉门、酒泉、高台、张掖、山丹、永昌、武威、安门、永登、兰州北、接驾嘴、定西、通安驿、鸳鸯、甘谷、甘泉、桃花坪停车区、百花服务区、大泉东、清泉、华藏寺停车区
新疆	烟墩、骆驼圈子、沁城、红星四场、北出口、哈密市八一、火石泉、二堡、德外里、柳树泉、沙枣泉、三道岭东、三道岭东西交、砂墩子、红山口、红台集气站、二堡匝道桥、火焰山匝道桥、七克台东右线式、七克台火车站、鄯善东、鄯善西、连木沁、苏巴什、达坂城、盐湖、柴窝堡、化肥厂、芨南、乌拉泊、仓房沟、西山、西站、八钢、阿苇滩、昌吉、呼图壁（昌吉高新区、世纪大道未交工）、阿苇滩、奎屯东、奎屯西、乌苏东、西大沟、红星农场、高泉、古尔图、玛纳斯、石河子、乌兰乌苏收费站桥、沙湾收费站桥、安集海互通	雅满苏、骆驼圈子、沁城、红星四场、哈密机场、哈密巴里坤、哈密八一大道、火石泉、二堡镇、德外里、柳树泉、沙枣泉、三道岭东、三道岭西、砂墩子、红山口七角井、红台集气站、二堡乡、火焰山、火焰山景区路、碱泉子、哈密、吐鲁番、火车站、鄯善城区、柯克亚、连木沁、大峡谷、达坂城、盐湖化工厂、柴窝堡/白杨沟、新疆化肥厂、艾维尔沟、奎屯、仓房沟、头屯河/西过境路、外环路、国际机场/米东区、八钢/乌昌路、奎屯市、独山子区、奎屯市、独山子区、乌苏市、乌苏市西大沟镇、乌苏市红星镇、乌苏市高泉镇、乌苏市古尔图镇、玛纳斯、石河子、乌兰乌苏、沙湾、沙湾大盘美食城、安集海出入口	星星峡、骆驼圈子、哈密、一碗泉、沙尔湖（未交付使用）、南湖、吐峪沟、小草湖、盐湖、三坪、五工台、石河子、奎屯、红星（未交付使用）、托托（未交付使用）、精河（原八家户）、五台（未交付使用）、赛里木湖（未交付使用）、果子沟（仅有停车功能）服务区

G36宁洛高速公路（南京——洛阳）

☆首　都　　● 国高起点
☆省级行政中心　　○ 国高终点
● 地级行政中心　　◎ 县级行政中心

G36南京至洛阳高速公路

线路简介

G36（宁洛高速公路）是国家“71118+6”高速公路网18条东西横线中的第八横，是连接江苏、安徽、河南三省的重要省际通道，是中原地区连接长三角区域的高速公路运输线，G36（宁洛高速公路）对国土均衡开发、改善路网布局和加快经济社会发展具有重要意义。

G36（宁洛高速公路）起点位于江苏省南京市马群街道，终点位于河南省孟津县麻屯镇任屯村。规划里程750km，通车里程754.887km，四车道706.362km，六车道44.407km，一级路4.118km。经过江苏（南京）、安徽（滁州、蚌埠、亳州、阜阳）、河南（漯河、周口、平顶山、洛阳）。1997年10月南京长江第二大桥率先开始施工，2006年5月河南平顶山至临汝高速公路建成，G36（宁洛高速公路）全线贯通。

沿线互通、出入口、服务区信息表

省份	沿线互通	出入口	服务区
江苏	马群枢纽、东杨坊、华电北路、柳塘、八卦洲服务区、新华路、雍庄枢纽、六合南枢纽互通	东杨坊、华电北路、柳塘、八卦洲出入口	八卦洲服务区
安徽	汊河新区、滁州东枢纽、滁州、黄泥岗、三界、明光东、明光西、明光枢纽、江山枢纽、小岗村、沫河口、蚌埠北、大刘郢枢纽、怀远西蒙城、望疃枢纽、利辛东、利辛、利辛西，刘小集枢纽、太和互通	曹庄主线、汊河新区、滁州、黄泥岗、三界、明光东、明光西、小岗村、沫河口、蚌埠北、怀远西、蒙城、利辛东、利辛、利辛西、太和、界首主线站、光武出入口	曹庄、嘉山、林东半岛、大溪河、四方湖、吕望、三角元服务区

国高主线　省高　(☆)
并行线 联络线　国道　途经主要城市
国高　G25 国高编号　●

G36宁洛高速公路

（南京——洛阳）

线路信息表

途经省份	起点	终点	途径市、县	通车里程(km)
江苏	马群街道	新集（苏皖界）	南京市栖霞区、六合区	35.157
安徽	滁州市来安县曹庄（皖苏界）	界首市常胜沟大桥（皖豫界）	滁州市南谯区、琅琊区、来安县、明光市、凤阳县，蚌埠市淮上区、五河县、怀远县，亳州市蒙城县、利辛县，阜阳市太和县、界首市	352.597
河南	沈丘县常胜沟大桥东（豫皖界）	孟津县麻屯镇任屯村	周口市沈丘县、项城市、商水县、川汇区，漯河市召陵区、源汇区、舞阳县，平顶山市叶县、湛河区、新华区、宝丰县、汝州市，洛阳市伊川县、洛龙区、高新区、涧西区、西工区、孟津县、汝阳县	367.133

沿线互通、出入口、服务区信息表

省份	沿线互通	出入口	服务区
河南	纸店、沈丘、项城、大广枢纽、周口、商南高速、谭庄、宁洛—京港澳枢纽、漯河西、舞阳、宁洛—许广枢纽、宁洛—兰南枢纽、叶县北站、平顶山南站、平顶山新城区站、余官营、宝丰站、宁洛—南林枢纽、小屯站、汝州站、温泉站、汝阳收费站、汝阳工业区、伊川、彭婆枢纽、伊川北、梁刘、洛阳新区、高新区、五龙沟、涧西、任屯互通	豫皖界主线、纸店、沈丘、项城、周口、谭庄、漯河西、舞阳、叶县北、平顶山南站、平顶山新城区站、宝丰站、小屯站、汝州站、温泉站、汝阳、伊川、伊川北、洛阳新区、洛阳高新区、洛阳涧西收费站出入口	沈丘、周口、谭庄、漯河西、平顶山西、汝州服务区，汝阳、豫皖界停车区

G40沪陕高速公路
（上海——西安）

首　都　　国高起点
省级行政中心　　国高终点
地级行政中心　　县级行政中心

G40上海至西安高速公路

线路简介

G40（沪陕高速公路）是国家"71118+6"高速公路网18条东西横线中的第九横，是连接上海、江苏、安徽、河南、陕西五省（直辖市）的重要省际通道，连接华东、华中与西北地区，显著改善中国西部地区与中东部地区之间的交通条件和经济联系，是长江三角洲都市圈向华中、西北地区辐射的重要高速通道。

G40（沪陕高速公路）起点位于上海市浦东新区五号沟，终点位于陕西省西安市灞桥区。规划里程1374km，通车里程1293.812km，四车道550.119km，六车道714.018km，八车道及以上29.675km。经过上海、江苏（南通、泰州、扬州、南京）、安徽（滁州、合肥、六安）、河南（信阳、驻马店、南阳）、陕西（商洛、西安）。1993年10月安徽合宁公路龙塘至周庄段高速公路率先开工建设，2012年江苏江都至六合高速公路建成，全线贯通。

沿线互通、出入口、服务区信息表

省份	沿线互通	出入口	服务区
上海	沪崇苏立交互通	长兴岛、陈海公路、向化公路、沪苏主线收费站出入口	长兴岛、港沿服务区
江苏	启东南、启东东、启东北、大生、悦来、海门叠石桥、小海枢纽、先锋、兴仁、南通北枢纽、陈桥、九华枢纽、如皋港、葛市、季市、广陵、广陵枢纽、泰兴东、泰兴北、宣堡枢纽、泰州、正谊东、江都南、广陵、汤汪、通港路、汊河枢纽、八字桥、仪征北、后圩、新篁南枢纽、六合东、正谊枢纽、张纲、杭集、扬州东、通港、汊河枢纽、蒋王、新集、新城、曹山、十五里墩、六合东、通江、龙池、雍庄枢纽、六合南枢纽、花旗营、江浦、张店枢纽、侯庄、汤泉互通	启东南、启东东、启东北、大生、悦来、海门叠石桥、先锋、兴仁、陈桥、如皋港、葛市、季市、广陵、泰兴东、泰兴北、泰州、正谊东、江都南、广陵、汤汪、通港路、八字桥、仪征北、后圩、六合东、张纲、杭集、扬州东、通港、蒋王、新集、新城、曹山、十五里墩、六合东、通江、龙池、花旗营、江浦、侯庄、汤泉出入口	汤泉、杰海、老山、龙池、仪征、正谊、宣堡、先锋、麒麟、崇启大桥服务区
安徽	全椒枢纽、全椒、大墅、陇西枢纽、路口枢纽、三十头、双墩、岗集、合肥西枢纽、机场、高刘、高店枢纽、六安北、徐集枢纽、姚李、大顾店枢纽互通	皖苏吴庄主线、全椒、大墅、三十头、双墩、岗集、机场、高刘、六安北、姚李、大顾店、皖豫叶集主线站出入口	吴庄、大墅、文集、众兴、新桥、西桥服务区、罗集停车区

国高主线　省　高
并行线联络线　国　道　途经主要城市
国　高　G25 国高编号

G40沪陕高速公路
（上海——西安）

线路信息表

途经省份	起点	终点	途径市、县	通车里程(km)
上海	浦东新区五号沟	崇明区崇启大桥（沪苏界）	浦东新区、崇明区	56.261
江苏	大兴（苏沪界）	星甸（苏皖界	启东市、海门市、崇川区、通州区、如皋市、泰兴市、泰州市区、扬州市区、仪征市、六合区、江都区、广陵区、邗江区、南京市区、浦口区	265.389
安徽	滁州市全椒县周庄大滁河桥（皖苏省界）	六安市叶集区史河大桥（皖豫省界）	滁州市、全椒县、合肥市巢湖市、肥东县、长丰县、肥西县、六安市、金安区、裕安区、霍邱县、叶集区	242.145
河南	河南省固始县叶集镇史河东岸（豫皖界）	西峡县西坪镇(豫陕界)	固始县、商城县、潢川县、光山县、罗山县、信阳市平桥区、浉河区、平桥区、桐柏县、泌阳县、唐河县、南阳市、宛城区、卧龙区、镇平县、内乡县、西峡县	518.821
陕西	商南县富水镇	西安市灞桥区	商南县、丹凤县、商州区、蓝田县、灞桥区	241.196

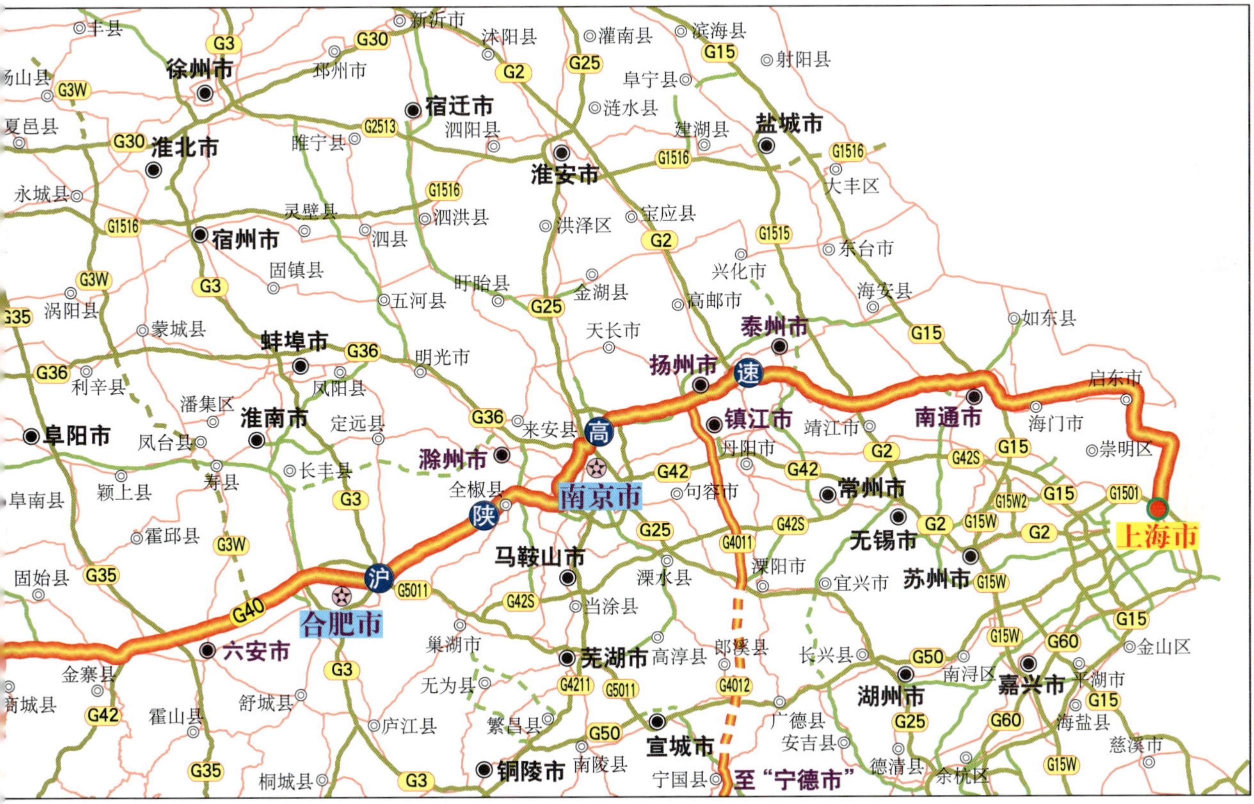

沿线互通、出入口、服务区信息表

省份	沿线互通	出入口	服务区
河南	固始站、淮息淮固、商城站、潢川站、大广、光山站、仙居站、罗山站、京港澳、信阳新区站、信阳西站、查山收费站、毛集收费站、马谷田区、泌阳收费站、唐河东、唐河、唐河西、陈官营区、翟庄、卧龙西站、张华岗、镇平站、晁陂站、内乡站、内乡莲花池、丹水、西峡、丁河、柳林沟、西坪互通	豫皖界主线、固始站、商城站、潢川站、光山站、仙居站、罗山站、信阳新区站、信阳西站、查山、毛集、泌阳、唐河东、唐河、唐河西、翟庄、卧龙西站、镇平站、晁陂站、内乡站、丹水站、西峡站、丁河站、西坪站、豫陕界主线出入口	商城、光山、罗山、信阳西、毛集、泌阳、唐河、镇平、西峡服务区，唐河、重阳停车区
陕西	商南西、过风楼、金丝峡、竹林关、丹凤、棣花、商洛东、商洛、板桥、洛南、腰市、灞塬、玉山、蓝田、华胥、田王服务区互通	商南西、过风楼、金丝峡、竹林关、丹凤、棣花、商洛东、商洛、板桥、腰市、灞塬、玉山、蓝田、华胥、田王出入口	丹凤、金丝峡、蓝田东、商洛北服务区，草坪沟、胡家沟、梁家湾、孝义、夜村停车区

G42沪蓉高速公路
（上海——成都）

首　都　　国高起点
省级行政中心　　国高终点
地级行政中心　　县级行政中心

G42上海至成都高速公路

线路简介

G42（沪蓉高速公路）是国家“71118+6”高速公路网18条东西横线中的第十横，是连接上海、江苏、安徽、湖北、重庆、四川六省（直辖市）的重要省际通道。G42（沪蓉高速公路）横贯我国长江经济带北部，是长江三角洲都市圈沿长江向中西部辐射的重要通道，对长江经济带北部的发展具有重要的支撑作用，对发展水路联运，带动长江经济带发展具有积极影响。

G42（沪蓉高速公路）设计起点位于上海市普陀区中环真北路立交与武宁路地面道路交界处，终点位于四川省成都市成都收费站。规划里程1583km，通车里程1562.572km，四车道1355.134km，六车道26.638km，八车道及以上152.868km，一级路27.932km。经过上海、江苏（苏州、无锡、常州、镇江、南京）、安徽（滁州、合肥、六安）、湖北（武汉、荆门、宜昌）、重庆、四川（广安、南充、遂宁、德阳、成都）。1992年6月沪宁高速公路江苏段率先开工建设，目前，江苏至安徽段借用G40（沪陕高速公路）路线。

沿线互通、出入口、服务区信息表

省份	沿线互通	出入口	服务区
上海	同三沪宁、嘉金沪宁、嘉闵沪宁、环西沪宁、中环真北路互通	绿地大道、花桥主线收费站、汽车城、嘉松公路、嘉闵高架、江桥主线收费站、华江路出入口	无
江苏	陆家、昆山、正仪枢纽、苏州工业园、苏州北枢纽、苏州东、苏州新区、东桥枢纽、硕放枢纽、无锡机场、无锡东、无锡枢纽、无锡北枢纽、玉祁、横林枢纽、横山、青龙、常州北、薛家、罗溪枢纽、罗墅湾、丹阳东、丹阳、河阳、镇江枢纽、丹徒枢纽、句容、汤山、麒麟枢纽、马群枢纽、万花楼、钟学北路、伍佰户、郑家营、石杨路、高桥门枢纽、双龙街、玉兰路、花神庙枢纽、铁心桥、油坊桥、经四路、黄河路、绕越枢纽、天后村、高旺、张店枢纽、侯庄、汤泉互通	陆家、昆山、苏州工业园、苏州东、苏州新区、无锡机场、无锡东、无锡北、玉祁、横山、青龙、常州北、薛家、罗墅湾、丹阳东、丹阳、河阳、句容、汤山、万花楼、钟学北路、伍佰户、郑家营、石杨路、双龙街、玉兰路、铁心桥、油坊桥、经四路、黄河路、天后村、高旺、侯庄出入口	阳澄湖、梅村、芳茂山、窦庄、仙人山、黄栗墅服务区
安徽	全椒枢纽、全椒、大墅、陇西枢纽、路口枢纽、三十头、双墩、岗集、合肥西枢纽、机场、高刘、高店枢纽、六安北、徐集枢纽、姚李、大顾店枢纽、金寨、古碑、丁埠、天堂寨互通	皖苏吴庄主线、全椒、大墅、三十头、双墩、岗集、机场、高刘、六安北、姚李、金寨、古碑站、丁埠站、天堂寨、皖鄂长岭关主线站出入口	吴庄、大墅、文集、众兴、新桥、西桥、罗集、梅山、天堂寨、长岭关服务区

国高主线　省高
并行线 联络线　国道　途经主要城市
国高　G25 国高编号

G42沪蓉高速公路
（上海——成都）

线路信息表

途经省份	起点	终点	途径市、县	通车里程(km)
上海	普陀区中环真北路立交与武宁路地面道路交界处	嘉定区安亭镇沪苏界	嘉定区、青浦区、闵行区、普陀区	24.226 [与G2（京沪高速公路）共线]
江苏	花桥（苏沪界）	星甸（苏皖界）	昆山市、吴中区、相城区、金阊区、滨湖区、锡山区、惠山区、武进区、新北区、丹阳市、镇江市区、句容市、江宁区、栖霞区、玄武区、秦淮区、雨花台区、建邺区、浦口区	180.80
安徽	滁州市全椒县周庄滁河大桥（皖苏省界）	六安市金寨县长岭关（皖鄂省界）	滁州市、全椒县、合肥市、巢湖市、肥东县、长丰县、肥西县、六安市、金安区、裕安区、霍邱县、金寨县	90.869
湖北	麻城木子店镇长岭关	巴东县沿渡河镇枫木村	麻城市、红安县、黄陂区、东西湖区、汉川市、应城市、天门市、京山县、掇刀区、东宝区、当阳市、夷陵区、兴山县、巴东县	594.675
重庆	巫山县小三峡收费站	垫江县牡丹源收费站	巫山县、奉节县、云阳县、万州区、梁平区、垫江县	339.862
四川	广安市邻水县毕家坝收费站	成都市成都收费站	成都市辖区、金堂县、德阳市中江县、遂宁市蓬溪县、遂宁市辖区、南充市辖区、广安市岳池县、广安市辖区、华蓥市、邻水县	356.366

沿线互通、出入口、服务区信息表

省份	沿线互通	出入口	服务区
湖北	麻城枢纽、新集枢纽、黄陂枢纽、横店枢纽、东西湖枢纽、钱场枢纽、荆门枢纽、夷陵枢纽、高家店枢纽互通	木子店、麻城东、永佳河、红安、熊许、骆驼铺、盘龙城、相泉、新沟、汉川、长江埠、应城、天门北、京山南、太子山、钟祥、石牌、掇刀、育溪、当阳、玉泉胡同、双莲、鸦鹊岭、黄花、雾渡河、高岚、兴山、巴东、神农溪出入口	木子店、中馆驿、长岭岗、汉川、天门北、钟祥、石牌、白河、雾渡河、兴山、巴东服务区，黄花、应城、京山、石牌、鲁台、景山河停车区
重庆	古家坝枢纽、太平枢纽互通	小三峡主线、骡平、巫山、草堂、夔门、奉节、红狮、云阳、小周、天城、高粱、万州、分水、孙家、梁平、云龙、周嘉、牡丹园主线出入口	梁平、万州、云阳、奉节、巫山服务区
四川	邻水枢纽、广门枢纽、二绕成南枢纽、螺蛳坝枢纽互通	成都、龙泉驿、成都青白江、成都白果、成都金堂、仓山、德阳中江、遂宁蓬溪、桂花、遂宁蓬溪、遂宁大英、大英、南江收费站、高坪区、兰海高速、南充市嘉陵区、南充绕城高速、南充嘉陵区、广安、红庙、岳池、顾县、毕家坝、石滓、袁市、邻水、天池、华蓥、油炸沟出入口	成都、淮口、苍山、遂宁、南充、岳池、毕家坝、荆坪服务区

首　都　　国高起点
省级行政中心　　国高终点
地级行政中心　　县级行政中心

G50上海至重庆高速公路

线路简介

G50（沪渝高速公路）是国家“71118+6”高速公路网18条东西横线中的第十一横，是连接上海、江苏、浙江、安徽、湖北、重庆六省（直辖市）的重要省际通道。G50（沪渝高速公路）贯穿我国长江经济带南部，是长江三角洲都市圈沿江向中西部辐射的重要通道，对长江经济带南部的发展具有重要的支撑作用，对于加强长三角区域的经济活动往来具有重大意义，使中国东南沿海区域与内陆联系更加密切。

G50（沪渝高速公路）起点位于上海闵行区外环延安西路立交，终点位于重庆渝北北环互通。规划里程1711.47km，通车里程1684.015km，四车道1533.029km，六车道150.986km。经过上海、江苏（苏州、常州、镇江、南京）、浙江（湖州）、安徽（宣城　、芜湖、铜陵、池州、安庆）、湖北（黄冈、黄石、鄂州、武汉、孝感、仙桃、荆州、荆门、宜昌、恩施土家族苗族自治州）、重庆。1987年武黄高速公路率先开始施工，2014年12月安徽安庆长江大桥北岸接线建成，G50（沪渝高速公路）全线贯通。

沿线互通、出入口、服务区信息表

省份	沿线互通	出入口	服务区
上海	同三、嘉金、嘉闵、虹渝、外环互通	中春路、徐南路、徐泾主线收费站、沪亭北路、嘉松中路、青浦城区、朱枫公路、西岑、金泽、沪苏主线收费站出入口	淀山湖服务区
江苏	芦墟、芦墟、北库、黎里、平望枢纽、平望、横扇、七都互通	芦墟、北库、黎里、平望、横扇、七都出入口	平望服务区
浙江	南浔、织里、湖州、李家巷枢纽、长兴西、林城、泗安枢纽、泗安互通	浙苏主线、南浔、织里、湖州、长兴西、林城、泗安、浙皖省际出入口	湖州，长兴服务区
安徽	广德东、广德、广德西、誓节枢纽、十字、宣城枢纽、宣城东、宣城西、芜宣枢纽、湾沚、六郎枢纽、芜湖枢纽、芜湖南、娥桥、繁昌、铜陵枢纽、上水桥枢纽、九华山北、池州、殷汇、大渡口、大渡口枢纽、安庆大桥、安庆、安庆北、鸽子墩枢纽、车轴寺、潜山枢纽、太湖、宿松互通	皖浙主线、广德东、广德、广德西、十字、宣城东、宣城西、湾沚、芜湖南、娥桥、繁昌、铜陵、九华北、安庆北、池州、殷汇、大渡口、安庆大桥、安庆、安庆北、车轴寺、潜山、太湖、宿松主线出入口	广德、绿锦、新竹、千军、顺安、天门、马衙、牛头山、大龙山、公岭、王河、太湖、宿松服务区

国高主线　　省　高　　
并行线联络线　　国　道　　途经主要城市
国　高　　G25 国高编号

G50沪渝高速公路
（上海——重庆）

线路信息表

途经省份	起点	终点	途径市、县	通车里程(km)
上海	闵行区外环延安西路立交	青浦区金泽镇（沪苏界）	闵行区、青浦区、松江区	48.319
江苏	芦墟（苏沪界）	八都（苏浙界）	吴江市	49.947
浙江	浙苏省界（南浔）	浙皖省界（界牌）	湖州市南浔区、吴兴区、长兴县	88.225
安徽	宣城市广德县词山岗界牌（皖浙界）	安庆宿松县佐坝乡（皖鄂界）	宣城市、广德县、郎溪县、宣州区、芜湖市、芜湖县、鸠江区、弋江区、三山区、繁昌县、铜陵市、义安区、郊区、池州市、贵池区、东至县、安庆市、迎江区、宜秀区、怀宁县、潜山县、太湖县、宿松县	437.153
湖北	黄梅县独山镇界子墩	利川市白羊塘	黄梅县、武穴市、蕲春县、浠水县、黄石市、鄂城区、华容区、江夏区、蔡甸区、汉川市、仙桃市、潜江市、沙市区、荆州区、枝江市、夷陵区、猇亭区、宜都市、长阳土家族自治县、巴东县、建始县、恩施市、利川市	787.017
重庆	石柱县冷水收费站	渝北北环互通	石柱县、忠县、垫江县、长寿区、江北区	273.354

沿线互通、出入口、服务区信息表

省份	沿线互通	出入口	服务区
湖北	黄梅、大广北、大广南、豹澥、武汉南、郑店、汉洪军山、永安、珠玑、岳桥、高家店、翻坝桥南互通	花桥、武穴、蕲春、散花、花湖东、汀祖、鄂州、路口、蒲团、庙岭、凤凰山、江夏、金口、军山、武汉西、北河、仙桃、毛嘴、潜江、后湖、丫角、沙市、荆州、枝江、安福寺、猇亭、宜都、长阳、高家堰、贺家坪、榔坪、巴东、高坪、建始、恩施东、恩施、恩施西、白果坝、利川、汪营、白羊塘收费站出入口	宜昌大桥、高家堰、崔坝、恩施、白羊塘服务区、金口、野三关、朝阳坡、白果坝、凉雾、付家坝、界子墩、黄梅、二里湖、鄂州、江夏、永安、仙桃、潜江、八岭、枝江西、枝江停车区
重庆	石柱、太平、长寿湖、桃花街、绕城渝宜互通	冷水主线、河源、沙子、石柱、大歇、磨子、普乐、忠县、白石、永丰、新立、高安、澄溪、云台、合兴、长寿、晏家、洛碛、箭沱湾、复盛、江北主线出入口	垫江、冷水、三店、忠州、复盛、晏家、新立、江东、丰都、方斗山、长寿服务区

G56杭瑞高速公路（杭州——瑞丽）

首　都　　国高起点
省级行政中心　　国高终点
地级行政中心　　县级行政中心

G56杭州至瑞丽高速公路

线路简介

G56（杭瑞高速公路）是国家“71118+6”高速公路网18条东西横线中的第十二横，是连接浙江、安徽、江西、湖北、湖南、贵州、云南七省的重要省际通道。G56（杭瑞高速公路）是连接“长三角”和西南地区的重要高速公路通道，均衡了国土开发，改善了路网布局。同时，G56（杭瑞高速公路）也是一条旅游热门线路，沿线旅游点密布，具有极高的带动旅游经济发展的价值。

G56（杭瑞高速公路）起点位于浙江省杭州市绕城留下枢纽，规划终点位于云南省瑞丽市，规划里程2931.88km，通车里程2828.928km，四车道2486.879km，六车道274.045km，八车道及以上68.004km。经过浙江（杭州）、安徽（黄山）、江西（上饶、景德镇、九江）、湖北（黄石、咸宁）、湖南（常德、怀化、湘西土家族苗族自治州）、贵州（铜仁、遵义、毕节、六盘水）、云南（曲靖、昆明、楚雄彝族自治州、大理白族自治州、保山、德宏傣族景颇族自治州）。1994年3月江西南昌至九江（金三角枢纽至九江枢纽）段高速公路率先开始施工，目前，湖南岳阳段、云南宣威至曲靖段尚未通车。

沿线互通、出入口、服务区信息表

省份	沿线互通	出入口	服务区
浙江	留下枢纽、老余杭、青山湖、临安、玲珑、藻溪、於潜、太阳、昌化、龙岗、颊口、白果互通	留下枢纽、老余杭、青山湖、临安、玲珑、藻溪、於潜、太阳、昌化、龙岗、颊口、白果出、昱岭关主线入口	临安、龙岗服务区
安徽	三阳、呈村降枢纽、歙县、屯溪南、屯溪、屯溪枢纽、小贺枢纽、岭南互通	黄山主线、三阳、歙县、屯溪南（黄山市区3）、屯溪（黄山市区2）、岭南、G56徽州主线出入口	朱村、三阳、璜茅停车区
江西	溪头、江湾、婺源北、婺源、赋春、湘湖、景德镇北、新港、湖口、湖口枢纽、都昌、鄱阳互通	塔岭主线收费站、溪头收费站、江湾收费站、婺源北收费站、赋春收费站、湘湖收费站、景德镇北收费站、新港收费站、湖口收费站、筠桥收费站、蔡岭收费站、中馆收费站、田坂街收费站、油墩街收费站、景德镇西（罗家滩）收费站、狮子收费站、瑞昌收费站、南阳收费站、省界收费站出入口	婺源、景德镇、鄱阳、石钟山、涌泉服务区，婺源停车区
湖北	星潭、咸宁南林桥枢纽互通	枫林、木港、排市、黄沙铺、隐水洞、通山、崇阳东、崇阳、石城、通城、北港出入口	排市、通山、崇阳、通城服务区，枫林、沙坪、黄沙铺、红石桥停车区
湖南	詹桥、沙坪、金屋、公城、岳阳东、冷水铺、君山互通	黄丝桥、凤凰西、君山、许市、华容东、华容西、南县、安乡、西洞庭、西洞庭、周家店、桃花源、乌云界、茶庵铺、官庄出入口	华容、鼎城、桃花源、沅陵、泸溪、临湘南、君山服务区

国高主线
并行线
联络线
国　高
省　高
国　道
G25 国高编号
途经主要城市

G56杭瑞高速公路
（杭州——瑞丽）

线路信息表

途经省份	起点	终点	途径市、县	通车里程(km)
浙江	杭州绕城留下枢纽	浙皖省界（昱岭关）	杭州市余杭区、临安市	122.286
安徽	黄山市歙县昱岭关（皖浙界）	黄山市休宁县塔岭（皖赣界）	黄山市歙县、屯溪区、休宁县	101.087
江西	婺源县塔岭头	九江市九江县界首（赣鄂界）	上饶市婺源县、鄱阳县，景德镇市浮梁县、昌江区，九江市湖口县、都昌县、九江县	314.927
湖北	黄石市阳新县枫林镇	咸宁市通城县北港镇	阳新县、通山县、崇阳县、通城县	199.718
湖南	临湘市大界	凤凰县落潮井乡	临湘市、君山区、华容县、南县、安乡县、西洞庭区、鼎城区，常德市武陵区、桃源县、沅陵县、泸溪县、吉首市、凤凰县	520.055
贵州	松桃县大兴	水城县都格	松桃县、碧江区、江口县、印江县、思南县、德江县、凤冈县、湄潭县、播州区、红花岗区、金沙县、大方县、七星关区、纳雍县、水城县、钟山区	629.925
云南	普立（滇黔界）	瑞丽市	宣威市、沾益县、曲靖市麒麟区、马龙县、嵩明县、昆明市五华区、昆明市西山区、安宁市、禄丰县、楚雄市、南华县、祥云县、大理市、漾濞县、永平县、保山市隆阳区、龙陵县、芒市、瑞丽市	940.930

沿线互通、出入口、服务区信息表

省份	沿线互通	出入口	服务区
贵州	将军山、照壁岩（在建）、铜仁西、闵孝、思南、合兴、流河渡、青山、龙坑、乐理、南互通、大方、龙场、水城东、法窝、苗王城、铜仁北、坝盘、江口、梵净山东、梵净山西、印江、思南东、温泉、煎茶、华坪、凤冈、永兴、湄潭、三渡（在建）、虾子、深溪、鸭溪、马蹄、洋水、金沙、新化、雨冲、百里杜鹃、凤山、响水、归化（毕节东）、东关、朱昌、九洞天、龙场、巴雍、以角、三岔河、六盘水经开区、六盘水东、六盘水南、玉舍、俄脚、都格互通	大兴（省界）、苗王城、铜仁北、坝盘、江口、梵净山东、梵净山西、印江、思南东、温泉、煎茶、华坪、凤冈、永兴、湄潭、三渡（在建）、虾子、深溪、鸭溪、马蹄、洋水、金沙、新化、雨冲、百里杜鹃、凤山、响水、归化（毕节东）、东关、朱昌、九洞天、龙场、巴雍、以角、三岔河、六盘水经开区、六盘水东、六盘水南、玉舍、俄脚、都格出入口	铜仁、向阳、德旺、思南、复兴、湄潭、虾子、水洋湾、响水、新化、九洞天、六盘水服务区，坝黄、苗匡、印江、合兴、凤冈、遵义、石壁、朱昌、黄家、马家营停车区
云南	天生桥、小铺、乌龙、和平村、凤仪、小田坝互通	普立省界主线站、宝山、得马田、格宜、龙场、宣威城北、宣威城南、热水、卡朗、三里桥、沾益、曲靖、天生桥、沾益、小坡、曲靖、嵩明、军马场、兔耳关、昆明北主线站、和平村、温泉、草铺、安丰营、三合邑、恐龙谷、长田、彩云、连汪坝、程家坝、楚雄、钱粮桥、南华、沙桥、天申堂、下庄、板桥、祥云、弥渡、凤仪、大理、平坡、顺濞、龙街、永平、杉阳、澜沧江、老营、板桥、保山、汉庄、辛街、蒲缥、潞江坝、镇安、龙陵、芒市、风平、遮放、遮相、畹町、瑞丽东、瑞丽西主线站出入口	宝山、宣威、格宜、卡朗、土桥、桃园、小铺、小哨、双龙、读书铺、禄裱、恐龙山、大平地、楚雄、锦绣山庄例保检测站、达连坝、南华、灵官桥、大井、云南驿、大理、跃进、永平、保山、蒲缥、潞江坝、龙陵、芒市、嘎中、瑞丽服务区

首 都　　国高起点
省级行政中心　　国高终点
地级行政中心　　县级行政中心

G60上海至昆明高速公路

线路简介

G60（沪昆高速公路）是国家“71118+6”高速公路网18条东西横线中的第十三横，是连接上海、浙江、江西、湖南、贵州、云南六省（直辖市）的重要省际通道，有利于长江三角洲都市圈经济对华中、西南大中城市的辐射，对西南地区的经济发展起着重要的作用。同时，G60（沪昆高速公路）具有较高的带动沿线旅游经济的能力，为沿途旅游业的发展创造了条件。

G60（沪昆高速公路）起点位于上海市闵行区沪闵路莘庄立交，终点位于云南省天生桥立交，与G56（杭瑞高速公路）共线。规划里程2336.04km，通车里程2168.219km，四车道1917.209km，六车道86.327km，八车道及以上164.683km。经过上海、浙江（嘉兴、杭州、绍兴、金华、衢州）、江西（上饶、鹰潭、抚州、南昌、宜春、新余、抚州、萍乡）、湖南（怀化、邵阳、娄底、湘潭、株洲）、贵州（铜仁市、黔东南苗族侗族自治州、黔南布依族苗族自治州、安顺市、黔西南布依族苗族自治州、六盘水市）、云南（曲靖、昆明）。1985年5月沪昆高速公路（上海莘庄至松江段）率先开始施工，2011年12月，贵州贵阳至清镇高速公路建成通车，G60（沪昆高速公路）全线通车。

沿线互通、出入口、服务区信息表

省份	沿线互通	出入口	服务区
上海	莘庄、嘉闵、新桥、大立交港互通	莘庄立交、水清路、七莘路、嘉闵高架、莘砖公路、新桥主线收费站、新桥、松江、松江新城、大港、石湖荡、新浜、枫泾主线收费站出入口	枫泾服务区
浙江	嘉善、步云枢纽、嘉兴东、嘉兴枢纽、王店、屠甸、桐乡、长安、沈士枢纽、许村南、绕城东枢纽、下沙、红垦枢纽、萧山东、杨汛桥、张家畈枢纽、临浦、浦阳、次坞、直埠枢纽、诸暨、牌头、郑家坞、浦江、义乌、上溪、傅村枢纽、畦塘、金华枢纽、金华、兰溪、金华西、游埠、龙游、吕塘角枢纽、衢州东、衢州西、五里枢纽、常山东、常山、常山西互通	浙沪主线、嘉善、嘉兴东、王店、屠甸、桐乡、长安、许村南、下沙、萧山东、杨汛桥、临浦、浦阳、次坞、诸暨、牌头、郑家坞、浦江、义乌、上溪、畦塘、金华、兰溪、金华西、游埠、龙游、衢州东、衢州西、常山东、常山、常山西、浙闽主线出入口	嘉兴、长安、西湖、下沙、萧山、诸暨、金华、兰溪、衢州、常山服务区
江西	赣浙界梨园、玉山、广丰、上饶东、上饶西、经开区、杨梅岭、弋阳、贵溪、鹰潭东、鹰潭西、余江、东乡、进贤、南昌东、生厚、黄马、温家圳、丰城、临江、泉港、胡家坊、黄土岗、罗坊、新余、分宜、彬江、宜春、西村、芦溪、萍乡、湘东、金鱼石互通	黄土岗、罗坊、新余、分宜、彬江、宜春、西村、芦溪、萍乡、湘东、丰城、临江、泉港、胡家坊、南昌南站、生厚站、黄马站、温家圳站出入口	三清山、上饶、鹰潭、龙虎山、东乡、南昌南、丰城、樟树、新余、宜春、萍乡服务区

国高主线　省　高
并行线联络线　国　道　途经主要城市
国　高　G25 国高编号

线路信息表

途经省份	起点	终点	途径市、县	通车里程(km)
上海	闵行区沪闵路莘庄立交	金山区枫泾镇（沪浙界）	闵行区、松江区、金山区	47.670
浙江	沪浙界（枫泾）	浙赣界（常山窑上）	嘉兴市嘉善县、南湖区、秀洲区、桐乡市、海宁市，杭州市余杭区、江干区、萧山区，绍兴市诸暨市，金华市浦江县，义乌市、金东区、婺城区、兰溪市，衢州市龙游县、衢江区、柯城区、常山县	363.830
江西	上饶市玉山县梨园	萍乡（赣湘界）	上饶市、玉山县、广丰县、信州区、上饶县、横峰县、铅山县、弋阳县、贵溪市、余江县、东乡县、南昌市、进贤县、新建区、樟树市、渝水区、分宜县、袁州区、芦溪县、安源区、上栗县、湘东区	524.875
湖南	醴陵市金鱼石	怀化市新晃县光辉村	醴陵市、浏阳市、株洲市、湘潭市、湘潭县、湘乡县、湘乡县、娄底市、邵阳市、邵阳县、隆回县、洞口县、怀化市、洪江市、中方县、芷江县、新晃县	540.299
贵州	铜仁市玉屏县东郊鲇鱼铺	盘州市平关	玉屏县、岑巩县、三穗县、剑河县、台江县、凯里市、麻江县、福泉市、贵定县、龙里县、花溪区、观山湖区、清镇市、平坝区、西秀区、镇宁县、晴隆县、普安县、盘州市	591.644
云南	昆明小庄立交	天生桥立交起与G56共线	富源县、沾益县、麒麟区、马龙县、嵩明县、昆明市官渡区、盘龙区	99.901

沿线互通、出入口、服务区信息表

省份	沿线互通	出入口	服务区
湖南	湘潭北、湘乡、潭市、水府、双峰、三塘铺、邵东、邵阳东、邵阳南、金鱼石、醴陵东、醴陵北、芷钱桥、株洲东、芷江、土桥、兴隆、新晃互通	金鱼石、醴陵东、醴陵北、芷钱桥、株洲东、岳塘、湘潭北、韶山、湘乡、潭市、水府庙、双峰、三塘铺、廉桥、邵东、邵阳东、邵阳南、周旺铺、隆回、黄桥、洞口、江口、安江、中方、芷江、土桥、兴隆、新晃出入口	金鱼石、醴陵、跳马、湘潭、水府庙、宝庆、洞口、安江、芷江、新晃服务区
贵州	大龙、屏树、岑松溪、下长坡、麻江、大良田、马岩、下坝（兰海高速复线）、下坝（贵阳绕城高速）、秦棋、牛郎关、石板互通、金华、干井、郑家屯、小屯、杨家山、海铺、玉屏、岑巩、青溪、三穗、台烈、岑松、剑河、台江、凯里东、凯里西、下司、麻江、马场坪、黄丝、贵定、盘江、龙里、龙里西、牛郎关、王宽、天河潭、清镇东、清镇、夏云、平坝、天龙、安顺东、安顺南、龙宫、镇宁、黄果树、关岭、永宁、岗乌、普安、英武、刘官、两河、红果北、盘州、红果西、平关、胜境关互通	大龙（省界）、玉屏、岑巩、青溪、三穗、台烈、岑松、剑河、台江、凯里西、凯里东、下司、麻江、马场坪、黄丝、贵定、盘江、龙里、龙里西、牛郎关、王宽、天河潭、贵阳西、清镇东、清镇、夏云、平坝、天龙、安顺东、安顺南、龙宫、镇宁、黄果树、关岭、永宁、岗乌、晴隆、沙子、普安、英武、刘官、两河、红果北、盘州、红果西、平关、胜境关出入口	三穗、温泉、三棵树、凯里（关闭整改中）、麻江、牟珠洞、龙洞堡、夏云、云峰、龙宫、镇宁（封闭中）、关岭、晴隆、刘官、红果服务区
云南	天生桥、小铺、乌龙互通	胜境关省界主线站、富源、回隆、电厂、天生桥、沾益、小坡、曲靖、嵩明、军马场、兔耳关、昆明北主线站出入口	富源、胜境关、曲靖东、小铺、小哨、双龙服务区

G70福银高速公路
（福州——银川）

首 都　国高起点
省级行政中心　国高终点
地级行政中心　县级行政中心

G70福州至银川高速公路

线路简介

G70（福银高速公路）是国家“71118+6”高速公路网18条东西横线中的第十四横，是连接福建、江西、湖北、陕西、甘肃、宁夏六省(自治区)的重要省际通道，沟通了我国东南、华中与西北地区，是一条承东启西、贯穿南北的运输大动脉，打通了西北地区通往中原及东南沿海的高速通道，对于实施西部大开发战略，进一步促进东西部地区之间的交通和经济联系具有十分重大的意义。

G70（福银高速公路）起点位于福建省福州市闽侯青口镇幸福村，终点位于宁夏回族自治区银川市银古路口。规划里程1974km，通车里程1831.016km，四车道1671.176km，六车道149.414km，八车道及以上10.426km。经过福建（福州、三明、南平）、江西（抚州、南昌、九江）、湖北（黄冈、黄石、鄂州、武汉、孝感、随州、襄阳、十堰）、陕西（咸阳）、甘肃（平凉）、宁夏（固原、中卫、吴忠）。1989年7月江西南昌至九江段高速公路率先开始施工，2013年10月江西九江长江公路大桥建成通车，G70（福银高速公路）全线通车。

沿线互通、出入口、服务区信息表

省份	沿线互通	出入口	服务区
福建	青口、祥谦、福州南、福州西、白龙、闽侯、梅溪、闽清、金沙、洋中、尤溪、青州、际口枢纽、夏茂、将乐、万安、朱口枢纽、西芹枢纽、肖家坊枢纽互通	青口、祥谦、福州南、福州西、白龙、闽侯、梅溪、闽清、金沙、洋中、尤溪、青州、际口枢纽、夏茂、将乐、万安、朱口枢纽、西芹枢纽、肖家坊出入口	官洋、竹岐、洋中、塔前、沙县、高桥、将乐、泰宁、朱洋服务区，上街、白樟停车区
江西	机场、昌北、新棋周、永修、艾城、军山、共青、德安、九绕、九瑞、九江二桥、沙河、邹家河、杨家湖南、南新、蒋巷、瑶湖北、幽兰、塔城、温圳东、墨溪陈家、李渡、罗针、临川北、临川、东馆、南城、上塘、黎川、熊村互通	罗针、临川北、临川、东馆、南城、上塘、黎川、熊村、南新、蒋巷、南昌东、幽兰、塔城、温圳东、昌北、机场、泊水湖、马回岭、新棋周、永修、艾城、共青、德安、庐山南、沙河、邹家河、九瑞、九江二桥出入口	庐山、七里岗、泉岭、临川、黎川、南城服务区
湖北	黄梅、大广北、大广南、豹澥、邹黄、周铺、新集、黄陂、横店、孝南、随州东、随州、郜营、六里坪、十堰东、十白茅坪互通	分路、小池、龙感湖、花桥、武穴、蕲春、散花、花湖东、汀祖、鄂州、路口、蒲团、庙岭、花山、北湖、阳逻、施岗、甘棠、张店、孝感北、云梦、安陆、烟店、洛阳店、何店、均川、安居、王城、枣阳、琚湾、襄阳东、襄阳北、龙王、老河口、谷城、土关垭、武当山、六里坪、十堰东、十堰西、郧县、青曲、郧西、上津出入口	小池、黄梅、二里湖、鄂州、施岗、安陆、郧西、枣阳、钟岗、武当山、随州、鲁台、孝感服务区，鲁台、云梦、何店、王城、双沟、郧县、香口停车区

G70福银高速公路
（福州——银川）

国高主线　省　高
并行线 联络线　国　道　途经主要城市
国　高　G25 国高编号

线路信息表

途经省份	起点	终点	途径市、县	通车里程(km)
福建	闽侯青口幸福	邵武桂林下岚	闽侯县、闽清县、尤溪县、沙县、将乐县、泰宁县、延平区、邵武市	346.183
江西	抚州市黎川县赣闽界的沙塘隘	九江市白水湖	南昌市进贤县、南昌县、新建区，抚州市临川区、南城县、黎川县，九江市庐山区、永修县、德安县、九江县、共青城市	348.667
湖北	黄梅县黄梅南收费站	郧西县丁家湾云岭隧道	黄梅县、武穴市、蕲春县、浠水县、黄石市辖区、鄂城区、华容区、江夏区、洪山区、新洲区、黄陂区、孝南区、孝昌县、云梦县、安陆市、曾都区、枣阳市、襄州区、老河口市、谷城县、丹江口市、茅箭区、张湾区、郧县、郧西县	588.017
陕西	山阳县漫川关镇闫家店村	长武县凤翔路口	山阳县、商州区、蓝田县、灞桥区、未央区、渭城区、秦都区、礼泉县、乾县、永寿县、彬县、长武县	337.313
甘肃	凤口主线收费站	凤口匝道收费站	泾川县	14.157
宁夏	沿川子（甘宁界）	银川	泾源县、原州区、海原县、同心县、中宁县、青铜峡市、利通区、永宁县、兴庆区	196.679

沿线互通、出入口、服务区信息表

省份	沿线互通	出入口	服务区
陕西	漫川关、天竺山、高坝、山阳、阎村、麻池河、商洛西、南城子、杨斜、葛牌、辋川、蓝田东、席家河、香王、六村堡、咸阳东、机场西、马庄、马庄西、西张堡、礼泉、乾州、乾陵、永寿南、渡马、太峪、彬县东、亭口、长武互通	漫川关、天竺山、高坝、山阳、阎村、商洛西、南城子、杨斜、葛牌、辋川、蓝田东、香王、六村堡、咸阳东、机场西、马庄、西张堡、礼泉、乾州、乾陵、永寿南、渡马、太峪、彬县东、亭口、长武出入口	天竺山、山阳、蓝田、浐湖、乾县、永寿、彬县服务区
甘肃	无	凤口主线、凤口匝道出入口	凤口停车区
宁夏	泾源、青石嘴、六盘山、三营、固原、海兴、李旺、同心、桃山、长山头、清水河、中宁、恩和、鸣沙、滚泉、关马湖、金积、吴忠、青铜峡、银川东、银川南、永宁、叶盛互通	泾源匝道、六盘山匝道、青石匝道、固原匝道、三营匝道、海兴匝道、李旺、同心、银川东、银川南、永宁、叶盛、青铜峡、吴忠、金积、关马湖、滚泉、鸣沙、中宁、长山头、桃山出入口	白鸽、永宁、关马湖、鸣沙、小洪沟、同心、海兴、固原、泾源服务区

G72泉南高速公路（泉州——南宁）

首　都　国高起点
省级行政中心　国高终点
地级行政中心　县级行政中心

G72泉州至南宁高速公路

线路简介

G72（泉南高速公路）是国家"71118+6"高速公路网18条东西横线中的第十五横，连接华东东南沿海、华中和华南西部地区，有利于改善路网布局，是中国南部地区与东南亚地区的重要经济通道。

G72（泉南高速公路）起点位于福建省泉州市晋江枢纽互通，终点位于广西壮族自治区南宁市南宁东收费站。规划里程1475.34km，通车里程1411.651km，四车道1345.150km，六车道66.501km。经过福建（泉州、三明）、江西（吉安）、湖南（衡阳、永州）、广西（桂林、柳州、南宁）。1993年10月广西桂林至柳州静兰高速公路率先开始施工，2015年1月江西吉安至莲花（赣湘界）高速公路建成，G72（泉南高速公路）全线贯通。

沿线互通、出入口、服务区信息表

省份	沿线互通	出入口	服务区
福建	泉州南、泉州西、张坑、南安北、亭川、码头、永春、硒溪、岩峰、蓬壶、汤城、下洋、吴山、大田、桃源、西洋、永安南互通	晋江、泉州南、泉州西、南安北、码头、永春、蓬壶、下洋、吴山、大田、桃源、西洋、永安南出入口	省新、达埔、吴山、上京、西洋服务区
江西	泰和枢纽、泰和北、泰和东、兴国西、兴国、兴国东、宁都南、宁都、石城、永阳、敖城、永新、莲花互通	泰和北、泰和东、兴国、兴国西、兴国东、宁都、宁都南、石城、赣闽界石城、吉安西、敖城、永新、永新西、莲花、赣湘界界化垄出入口	石城、宁都南、兴国、泰和东、吉安西、永新服务区
湖南	大浦、洪市互通	高陇、光明、腰陂、茶陵东、茶陵、攸县、高湖、衡东、浣溪、古城、珠晖南、雁峰、硫市、粮市、归阳、潘市、白水、大忠桥、永州、黄田铺、珠山、枣木铺出入口	衡东、茶陵、洪市、衡南、潘市、珠山、永州、炎陵东、云阳山服务区

国高主线　省　高
并行线 联络线　国　道　途经主要城市
国　高　G25 国高编号

G72泉南高速公路
（泉州——南宁）

线路信息表

途经省份	起点	终点	途径市、县	通车里程（km）
福建	晋江枢纽互通	宁化县石壁镇（闽赣界）	晋江市、鲤城区、南安市、永春县、大田县、永安市、明溪县、清流县、宁化县	328.079
江西	赣州市石城县东南10km处的赣闽省界五里亭	莲花县赣湘界处的界化垄，与湖南省茶高速公路相连	赣州市石城县、宁都县、兴国县、泰和县、吉安县、永新县，萍乡市莲花县	297.244
湖南	茶陵县高陇镇九渡村	零陵区枣木铺	茶陵县、攸县、衡东县、衡南县、蒸湘区、祁东县、祁阳县、冷水滩区、零陵区	293.058
广西	桂林市全州县黄沙河镇黄岗村	南宁市民族大道延长线南宁收费站	青秀区、宾阳区、横县、城中区、柳江县、鹿寨县、临桂区、灵川县、全州县、兴安县、永福县、兴宾区	493.270

沿线互通、出入口、服务区信息表

省份	沿线互通	出入口	服务区
广西	三岸、K682+656分离式立交桥、伶俐、五合、王灵式、古辣、黄沙河、凤凰、界首、兴安、永福互通	宾阳、波寨、池头、凤凰北、凤凰、古辣、桂湘、黄冕、黄沙河、界首、来宾、伶俐、灵川西、柳州静兰、六景北、六景、六景西、鹿寨、雒容、庙岭、那容立交、琅东、全州、全州凤凰、全州西、溶江、三岸、粟家、五合、小平阳、新兴、兴安、严关、永福出入口	溶江、永福、来宾服务区，伶俐、三岸、新兴、波寨、鹿寨、灵川、全州、凤凰、全州、兴安停车区

G76厦蓉高速公路
（厦门——成都）

首　都
国高起点
省级行政中心
国高终点
地级行政中心
县级行政中心

G76厦门至成都高速公路

线路简介

G76（厦蓉高速公路）是国家“71118+6”高速公路网18条东西横线中的第十六横，是连接福建、江西、湖南、广西、贵州、四川六省（自治区）的重要省际通道。G76（厦蓉高速公路）是我国西南腹地通往东南沿海地区的重要出海通道，加强了我国西部地区与东南沿海地区的联系，有利于改善路网布局和国土均衡开发，是西南地区连接东部的重要经济通道。

G76（厦蓉高速公路）起点位于福建省厦门市海沧区厦蓉高速入口，终点位于四川省成都市成都收费站。规划里程1843km，通车里程1824.658km，四车道1766.403km，六车道51.818km，八车道及以上6.437km。

经过福建（厦门、漳州、龙岩）、江西（赣州）、湖南（郴州、永州）、广西（桂林）、贵州（黔东南、黔南、贵阳、六盘水、毕节）、四川（泸州、内江、资阳、成都）。1990年9月厦蓉高速成渝段高速公路率先开始施工。目前，广西境内尚未建成通车。

沿线互通、出入口、服务区信息表

省份	沿线互通	出入口	服务区
福建	海沧枢纽、新阳、青礁枢纽、海沧港、海新、天柱山、陈巷枢纽、长泰、丰山、石亭、天宝枢纽、适中、龙岩、龙门枢纽、龙岩西、古田、蛟洋、新泉、北村枢纽、涂坊、河田、长汀、古城互通	厦门西、新阳、海沧、天柱山、长泰、丰山、石亭、漳州北、漳州西、南靖、金山、和溪、适中、龙岩、龙岩西、古田、蛟洋、新泉、涂坊、河田、长汀、闽赣、古城出入口	长汀、涂坊、芷溪、古田、适中、金山、天宝、朝阳服务区，古城、涂坊停车区
江西	瑞金东、瑞金西、会昌北、禾丰、于都、罗坳、赣县东、赣县北、赣州北、赣州西、唐江、上犹东、上犹西、崇义、关田、文英互通	瑞金省界主线、西湖匝道、会昌北、禾丰、赣州西、于都、罗坳、赣县东、赣县北、赣州北、唐江、上犹东、上犹西、崇义、关田、文英、赣湘界崇义西主线出入口	会昌、于都、上犹、崇义服务区
湖南	热水、汝城北、郴州南、郴州西、桂阳、龙潭、嘉禾、楠市、宁远南、梅岗、道州东、道州西、永安关互通	热水、集益、汝城北、岭秀、文明、里田、平和、郴州南、郴州西、桂阳、龙潭、嘉禾、楠市、宁远南、梅岗、道州东、道州西、仙子脚、永安关出入口	舜源、濂溪（未建成）、汝城、苏仙南、桂阳、洪观、汝城南服务区

国高主线　省　高
并行线
联络线　国　道　途经主要城市
国　高　G25　国高编号

G76厦蓉高速公路
（厦门——成都）

线路信息表

途经省份	起点	终点	途径市、县	通车里程(km)
福建	海沧区厦蓉高速入口	长汀古城镇古城村	海沧区、龙海市角美镇、长泰县、华安县、芗城区、龙海市、龙文区、南靖县、新罗区、上杭县、连城县、长汀县	285.852
江西	瑞金市的隘岭（赣闽界）	崇义县文英乡	瑞金市、会昌县、于都县、赣县、赣州市章贡区、赣州市经济技术开发区、赣州市黄金开发区、南康市、上犹县、崇义县	246.284
湖南	汝城县热水镇	湘桂界永安关	汝城县、宜章县、苏仙区、北湖区、贵阳市、嘉禾县、蓝山县、宁远县、道县	308.486
广西	待建			47.965
贵州	黎平县水口镇（断头路）	七星关区生机镇	黎平县、从江县、榕江县、三都县、丹寨县、都匀市、贵定县、龙里县、花溪区、观山湖区、清镇市、织金县、纳雍县、七星关区	435.651
四川	泸州市叙永县四川收费站	成都市成都收费站	成都市辖区，简阳市，资阳市辖区，内江市资中市、内江市辖区，隆昌县，泸州市泸县	420.470

沿线互通、出入口、服务区信息表

省份	沿线互通	出入口	服务区
广西	在建		
贵州	榕江（荔榕高速在建）、火石坡、秦棋、金华、红枫、水口、从江东、双江、从江、往洞、榕江、四格（原设计预留目前在建）、三都、都匀东、丹寨、都匀西、昌明、龙里、秦棋、狗场、犁倭、齐伯、马场、普翁、织金洞南、织金、以那、老凹坝、纳雍、二堡（毕节）、海子街（毕节北）、燕子口、林口、生机互通	水口、从江东、双江、从江北、往洞、榕江、四格（原设计预留目前在建）、三都、都匀东、丹寨、都匀西、贵定南、贵龙、秦棋、狗场、清镇A、东门桥、犁倭、齐伯、马场、普翁、织金洞南、织金、以那、老凹坝、纳雍、二堡（毕节）、海子街（毕节北）、燕子口、林口、生机出入口	四格、新民、排洞、天星桥、清水江、贵定天福、龙里、摆梭、红枫湖（未投入使用）、织金洞、乐治、金银山、林口服务区，榕江、贵迷、洛香、三岔河、板桥、寨乐、窑上停车区
四川	狮子桥、二绕成渝、苏家桥、仰天窝、白鹤林互通	龙泉湖、龙泉、成都、方山、泸州西、护国、纳溪、胡市、泸县、震东、黄角坪、江门、麻城、内江、碑木、资中、鱼溪、球溪、隆纳高速、资阳、简阳、石桥、石盘、银山出入口	胡市、白塔、纳溪、叙永、高桥、内江、资中、隆昌、资阳、石桥服务区，叙岭关、震东停车区

G78汕昆高速公路
（汕头--昆明）

首　都　国高起点
省级行政中心　国高终点
地级行政中心　县级行政中心

G78汕头至昆明高速公路

线路简介

G78（汕昆高速公路）是国家"71118+6"高速公路网18条东西横线中的第十七横，是连接广东、广西、贵州、云南四省（自治区）的重要省际通道。G78（汕昆高速公路）是西南地区连接东部的重要经济通道，有利于改善路网布局和交通分布。

G78(汕昆高速公路)起点位于广东省汕头市金州互通匝道出口，终点位于云南省昆明市石虎关立交。规划里程1816.37km，通车里程931.459km，四车道757.604km，六车道168.155km，八车道5.700km。经过广东（梅州、河源）、广西（贺州、桂林、柳州、河池）、贵州（兴义）、云南（昆明、曲靖）。1998年3月广东北斗至清潭（左线）率先开始施工。目前，广西河池至百色段、云南江底至召夸段（二期）尚未建成通车。

沿线互通、出入口、服务区信息表

省份	沿线互通	出入口	服务区
广东	金州互通	汕昆至畲江、老虎塘至畲江、畲江至老虎塘、城北匝道、登岗、丰顺、附城互通、金州互通、径义、梅龙、坭陂互通、埔田、沙溪、汕昆、泰山立交、泰山、新圩互通、玉湖、月浦、云路出入口	黄竹坪、坭陂、锡场服务区
广西	柳州北、六塘、永乐、田林立、潞城、主线跨线桥、隆林、灵峰中桥、信都、贺街、贺州东、东江立交主线桥、河池西、宜州、怀远、德胜互通	宾阳、波寨、池头、凤凰北、凤凰、古辣、桂湘、黄冕、黄沙河、界首、来宾、伶俐、灵川西、柳州静兰、六景北、六景、六景西、鹿寨、雒容、庙岭、那容、南宁琅东、全州、全州凤凰、全州西、溶江、三岸、苏桥、粟家、五合、小平阳、新兴、兴安、严关、永福出入口	伶俐、三岸、新兴、波寨、鹿寨、灵川、全州、凤凰、溶江、永福、来宾服务区，全州、兴安停车区

国高主线　省　高
并行线
联络线　国　道　途经主要城市
国　高　G25 国高编号

G78汕昆高速公路
（汕头--昆明）

线路信息表

途经省份	起点	终点	途径市、县	通车里程(km)
广东	金州互通匝道出口	岗坪	金平区、怀集县、梅县区、丰顺区、五华县、兴宁市、龙川县、潮安区、揭东区	160.027
广西	贺州市灵峰镇灵峰村	兴义市侧亨县巧马镇板坝村	柳北区、柳江县、柳城县、平乐县、右江县、田林县、隆林各族自治县、八步区、钟山县、金城江区、宜州市	454.760
贵州	板坝（桂黔界）	江底（黔滇界）	册亨县、安龙县、兴义市	128.009
云南	江底（滇黔界）	昆明石虎关立交	罗平县、师宗县、陆良县、石林县、宜良县、呈贡县、官渡区	188.673

沿线互通、出入口、服务区信息表

省份	沿线互通	出入口	服务区
贵州	巧马枢纽、万屯枢纽、安龙、德卧、鲁屯、义龙西、兴义东、兴义西、乌沙互通	板坝、巧马、安龙、德卧、鲁屯、万屯、兴义东、兴义西、乌沙、岔江出入口	安龙、乌沙服务区，坡脚、鲁屯、田坝停车区
云南	西桥、半截河互通	罗平省界主线站、长底、板桥、罗平、师宗、法雨、雄壁、召夸、彩色沙林、西桥、陆良南、大莫古、石林北、石林、宜良、草甸、阳宗、松茂、王家营、小喜村出入口	金鸡、师宗、雄壁、母鸡山、小团山、阳宗服务区

G80广昆高速公路
（广州--昆明）

首　都　　国高起点
省级行政中心　　国高终点
地级行政中心　　县级行政中心

G80广州至昆明高速公路

线路简介

G80（广昆高速公路）是国家〞71118+6〞高速公路网18条东西横线中的第十八横，是连接广东、广西、云南三省（自治区）的重要省际通道，连接华南地区与西南地区，是西南地区另一条重要的出海通道。

G80（广昆高速公路）起点位于广东省广州市横江互通，终点位于云南省昆明市石虎关立交。规划里程1376.39km，通车里程1151.882km,四车道1145.190km，六车道6.632km。经过广东（肇庆、云浮）、广西（梧州、玉林、贵港、南宁、百色）、云南（文山壮族苗族自治州、红河哈尼族彝族自治州）。1995年12月广东横江至马安一期率先开始施工，2012年10月云南锁龙寺至石林段建成，G80（广昆高速公路）全线贯通。

沿线互通、出入口、服务区信息表

省份	沿线互通	出入口	服务区
广东	五村特大桥、金利、蚬岗、白土匝道桥(左桥)、白土匝道桥(右桥)、马安主线桥、云浮东、云安、高村、连滩、建城跨线桥、三窝跨线桥、平台主线跨线桥互通	马安、梧州方向入口，云浮东出口，云安、连滩互通、建城上行、建城、连滩、云安、郁南、云安、金利、白诸、白土、蚬岗、五村、思劳出入口	蚬岗、葵洞、附城服务区
广西	保村、岑兴、那桐、小林、横县校椅、马路、木格、大岭、苏烟、跨G匝道桥、山围、北流、平圩、百色西、田阳、那坡、田东互通	坛洛、石埠、隆安、小林、那桐、隆安、小林、那桐、六景北、横县、云表、桂东、苍梧、保村、苍梧南、马路、昙容、岑溪南、贵港、木格、玉林北、容县、兴业、山围、北流、百色东、四塘、百色东、阳圩、罗村口、百色西、百靖、田阳、那坡镇、田阳、祥周、田东、思林、田东、祥周、平果铝、玻利、平果出入口	贵港、容县、玉林、田东、发达、百色服务区，山心、北流、田阳、果化、小林、坛洛、隆安、横县、云表、大坡、中林停车区

国高主线 省高
并行线 联络线 国道 途经主要城市
国高 G25 国高编号

G80广昆高速公路
（广州——昆明）

线路信息表

途经省份	起点	终点	途径市、县	通车里程(km)
广东	广州市横江互通	平台镇	南海区、三水区、高要市、云城区、云安区、郁南县	188.109
广西	桂粤界	桂滇界	南宁市辖区、兴宁区、西乡塘区、隆安县、横县、龙圩区、岑溪市、贵港市辖区、玉州区、容县、兴业县、北流市、右江区、田阳县、田东县、平果县	507.517
昆明	（广州至昆明）罗村口至昆明	昆明石虎关立交	富宁县、广南县、砚山县、开远市、弥勒市、石林县、宜良县、呈贡县、昆明市官渡区	456.196

沿线互通、出入口、服务区信息表

省份	沿线互通	出入口	服务区
云南	那谢、锁龙寺、半截河互通	平年省界主线站、剥隘、者桑、皈朝、高邦、富宁、布标、八宝、马街、曙光、珠街、那洒、六诏、者腊、炭房、小稼依、平远街、阿三龙、锁龙寺、竹园、弥勒南、弥勒北、长湖、鹿阜、石林、宜良、草甸、阳宗、松茂、王家营、小喜村主线站出入口	皈朝、八宝、珠街、那洒、六诏、砚山、平远街、腻落江、朋普、弥勒、石林、小团山、阳宗服务区

A B C D E F G
6 7 8 9 10

首 都 ｜ 国高起点
省级行政中心 ｜ 国高终点
地级行政中心 ｜ 县级行政中心

G91辽中地区环线高速公路

线路简介

G91（辽中地区环线高速公路）是国家"71118+6"高速公路网6条地区环线中的第一环，连接辽宁中部的环沈阳周边城市，同时连接着沈海、京哈等国家干线高速和数条联络线，是这一地区城市群之间的重要通道，也是辽宁中部地区重要的经济环线。

G91（辽中地区环线高速公路）尚未全线建成。起点位于本溪市平山区桥头镇G91与G1113交汇处，终点位于铁岭市铁岭县腰堡镇G91与G102交汇处。规划里程373.15km，通车里程256.149km，全线四车道。经过铁岭、抚顺、本溪、辽阳、辽中、新民。目前，铁岭经抚顺至本溪段尚未建成。

线路信息表

途经省份	起点	终点	途径市、县	通车里程（km）
辽宁	本溪市平山区桥头镇G91与G1113交汇处	铁岭市铁岭县腰堡镇G91与G102交汇处	本溪市、辽阳市、辽中县、新民市、铁岭市	256.149

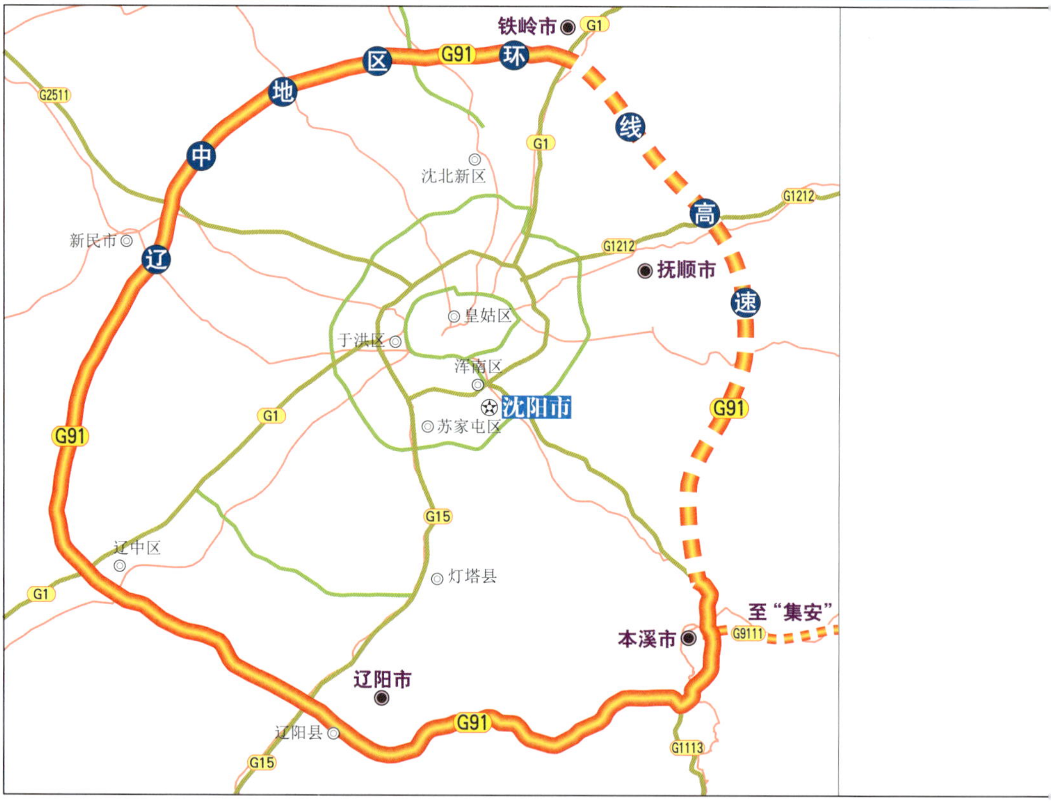

沿线互通、出入口、服务区信息表

省份	沿线互通	出入口	服务区
辽宁	桥头、绣江、辽中西、新民东、贺尔海、腰堡、北台、弓长岭、小屯、辽阳南、首山、黄泥洼、辽中南、满都户、金五台子、新民、公主屯、陶屯、三面船、腰堡北互通	北台、弓长岭、小屯、辽阳南、首山、黄泥洼、辽中南、满都户、金五台子、新民、公主屯、陶屯、三面船、腰堡北出入口	首山、辽中南、柳河、兰旗堡服务区

国高主线　省高
并行线 联络线　国道　途经主要城市
国高　G25 国高编号

G92杭州湾地区环线高速公路

线路简介

G92（杭州湾地区环线高速公路）是国家“71118+6”高速公路网6条地区环线中的第二环，连接杭州湾周边城市，是这一地区的重要经济通道。G92（杭州湾地区环线高速公路）连接沪陕、沪蓉、沪渝、京沪、长深、杭瑞等六条国家干线高速公路，并与沈海、沪昆高速公路重合，推动了整个长江三角洲地区城市之间的交流。

G92（杭州湾地区环线高速公路）全线建成通车。起点位于松江区上海绕城高速大港立交，终点位于嘉兴海盐枢纽。规划里程360.00km，通车里程202.643km，六车道89.507km，八车道及以上113.136km。经过上海、浙江（嘉兴、海宁、杭州、宁波）。

线路信息表

途经省份	起点	终点	途径市、县	通车里程（km）
上海	松江区上海绕城高速大港立交	金山区枫泾镇（沪浙界）	松江区、金山区	20.244
浙江	枫泾（沪浙界）	海盐枢纽	嘉兴市、嘉善县、平湖市、海盐县、海宁市、杭州市、江干区、萧山区、绍兴市、柯桥区、越城区、上虞区、宁波市、余姚市、鄞州区、江北区、慈溪市	202.643

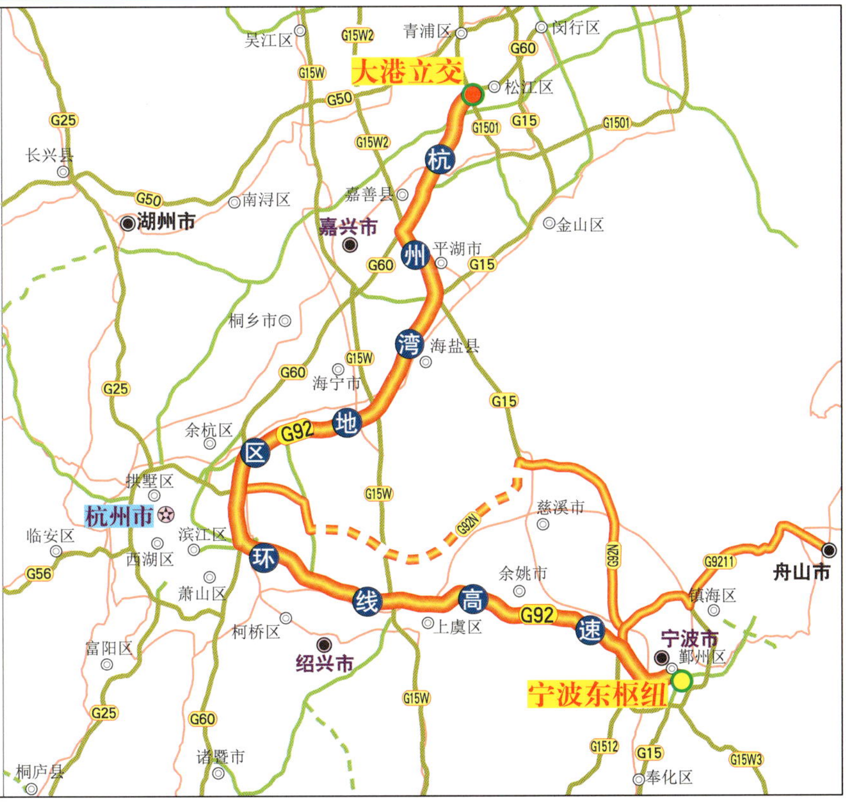

沿线互通、出入口、服务区信息表

省份	沿线互通	出入口	服务区
上海	无	大港、石湖荡、新浜、枫泾主线收费站出入口	枫泾服务区
浙江	嘉善南站、嘉兴枢纽、平湖、海盐、南北湖、海宁枢纽、海宁南、盐官、盐官西枢纽、胡家兜、绕城东枢纽、下沙、红垦枢纽、机场、瓜沥、柯桥、齐贤枢纽、绍兴、沽渚枢纽、上虞、驿亭、余姚、大隐、高桥枢纽、宁波北、慈城、掌起、观海卫、慈溪、庵东、嘉兴港区互通	浙沪主线收费站（浙沪界、浙江嘉兴嘉善）、嘉善南站、平湖、海盐、南北湖、海宁南、盐官、胡家兜、下沙、机场、瓜沥、柯桥、绍兴、上虞、驿亭、余姚、大隐、宁波北、慈城、掌起、观海卫、慈溪、庵东、嘉兴港区互通、海盐枢纽出入口	南湖、海宁、下沙、绍兴、余姚、慈城、南岸、北岸服务区

首都　省级行政中心　地级行政中心　国高起点　国高终点　县级行政中心

G93成渝地区环线高速公路

线路简介

G93（成渝地区环线高速公路）是国家"71118+6"高速公路网6条地区环线中的第三环，连接四川中部和重庆，是这一地区城市之间的重要通道。G93（成渝地区环线高速公路）连接沪蓉、沪渝、包茂、兰海、厦蓉、渝昆等国家干线高速公路，带动了沿线地区的经济发展。

G93（成渝地区环线高速公路），起点位于四川省遂宁市四川收费站，终点位于四川省泸州市合江县四川白鹿收费站。规划里程1079.40km，通车里程740.016km，全线四车道740.016km。经过重庆、四川（成都、绵阳、遂宁、合江、泸州、宜宾、乐山、雅安）。2003年渝遂高速公路开工，共包括5个建设项目。

线路信息表

途经省份	起点	终点	途经市、县	通车里程(km)
四川	遂宁市四川收费站	泸州市合江县四川白鹿收费站	遂宁市、射洪县、蓬溪县、遂宁市辖区、绵阳市、绵阳市辖区、三台县、雅安市、雅安市辖区、眉山市、洪雅县、乐山市、夹江县、峨眉山市、乐山市辖区、犍为县、宜宾市、宜宾县、宜宾市辖区、南溪县、江安县、泸州市、纳溪区、泸县、合江县	579.614
重庆	潼南区书房坝主线收费站	江津区G93主线收费站	潼南区、铜梁区、沙坪坝区、九龙坡区、江津区	160.402

沿线互通、出入口、服务区信息表

省份	沿线互通	出入口	服务区
四川	吉祥、张家坪、水碾坝、成绵、成雅、白鹤林、白家、青龙场、张徐坝、象鼻、黄桷湾、分水岭互通、双江、潼南、田家、少云、铜梁北、铜梁、蒲吕、大路、璧山北、土主、赖家桥、高滩岩、西环、白市驿、绕城成渝、双福、西彭、小湾、江津、刁家、白沙、塘河、斑竹林互通	泸州南、榕山、白米、合江、佛荫、西眉、遂渝四川、新民互通、犍为南、犍为北、五通互通、乐雅—乐宜、苏稽、夹江、木城、乐雅—乐峨、洪雅、乐雅至遂洪、东岳、宜宾、宗场、大塔、泥溪、白鹤林、马庙、怡乐、下长、罗龙、沙坪、象鼻互通、草坝、凤鸣、乐雅至成雅出入口	楼房沟、夹江、瓦屋山、新桥、三台、蓝田、白鹿、射洪、红江、遂宁东、犍为东、五通桥、宜宾、长宁服务区，三宝、三叉河、廖家湾、合江、纳溪、沙坪停车区
重庆	铜梁枢纽、绕城渝遂、土主、高滩岩、西环、白市驿、绕城成渝、绕城渝泸、斑竹林互通	书房坝主线、双江、潼南、田家、少云、铜梁北、铜梁、铜梁东、大路、璧山、沙坪坝主线、九龙坡主线、走马、珊瑚、双福、西彭、小湾、江津、刁家、白沙、塘河、白鹿主线出入口	大路、铜梁、潼南、江津服务区，塘河停车区

G94珠三角地区环线高速公路

线路简介

G94（珠三角地区环线高速公路）是国家"71118+6"高速公路网6条地区环线中的第四环，是珠三角地区城市之间的重要经济通道，有利于加强香港、澳门与珠三角地区的沟通，是港珠澳大湾区重要的公路基础设施之一。G94（珠三角地区环线）连接沈海、长深、济广、大广、京港澳、二广和广昆7条国家干线高速公路，加快了沿线地区的经济发展。

G94（珠三角地区环线高速公路）起点位于广东省梅林收费站，终点位于月环支线上行中山珠海交界。规划里程451.76km，通车里程341.705km，四车道46.611km，六车道295.094km。经过香港、广东（深圳、珠海、中山、江门、佛山、花都、增城、东莞）、澳门。

线路信息表

途经省份	起点	终点	途径市、县	通车里程(km)
广东	梅林收费站	月环支线上行中山珠海交界	花都区、增城区、宝安区、三水区、高明区、蓬江区、江海区、鹤山市、鼎湖区、高要市、四会市、东莞市、中山市	341.705

沿线互通、出入口、服务区信息表

省份	沿线互通	出入口	服务区
广东	富佛、张洞、中江、棠下、杜阮、K82+867中桥、龙口、K21.097主线桥K304.308、K4+800桥、黄江、常虎、大朗、东莞特大桥互通	钟屋、中山西、中山南、张洞、江门、月环、莞龙站、桃源、棠下、潭塱、石碣、石大路、上屯、沙溪、人和、马修、马岭、龙口、莲花山、荔城、昆东、黄江、黄冈、红群、富佛互通、富佛互通、杜阮互通、东莞、大旺、大塘、大坪、大朗、陈屋互通、北江西、北江东、板芙、莲花山、龙湾、中山西出入口	沙溪、龙口、黄江、鼎湖服务区

首　都　国高起点
省级行政中心　国高终点
地级行政中心　县级行政中心

G95首都地区环线高速公路

线路简介

G95（首都地区环线高速公路）是国家"71118+6"高速公路网6条地区环线中的第五环，对促进京津冀地区经济发展具有十分重要的现实意义和深远的历史意义。

G95（首都地区环线高速公路）未全线建成，起点位于河北廊坊市广阳区九州镇，终点位于张家口市崇礼县小二号村北。规划里程918.19km，通车里程663.771km，四车道617.362km，六车道46.409km。目前，北京段待建。

线路信息表

途经省份	起点	终点	途径市、县	通车里程(km)
北京	待建			
河北	廊坊市广阳区九州镇	张家口市崇礼县小二号村北	广阳区、固安县、涿州市、涞水县、涿鹿县、宣化县、张家口市桥东区、崇礼县	663.771

沿线互通、出入口、服务区信息表

省份	沿线互通	出入口	服务区
北京	待建		
河北	固安东、固安南、廊涿枢纽、东湾、京白、京珠枢纽、松林店、黄家屯、榆林枢纽、涞水北、涞水北枢纽、都衙、紫石口、九龙、河东、孔涧、卧佛寺、涿鹿、涿鹿枢纽、涿鹿北、下花园西、胶泥湾枢纽、胶泥湾、太师庄纽、张家口西、张家口东、屈家庄枢纽、张承高速纬三路、张承高速五一路、张承高速把图湾、张承高速崇礼南、张承高速崇礼北、二秦枢纽、南山窑、桦皮岭、西辛营、沽源互通	固安东、固安南、廊涿互通、东湾、京白、京珠、松林店、黄家屯、榆林互通、涞水北、都衙、紫石口、九龙、河东、孔涧、卧佛寺互通、涿鹿、涿鹿北、下花园西、、胶泥湾主线、胶泥湾、张家口西、张家口东、张承高速纬三路、张承高速五一路、张承高速把图湾、张承高速崇礼南、张承高速崇礼北、南山窑、桦皮岭、西辛营、沽源出入口	廊坊、固安、涿州南、涞水、野三坡、鲍家口、涿鹿、宣化南、张家口西、崇礼东、崇礼西、莲花滩、沽源服务区

G98海南地区环线高速公路

线路简介

G98（海南地区环线高速公路）是国家“71118+6”高速公路网6条地区环线中的第六环，是连接海南岛沿海城市的环岛高速公路，通过琼州海峡连接沈海和兰海两条国家干线高速公路，对海南地区的经济及旅游发展起到促进作用。

G98（海南地区环线高速公路）全线建成通车，起终点位于海口市龙桥枢纽。规划里程613km，通车里程612.804km，全线四车道。经过海南（海口、琼海、三亚、东方、儋州、澄迈）。

线路信息表

途经省份	起点	终点	途径市、县	通车里程（km）
海南	海口（龙桥枢纽）	海口（龙桥枢纽）	海口市、定安县、琼海市、万宁市、陵水县、三亚市、乐东县、东方市、昌江县、儋州市、临高县、澄迈县	612.804

沿线互通、出入口、服务区信息表

省份	沿线互通	出入口	服务区
海南	龙桥、龙桥、十字路、新坡、定安、居丁、黄竹、琼海、白石岭、中原、龙滚、山根、万宁北、万宁南、礼纪、神州半岛、石梅湾、日月湾、牛岭、香水湾、红脚岭、陵水、英州、土福湾、藤桥、海棠湾、迎宾、亚龙湾、荔枝沟、火车站、凤凰机场、海角、天涯、南山、崖城、梅山、九所、黄流、龙沐湾、尖峰、板桥、新龙、八所、叉河、大坡、邦溪、海头、白马井、洋浦、新盈、美台、金牌、墩茶、三林、大丰、白莲、粤海、火山口、狮子岭、丘海、观澜湖、龙昆南互通	—	龙桥、美仁坡、仙沟、东红、中原、莲花、陵水、九所、尖峰、八所、昌江、洋浦、美台、福山服务区，新盈加油站

一、国家高速公路命名和编号的主体及基本原则

(一) 命名和编号主体

此次命名和编号的主体是国家高速公路“71118”网中的36条主线(7条放射线，11条纵线，18条横线)及16条并行线，103条联络线、6条地区环线。

(二) 基本原则

国家高速公路网的命名和编号遵循以下基本原则：

1. 注重与国道命名和编号规则的衔接，既体现国家高速公路网命名和编号的独立性、系统性，又与现行国道网命名和编号规则相协调；

2. 简洁、明了，方便用户识别、记忆和使用；

3. 具备可扩展性，路线编号预留一定的扩充空间；

4. 在充分反映中国交通信息和习惯特征的基础上，吸收并借鉴国际经验。

二、命名和编号方案

(一) 命名规则

国家高速公路网主线及联络线名称由路线起讫点的地名中间加连接符“—”组成，全称为“xx—xx高速公路”。路线简称用起讫点地名的首位汉字组合表示，如“沈阳－海口高速公路”，简称“沈海高速”。也可以采用起讫点城市或所在省(区、市)的简称表示，如“北京—哈尔滨高速公路”，简称为“京哈高速”。

地区环线和城市绕城环线，以地区或城市名称命名，全称分别为“xx地区环线高速公路”、“xx市绕城高速公路”，分别简称为“xx环线高速”、“xx绕城高速”。如“杭州湾地区环线高速公路”，简称为“杭州湾环线高速”；“沈阳市绕城高速公路”，简称为“沈阳绕城高速”。

国家高速公路网路线简称不可重复。如出现重复时，采用以第二或第三位汉字替换等方式加以区别。

(二) 编号规则

国家高速公路网编号由字母标识符和阿拉伯数字编号组成。

1. 字母标识符

国家高速公路是国道网的重要组成部分，路线字母标识符采用汉语拼音“G”表示，与现行国道网字母标识符一致。

2. 数字编号

(1)首都放射线编号为1位数，由正北开始按顺时针方向升序编排，编号区间为1～9。

(2) 纵向路线编号为2位奇数，由东向西升序编排，编号区间为为11～89。

(3)横向路线编号为2位偶数，由北向南升序编排，编号区间为10～90。

(4)并行路线的编号采用主线编号后加英文字母“E”、“W”、“S”、“N”组合表示；分别表示并行路线在主线的东、西、南、北方位。

(5)地区环线的编号按照由北向南的顺序排列，编号区间为91～99。

(6)联络线的编号为4位数，由主线编号+数字“1”+联络线顺序号组成。联络线的顺序号按照主线的前进方向由起点向终点顺序排列。

(7)城市绕城环线的编号为4位数，由主线编号+数字“0”+城市绕城环线顺序号组成。主线编号为该环线所连接的纵线和横线中编号最小者，如该主线所带城市绕城环线编号空间已全部使用，则选用主线编号次小者，依此类推。如该环线仅有放射线连接，则在1位数主线编号前以“0”补位。同一条国家高速公路穿越多个省(区、市)，所连接的城市绕城环线的顺序号在各个省(区、市)单独排列。在不同省(区、市)允许出现相同的城市绕城环线的编号。

3. 编号方案的主要特点

(1)字母标识符选用“G”，符合现行国家标准的规定，可接受性强。

(2)可较好地与现有国道编号规则衔接。按照上述编号规则，国家高速公路主线编号为1位数和2位数，一般国道编号为3位数，国家高速公路的联络线和城市绕城环线编号为4位数，国家高速公路路线编号既醒目突出，又与国道网编号共同形成了一个系统的编号体系。

(3)编号形式简洁、易记，便于使用，同时具备较大的编号容量，可扩充性强。

根据以上规则拟定国家高速公路网命名和编号方案，详见P2－3国家高速公路网线路图。

三、有关建议

（一）对国家高速公路里程统计方法的建议

1．国家高速公路路线起点处的里程为0，按照路线的前进方向累计，首都放射线以北京为起点、纵线由北向南、横线由东向西累计。

2．两条或两条以上的国家高速公路路线的重合路段，其里程按编号小的路线的前进方向累计，编号大的路线在重合路段结束后起点的里程为前重合点里程+重合路段里程。见图 1

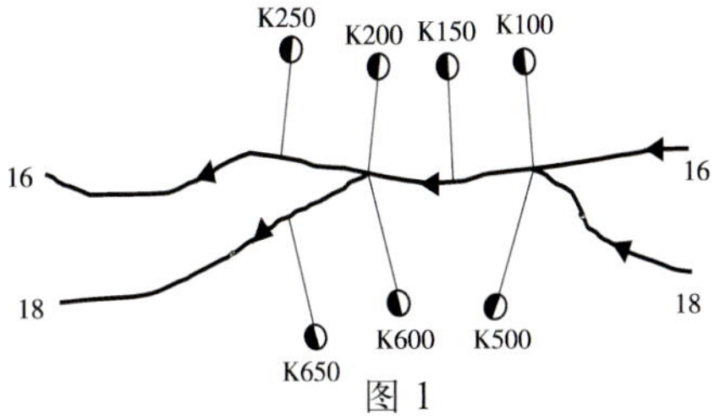

图 1

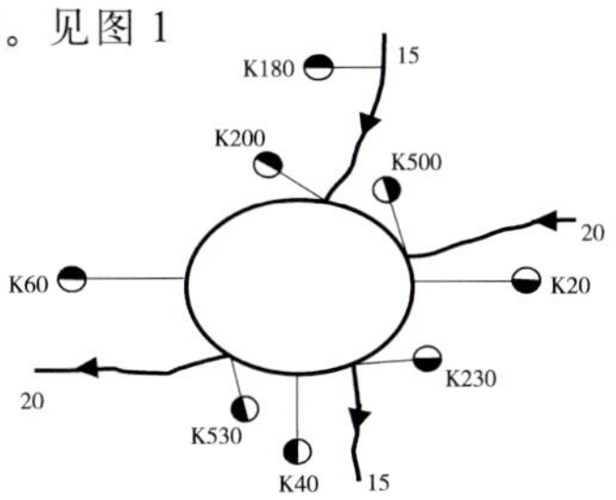

图 2

3．地区环线和城市绕城环线里程单独排列，路线起点里程为0，里程按照顺时针方向累计。

4．其他路线与地区环线或城市绕城环线有重合路段时，重合路段里程按照环线累计；重合路段结束后路线起点的里程为该路线的前重合点里程十重合路段里程。一般情况下，重合路段取环线与相交路线重合里程最短段。见图 2

（二）国家高速公路出口编号规则如下

1．国家高速公路出口编号一般为阿拉伯数字，其数值等于该出口所在互通立体交叉中心桩号的整数；桩号值超过千位时，仅保留后三位中的有效数字。如互通式立体交叉中心桩号为K15+200，则相应的出口编号为15；如互通式立体交叉中心桩号为K2036+700，则相应的出口编号为36(而非036)；

2．编号的顺序应符合国家高速公路的路线走向。见图 3

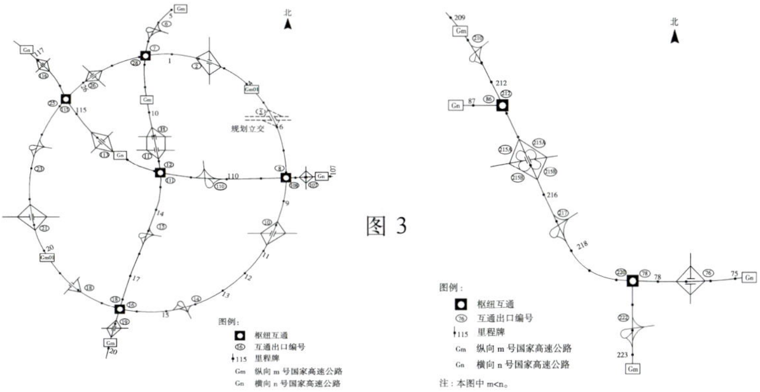

图 3

3．同一个互通式立体交叉在同一主线方向有两个或两个以上出口时，主线右侧（即桩号由小到大的一侧）应按照逆时针方向在出口编号后加A、B、C等表示，主线左侧（即桩号由大到小的一侧）仍用A、B、C等表示，但其所指前进方向应与右侧相同。同一侧的出口能到达两个方向时，该出口可按上述原则按两个出口处理。任何情况下，相同的出口编号所代表的前进方向相应相同。见图 4

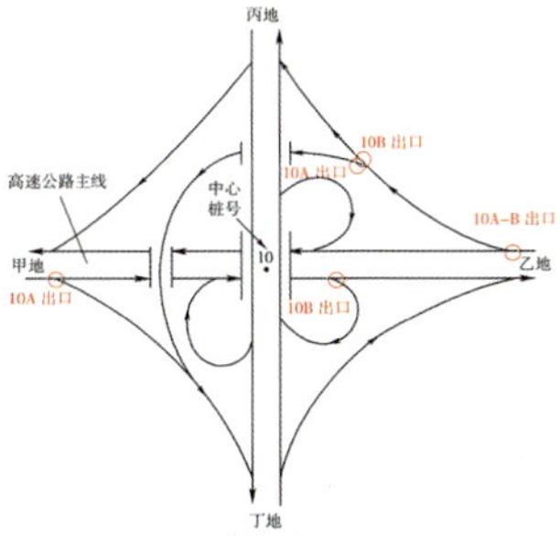

图 4

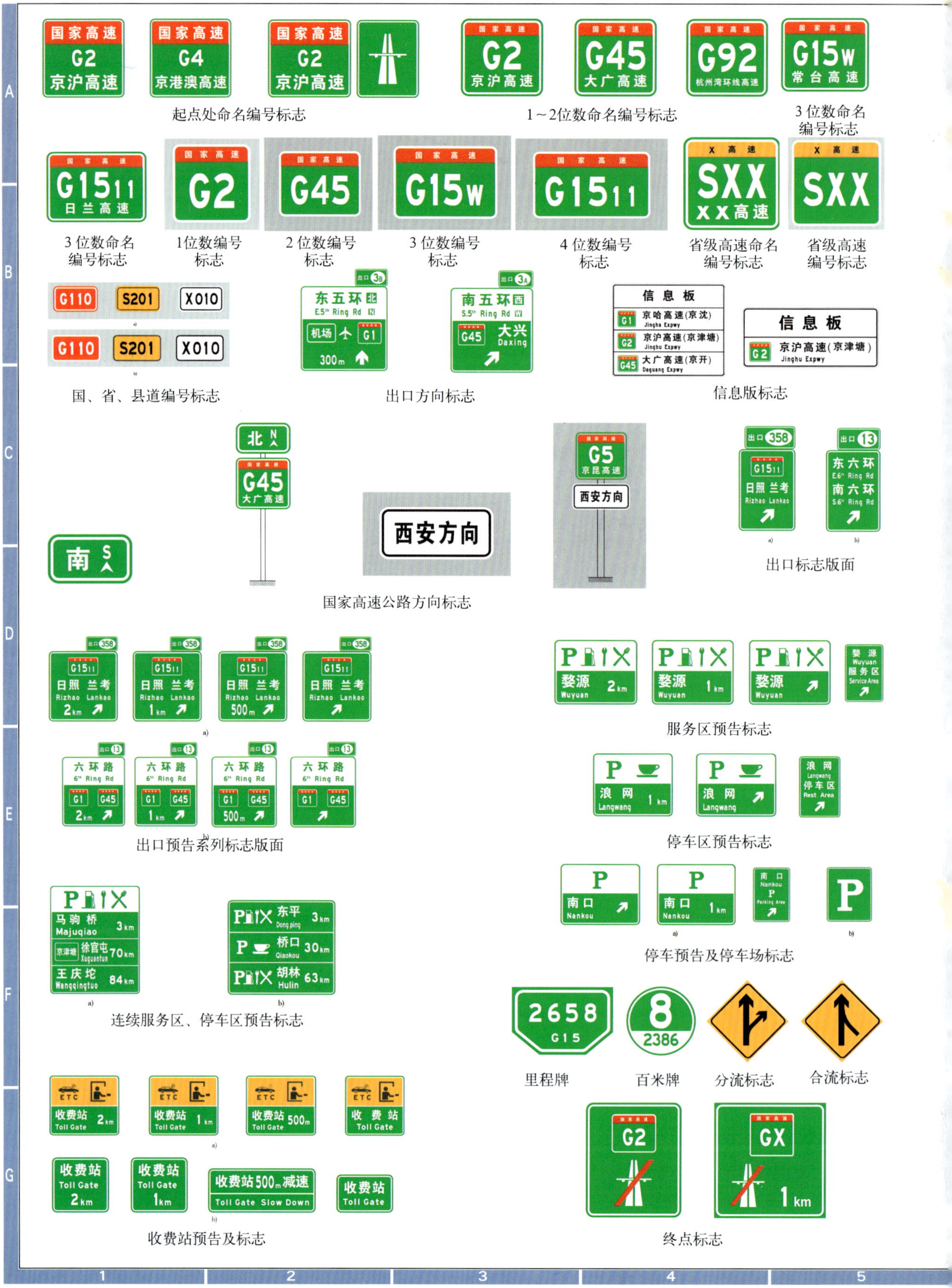

起点处命名编号标志

1～2位数命名编号标志

3位数命名编号标志

3位数命名编号标志

1位数编号标志

2位数编号标志

3位数编号标志

4位数编号标志

省级高速命名编号标志

省级高速编号标志

a)

b)

国、省、县道编号标志

出口方向标志

信息版标志

国家高速公路方向标志

a) b)

出口标志版面

a)

服务区预告标志

停车区预告标志

a) b)

出口预告系列标志版面

a) b)

停车预告及停车场标志

连续服务区、停车区预告标志

里程牌

百米牌

分流标志

合流标志

a) b)

收费站预告及标志

终点标志